新编21世纪远程教育精品教

• 经济与管理系列 •

质量管理学

（第二版）

李晓光　编著

中国人民大学出版社
·北京·

作者简介

李晓光，中国人民大学商学院副教授，经济学博士。曾于1996—1997年赴荷兰商学院研究学习，1999—2001年在日本一桥大学进行博士后研究工作，2006—2007年在美国西北大学凯洛格商学院做访问学者。主要研究领域：质量管理、企业家精神和创业管理。

内容简介

“质理管理学”是研究质量产生、形成和实现过程规律的一门实用性很强的学科，正在逐步发展为市场和顾客导向的管理学。本书的主要内容包括：质量管理的基本理念和管理框架，质量管理的关键领域和质量产生、形成与实现的基本过程，质量管理中常用的工具和方法，以及推进质量管理和提高产品质量的一些重要举措。

总　序

我们正处在教育史尤其是高等教育史上的一个重大的转型期。在全球范围内，包括在我们中华大地，以校园课堂面授为特征的工业化社会的近代学校教育体制，正在向基于校园课堂面授的学校教育与基于信息通信技术的远程教育相互补充、相互整合的现代终身教育体制发展。一次性学校教育的理念已经被持续性终身学习的理念所替代。在高等教育领域，从1088年欧洲创立博洛尼亚（Bologna）大学以来，21世纪以前的各国高等教育基本是沿着精英教育的路线发展的，这也包括自19世纪末创办京师大学堂以来我国高等教育短短一百多年的发展史。然而，自20世纪下半叶起，尤其在迈进21世纪时，以多媒体计算机和互联网为主要标志的电子信息通信技术正在引发教育界的一场深刻的革命。高等教育正在从精英教育走向大众化、普及化教育，学校教育体系正在向终身教育体系和学习型社会转变。在我国，党的十六大明确了全面建设小康社会的目标之一就是构建学习型社会，即要构建由国民教育体系和终身教育体系共同组成的有中国特色的现代教育体系。

教育史上的这次革命性转型绝不仅仅是科学技术进步推动的。诚然，以电子信息通信技术为主要代表的现代科学技术的进步，为实现从校园课堂面授向开放远程学习、从近代学校教育体制向现代终身教育体制和学习型社会的转型提供了物质技术基础。但是，教育形态演变的深层次原因在于人类社会经济发展和社会生活变革的需求。恰在这次世纪之交，人类社会开始进入基于知识经济的信息社会。知识创新与传播及应用、人力资源开发与人才培养已经成为各国提高经济实力、综合国力和国际竞争力的关键和基础。而这些仅仅依靠传统学校校园面授教育体制是无法满足的。此外，国际社会面临的能源、环境与生态危机，气候异常，数字鸿沟与文明冲突，对物种多样性与文化多样性的威胁等多重全球挑战，也只有依靠世界各国进一步深化教育改革与创新，促进人与自然的和谐发展才能得到解决。正因为如此，我国党和政府提出了“科教兴国”“可持续发展”“西部大开发”“缩小数字鸿沟”“人与自然和谐发展”等战略和思想。其中，对教育作为经济建设的重要战略地位和基础性、全局性、前瞻性产业的确认，对高等教育对于知识创新与传播及应用、人力资源开发与人才培养的重大意义的关注，以及对发展现代教育技术、现代远程教育和教育信息化并进而推动国民教育体系现代化，构建终身教育体系和学习型社会的决策更得到了教育界和全社会的共识。

在上述教育转型与变革时期，中国人民大学一直走在我国大学的前列。中国人民大学是一所以人文、社会科学和经济管理为主，兼有信息科学、环境科学等的综合性、研究型大学。长期以来，中国人民大学充分利用自身的教育资源优势，在办好全日制高等教育的同时，一直积极开展远程教育和继续教育。中国人民大学在我国首创函授高等教育。1952年，校长吴玉章和成仿吾创办函授教育的报告得到了刘少奇的批复，并于1953年率先招生授课，为新建的共和国培养了一大批急需的专门人才。在20世纪90年代末，中国人民大学成立了网络教育学院，成为我国首批现代远程教育试点高校之一。经过短短几年的探索和发展，中国人民大学网络教育学院创建的“网上人大”品牌，被远程教育界、媒体和社会誉为网络远程教育的“人大模式”，即“面向在职成人，利用网络学习资源和虚拟学习社区，支持分布式学习和协作学习的现代远程教育模式”。成立于1955年的中国人民大学出版社是新中国建立后最早成立的大学出版社之一，是教育部指定的全国高等学校文科教材出版中心。在过去的几年中，中国人民大学出版社与中国人民大学网络教育学院合作策划、创作出版了国内第一套极富特色的“新编21世纪远程教育精品教材”。这些凝聚了中国人民大学、北京大学、北京师范大学等北京知名高校学者教授、教育技术专家、软件工程师、教学设计师和编辑们广博才智的精品课程系列教材，以印刷版、光盘版和网络版立体化教材的范式探索构建全新的远程学习优质教育资源，实现先进的教育教学理念与现代信息通信技术的有效结合。这些教材已经被国内其他高校和众多网络教育学院所选用。中国人民大学出版社基于“出教材学术精品，育人文社科英才”理念的努力探索及其初步成果已经得到了我国远程教育界的广泛认同，是值得肯定的。

2005年4月，我被邀请出席《中国远程教育》杂志与中国人民大学出版社联合主办的“远程教育教材的共建共享与一体化设计开发”研讨会并做主旨发言，会后受中国人民大学出版社的委托为“新编21世纪远程教育精品教材”撰写“总序”，这是我的荣幸。近几年来，我一直关注包括中国人民大学网络教育学院在内的我国高校现代远程教育试点工程。这次，更有机会全面了解和近距离接触中国人民大学出版社推出的“新编21世纪远程教育精品教材”及其编创人员。我想将我在上述研讨会上发言的主旨做进一步的发挥，并概括为若干原则作为我对包括中国人民大学出版社、中国人民大学网络教育学院在内的我国网络远程教育优质教育资源建设的期待和展望：

● 新编21世纪远程教育精品教材的教学内容要更加适应大众化高等教育面对在职成人、定位在应用型人才培养上的需要。

● 新编21世纪远程教育精品教材的教学设计要更加适应地域分散、特征多样的远程学生自主学习的需要，培养适应学习型社会的终身学习者。

● 在我国网络教学环境渐趋完善之前，印刷教材及其配套教学光盘依然是远程教材的主体，是多种媒体教材的基础和纽带，其教学设计应该给予充分的重视。要在印刷教材的显要部位对课程教学目标和要求做明确、具体、可操作的陈述，要清晰地指导远程学生如何利用多种媒体教材进行自主学习和协作学习。

● 应组织相关人员对多种媒体的远程教材进行一体化设计和开发，要注重发挥多种媒体教材各自独特的教学功能，实现优势互补。要特别注重对学生学习活动、教学交互、学习评价及其反馈的设计和实现。

● 要将对多种媒体远程教材的创作纳入对整个远程教育课程教学系统的一体化设计和开发中去，以便使优质的教材资源在优化的教学系统、平台和环境中，在有效的教学模式、学习策略和学习支助服务的支撑下获得最佳的学习成效。

● 要充分发挥现代远程教育工程试点高校各自的学科资源优势，积极探索网络远程教育优质教材资源共建共享的机制和途径。

中华人民共和国教育部远程教育专家顾问

丁兴富

前　言

改革开放四十年来，中国经济发展取得了辉煌成就，这应归功于国家层面的经济体制创新，以及企业层面的技术和管理创新。伴随着改革开放，中国从日本和美国引进了全面质量管理的理论和最佳实践，经过模仿、消化、吸收，逐步内化为中国企业的管理理论和惯性做法，创新全面质量管理已成为中国企业的战略竞争手段之一。

二十世纪九十年代初，作者开始在中国人民大学商学院从事质量管理教学与研究工作，十多年累积的成果便是2006年由中国人民大学出版社出版发行的《质量管理学》一书。全书共分十二章，第一章是质量与质量管理导论，主要介绍了质量的含义、质量管理的原则、质量管理的代表人物及其思想等，并引出全书的框架结构；第二章至第十章围绕质量管理的原则展开，包括以顾客为中心，领导与战略计划，活性化与团队合作，过程管理，测量、信息与知识管理，供应商关系管理，质量改进，统计思想及其应用，质量管理工具和方法等；第十一章介绍了质量管理的国际标准、国际通行做法及其在我国的采用与实施；第十二章介绍了我国质量管理在宏观层面的制度与做法，包括标准化、认证制度和质量监督等。

从《质量管理学》第一版面世至今已经过去了十多年。在此期间，质量管理领域的理论和实践已有了很大发展和变化，例如，来自信息技术与互联网的影响，以及由此带来的企业新的质量管理实践。本次修订保持了第一版的框架结构，并充分考虑到上述发展和变化，更新了质量概念，采用了最新的质量管理原则，补充了信息技术和互联网在质量管理上的应用，新增了企业质量管理实践案例等，确保教材内容与最新的质量管理理论和实践保持一致。本书可作为高等学校相关专业本科与研究生教材，也可作为各类组织中从事质量管理专业人员的参考书。

中国人民大学商学院的焦叔斌、徐京悦、张雁和北京交通大学的陈运涛。在教材修订过程中提出了宝贵意见，在此一并致谢！

尽管作者力求完善本教材，但限于水平，加之质量管理的理论和实践始终处于发展变化中，教材仍有需要改进之处，敬请广大读者不吝赐教！

中国人民大学商学院企业管理系　李晓光

2019 年 1 月

目　录
CONTENTS

第一章　质量与质量管理导论

【学习导航】

请用 7 学时学习本章内容。

领会：

变化的领域；顾客的主导作用；竞争的广泛性；质量特性；利益相关方要求；质量等级；朱兰关于质量概念的辨析；狩野纪昭提出的魅力特性、必须特性和线性特性；“大质量”和“小质量”；朱兰的“质量管理三部曲”；质量管理发展的历程；质量管理在我国的发展；戴明质量管理思想；朱兰质量管理思想；石川馨质量管理思想；休哈特统计质量控制思想；费根堡姆全面质量管理的四个基本原则；克劳斯比质量管理的四个定理。

掌握：

模式转换的若干方面；质量管理原则及其之间的内在逻辑关系。

识记：

质量的定义；过程；产品及其四种类型；顾客；过程；产品；顾客满意；质量管理；质量策划；质量控制；质量保证；质量改进；全面质量管理的定义；质量管理原则。

【引例】

20 世纪初，福特汽车公司创造的大批生产方式曾经创造了辉煌，把轿车从奢侈品变成了大众消费品。进入 20 世纪 80 年代，日本企业在世界许多市场确立了领先地位。1980 年，日本超过美国成为世界第一大汽车生产国，导致美国汽车企业陷入了空前危机。当时美国第三大汽车公司——克莱斯勒公司严重亏损，无奈之下申请破产。时代变了，稳定的大批量生产已经过时，被适应多样化和个性化市场的、由丰田公司创造的精益生产方式所替代。美国汽车企业没有意识到环境的根本性变化，导致了美国汽车企业的空前危机。

第一节　当代市场环境的特征

20 世纪七八十年代以来，随着计算机技术、信息和互联网技术的发展，世界经济与社会等各方面发生了重大的变化。环境的改变给各国企业的经营管理带来了难以估量的影响，如顾客的需要、技术变化的方向与程度、产品生命周期、竞争的性质、市场的成长等都成为难以预测的变数。企业管理有效与否在于是否清楚明确外部环境的根本变化与特征，"3C"，即变化（change）、顾客（customer）和竞争（competition），是对当今环境变化与特征的基本概括。

一、日益剧烈的变化

变化是当今环境最主要的特征。美国管理学家彼得·德鲁克曾说过："过去把不变看成正常，现在必须把变看成正常。"变化不但成为司空见惯的现象，而且变化的速度呈现加速度。变化发生在政治、经济、技术、社会文化等几乎所有的领域。

在政治方面，全球两极体制崩坏之后，不同政治力量与经济力量纠合在一起进行着新一轮的角逐和重新组合，世界政治形成了一超多强的政治多极化局面，欧盟、日本、中国和俄罗斯等国家和国际联盟成为牵制美国称霸世界、促进世界格局多极化的重要力量。特别是在"9·11"事件以后，全球的政治局势更是云谲波诡，难以把握。总的来说，各国在世界范围内政治力量的对比是以经济力量的较量为特征的，经济实力从根本上决定了各国在政治舞台上的地位。

在经济方面，全球经济一体化正在逐步形成。国际贸易在持续增长，跨国公司的力量日益增长，跨国经营已成为大公司发展的重要战略。跨国投资不断增加，资本在世界范围内的流动速度加快。知识和信息已经成为战略性资源，个人和组织的知识处于不断更新之中，市场的多元化、细分化和个性化以及服务革命逐渐成为现实。全球性与区域性经济组织相互合作、迅猛发展，从较为成熟的世界贸易组织（WTO）、欧盟、G7 到最新兴起的 G20 集团、金砖五国（BRICS）、亚太经合组织（APEC），从西方国家主导的国际货币基金组织（IMF）、世界银行到中国主导的亚洲基础设施投资银行（AIIB），显示了世界经济及其重心的变化。

在技术方面，当今世界的技术发展呈现出日益加速的趋势，对企业生产经营活动造成了深远的影响，尤其是计算机和 IT 技术以及互联网技术正在改变着企业的存在及活动方式。如在制造业中，计算机集成制造技术（CIMS）的发展导致了规模化定制生产方式的出现，使得传统上被认为互相矛盾的规模经济要求与多样化要求得以同时实现。表 1-1 说明了技术创新的速度不断加快，使得产品和服务的生命周期迅速缩短，从以年为单位变成了以月为单位。当初福特的 T 型车的生命周期几乎相当于一个人的寿命，今天计算机的生命周期几乎超不过两年，智能手机公司每年都会发布新型手机。

表 1-1　实现等效功能的平均成本的变化

技术	实现等效功能的平均成本（美元）	比例
3D 技术	40 000（2007 年）—100（2014 年）	7 年 400 倍
工业机器人	500 000（2008 年）—22 000（2013 年）	5 年 23 倍
无人机	100 000（2007 年）—700（2013 年）	6 年 124 倍
太阳能	30/千瓦时（1994 年）—0.16/千瓦时（2014 年）	20 年 200 倍
传感器（LIDER）	20 000（2009 年）—79（2014 年）	5 年 250 倍

续前表

技术	实现等效功能的平均成本（美元）	比例
生物技术（基因测序）	10 000 000（2007 年）—1 000（2014 年）	7 年 10 000 倍
神经技术（BCI 设备）	4 000（2006 年）—90（2011 年）	5 年 44 倍
医学（全身扫描）	10 000（2000 年）—500（2014 年）	14 年 24 倍

在社会文化方面，随着生活水平和受教育水平的普遍提高，人们开始重新审视自我，审视生活的意义和生命的价值。工业社会中形成的“人是自然的主宰”的信条已经日渐动摇，取而代之的是一种人与自然和谐共生的新的社会价值观，保护人类所赖以生存的环境如今已成为全球关注的热点问题。1992 年联合国环境与发展大会所确立的可持续发展模式已成为世界上绝大多数国家和人们的共识。污染周围的空气、河流和土壤，危害人类及动植物的健康和安全的企业及产品将失去存在的资格。绿色经济和绿色贸易成为 21 世纪经贸关系的重要原则，绿色产业成为 21 世纪的主导产业。例如，欧洲各国已制定了在 2025 年至 2040 年逐步禁售燃油汽车时间表。

二、掌握主导权的顾客

顾客与生产商和经销商的力量对比的逆转成为当今环境的另一个特征。在经济短缺时代，市场的主宰者似乎永远是高高在上的生产商和经销商。在主宰者眼中，顾客只不过是千人一面的大众，顾客只有诚惶诚恐地接受主宰者提供的产品。这种情况近年来发生了根本性的变化，主导权开始转到顾客的手中。顾客需求相同假设的现实基础已经不复存在，每一位顾客都是具有特定的需要、爱好和性格的个性化的主体。顾客明确地知道自己需要什么，清楚自己应当为这种需要付出什么价钱，也懂得如何使卖主按照自己的意愿就范。顾客用钞票投票来决定企业的兴衰存亡。不理解或认识不到这种对比关系的转变、不能从顾客的角度出发考虑问题、不能使顾客满意的企业，注定要被淘汰出局。亚马逊公司之所以能够成为美国最大的、世界知名的电商公司，就在于亚马逊 1995 年成立之初，就把公司使命定义为“成为全球最以客户为中心的公司，让客户能够寻找并发现他们可能需要在线购买的任何商品，致力于为客户提供尽可能低的价格”。

名人名言

福特公司的创始人亨利·福特 20 世纪初曾说过：“我只生产黑色的 T 型小轿车，而不用考虑顾客的需要。”

美国管理大师彼得·德鲁克 20 世纪中后期曾说过：“过去把不变看成正常，现在必须把变看成正常。”

三、无处不在的竞争

无处不在的竞争成为当今环境的第三个特征。当今的市场竞争覆盖了几乎所有的社会领域，从传统的工商业一直到金融、服务、教育、医疗卫生、大众传媒、通信等，同时也超越了地区、国家，越来越呈现出国际化的特征。最低的价格、最高的质量、最优的服务和最快的速度成为所有企业的标准。在价格、质量、服务和速度方面处于劣势的企业将会被逐出竞技场外。在这种格局下，要么成为世界最优，要么被打败，除此之外别无选择。这种竞争也使得企业过去的业绩、资历、规模等变得无足轻重，如果企业抱残守缺、故步自封而不能跟上形势，无论过去多么辉煌，在激烈的竞争面前都会变得不堪一击。当今竞争趋势已经由以往的追赶式竞争转变为淘汰式竞争，主要表现为赢者通吃，行业内一两家企业居于主导地位，瓜分了行业几乎所有利润，其他企业连残渣剩饭都很难分到。例如，网上购物（B2C）经过十几年的快速发展，根据2016年的统计数据，天猫、京东两家独大，占有近85%的市场份额，行业内其他企业规模很小，具体见图1-1。

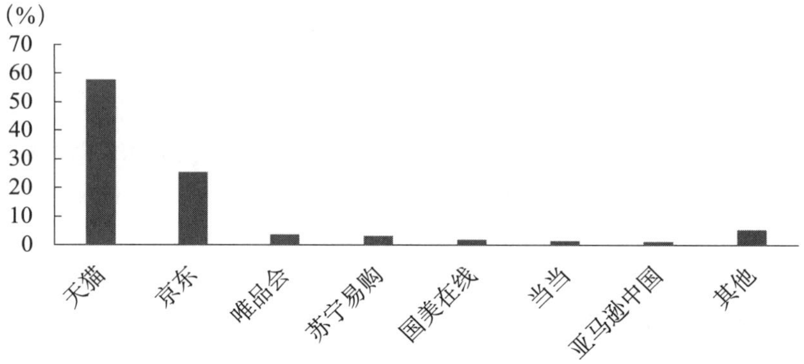

图1-1　中国电商企业市场份额排名（2016年）

由于上述各种因素的影响，企业及其行为方式也正在发生或将要发生深刻的变化。从企业的目标来看，将从以往单纯的"股东（shareholder）利益最大化"目标转向"综合考虑利益相关者（stakeholders）"的目标。利益相关者是指与组织有利益关系的个人或团体，利益相关者除了股东之外，还包括政府、供应商、顾客、社会公众等。企业借助于互联网等先进技术，能够更加便利地运用外部各种资源，与外部环境的界限越来越模糊，企业内部的组织结构将趋于扁平化和去中心化，横向的过程联系将取代纵向的部门分割，自我导向的团队将成为组织活动的核心。从企业间的关系来看，将会出现一种新型的竞争与协作的关系，在竞争中寻求协作，形成一种共生共荣的企业生态系统，战略联盟、合作、网络企业、外包经营等多种形式的出现使得企业概念本身变得更加丰富。

四、模式转变

当今的市场环境使得企业所信奉的规模、秩序、规定等信条逐渐成为企业生存和发展的桎梏，变革成为企业生存和发展的必由之路。换句话说，企业的管理模式需要由曾经有效的传统管理模式向适应当今环境要求的学习型管理模式转变，而学习型管理模式的主要特征之一就是以顾客为中心，表1-2汇总了管理模式正在发生转变的诸多方面。

表1-2　管理模式由传统向学习型管理模式转变

模式	传统管理模式	学习型管理模式
文化	稳定、效率	变革、问题解决
计划与决策	管理者	所有人
技术	机械	电子

续前表

模式	传统管理模式	学习型管理模式
任务	体力	脑力
结构	垂直	扁平、水平
权力分布	集权	分权
资源	资本	信息
集中点	利润	顾客
工作	个人	团队
控制	等级制	分权、自我控制
生产方式	福特	戴尔
市场	地方、国内	全球
领导者	管理者	领导者

第二节　质量的含义

一、质量的定义

质量是质量管理中最基本的概念，有些场合也使用“品质”来表达同一含义，它不同于物理学中的质量概念，也不是哲学意义上的“质”与“量”的组合。说到质量，站在不同的角度，就会有不同的说法。站在顾客的角度，会认为质量的好坏在于产品是否适用和令人满意；站在生产商和经销商的角度，会认为质量好坏在于产品是否符合既定标准。

国际标准化组织（ISO）在国际标准 ISO9000－2015《质量管理体系　基础和术语》中，将质量定义为：客体的一组固有特性满足要求的程度。我们可以从以下几个方面来理解质量的定义。

（一）客体

客体（object，entity，item）是指可感知或可想象到的任何事物，如产品、服务、过程、人员、组织、体系、资源；客体可能是物质的（如一台发动机、一张纸、一颗钻石），可能是非物质的（如转换率、一个项目计划），也可能是想象的（如组织未来的状态）。

（二）特性

特性（characteristic）是指可区分的特征，可以是固有的，也可以是赋予的，质量定义中的特性指的是固有特性。特性可以是定性的或定量的，也可以有各种类别的特性，如物理的（机械的、电的、化学的或生物学的特性），感官的（嗅觉、触觉、味觉、视觉、听觉），行为的（礼貌、诚实、正直），时间的（准时性、可靠性、可用性、连续性等），人因工效的（生理的特性或有关人身安全的特性等），功能的（飞机的最高速度等）。

（三）要求

要求（requirement）是指明示的、通常隐含的或必须履行的需求或期望。“通常隐含”是指组织和相关方的惯例或一般做法，所考虑的需求或期望是不言而喻的；规定要求是经明示的要求，可在形成文件的信息中阐明。

可以看出，质量的客体范围从最初的产品、服务扩展到活动或过程、组织、体系、人、资源以及上述各项的任何组合；要求或需求从最初的顾客扩展到股东、雇员、供应商、银行、工会、合作伙伴或社会等利益相关方；有关质量特性“要求”从较单一的需要或期望扩展到组织者内外所有利益相关方的需要或期望。质量已经从相对狭义的小质量演变成为大质量的概念了。

国际标准化组织（ISO）关于质量定义的演变

ISO8402－1986：反映产品或服务满足明确或隐含需要能力的特征和特性的总和。

ISO84021－1994：反映实体满足明确和隐含需要的能力的特性总和。

ISO9000－2000：一组固有特性满足需要的程度。

ISO9000－2005：一组固有特性满足要求的程度。

ISO9000－2015：客体的一组固有的特性满足要求的程度。

二、有关质量的认识

（一）质量等级

质量有等级之分，通常使用档次这一概念以避免分歧。不同的档次意味着不同的购买能力或消费层次，质量的比较只有针对同一档次才有意义。由此可以明确，酒店的星级并不等同于服务质量的卓越，小旅馆同样也可以提供非常优质的服务。

（二）朱兰关于质量概念的辨析

“提高质量会导致成本的增加还是降低?”这一命题常常会引起争论，美国质量管理专家朱兰认为，所争论的并非同一个问题，实际上关于质量有两种理解：一种理解是“质量”意味着能够满足顾客需要从而使顾客满意的那些产品特征，但提供更多或更好的质量特征常常要求增加投资，从而会导致成本的增加。另一种理解是“质量”意味着免于不良，即没有那些需要返工或会导致现场失效、顾客不满、顾客投诉等的差错。提高质量通常会导致成本降低。第一种质量是顾客满意的源泉，做好会增加企业的收益；第二种质量则是顾客不满的原因，做好会降低成本。对应于这两种理解，便有了两种性质不同的“质量改进”：其一是“提供更多或更好的质量特征”，其二则是“减少或消除不良”。

（三）狩野纪昭的质量特性分类

日本质量管理专家狩野纪昭根据不同类型的质量特性与顾客满意之间的关系对质量特性进行了分类，即魅力特性、必须特性和线性特性。魅力特性是指如果充足的话会使人产生满足，不充足也不会使人产生不满的那些特性。在其他条件相同的情况下，具有魅力特性的产品或服务无疑会更容易吸引顾客的注意，从而形成竞争优势。必须特性是指即使充分提供也不会使顾客感到特别的兴奋和满意，一旦不足却会引起顾客强烈不满的那些质量特性。必须特性是顾客认为理所当然应当具备的特性。在竞争性市场环境中，缺乏必须特性的产品和服务是没有竞争力的。线性特性是指那些提供得越是充分就越能导致满意，而越不充分就越使人产生不满的那些特性。商场售货员的服务态度、餐馆菜肴的味道等均可以看作这类特性。随着时间流逝和竞争的结果，魅力特性会逐渐演变为必须特性。

三、与质量相关的术语的定义

为了避免混乱，保证在质量管理方面的有效沟通，人们通常借助术语表等基本工具把关键术语和定义标准化，这里仅对与质量相关的重要术语加以定义：

（一）顾客

顾客（customer）是指将会或实际接受为其提供的、或应其要求提供的产品或服务的个人或组织。顾客可以是组织外部的，如零售商、采购方以及最终使用者；顾客也可以是组织内部的，如组织内部产品或服务的接收者。

（二）过程

过程（process）是指利用输入产生预期结果的相互关联或相互作用的一组活动，过程的预期结果称为输出，或者称为产品（服务）。将上述定义中的修饰语均去掉的话，剩下来的核心词汇是“活动”，一定意义上可以将组织视为由诸多过程所构成的一个集合体，在这个集合体中，一个过程的输入通常是其他过程的输出。“过程”是理解现代质量管理的最重要的概念之一，在以后的章节中我们还会详细讨论。

（三）产品

产品（product）即过程的结果。从定义中可以看出，“过程”就是产出“产品”的活动。“产品”这一常用词汇在这里被赋予了更为广泛的含义。传统意义上的产品是指厂商有意提供的实物形态的产品。而在质量管理中，任何活动或过程的结果均可被称为产品。产品可以是有形的，也可以是无形的，还可以是两者的组合。产品可以是预期的，也可以是非预期的。产品包括实物、服务、场所、组织、思想等多种形式。

国际标准化组织把产品分成四个大类，即服务、软件、硬件和流程性材料。

1. 服务

服务是指为满足顾客的需要，在供方和顾客之间的界面上的活动以及供方内部活动所产生的结果。服务业部门所提供的产品大多属于这类产品，如餐馆、旅店的接待服务；机场、公路、电信和邮政部门所提供的交通与通信服务；银行、保险企业所提供的金融服务；供水、供电、能源供应等部门所提供的公用事业服务。服务产品并不局限于服务部门，其他几类产品的提供同样也会伴随着服务的提供。

2. 软件

软件是指通过承载媒体表达的信息所组成的知识产品。软件可以表现为概念、程序等形式。计算机程序是软件产品的一种特定类型。设计部门、法律事务所、咨询机构和培训机构等所生产的产品一般都可以看作软件。

3. 硬件

硬件是指具有特定形状的可分离的有形产品，通常由制造的、建造的或装配的零件、部件和（或）组件组成。机械制造、建筑、施工、轻工等行业主要以生产硬件类产品为主，如汽车、机床、标准件、房屋和各种设施等。

4. 流程性材料

流程性材料是指通过将原材料转化成某一预定状态所形成的有形产品。流程性材料的状态可以是液体、气体、粒状材料、块状、线状或板状，通常以袋、桶、罐、瓶、盆、管道或卷筒的形式交付。制造电缆、织布、造纸、酿酒、轧钢和生产石油制品等均属于流程性材料的生产。

某一具体的产品可以由上述几类产品所构成，其本身属于哪类产品则取决于其主导成分。如汽车专卖店销售的车辆为硬件产品，其本身又包括了流程性材料（燃油）、软件（发动机控制软件、驾驶手册）和服务（销售人员的说明）等。

（四）顾客满意

顾客满意（customer satisfaction）是指顾客对其期望已被满足的程度的感受。产品交付之前，组织有可能不知道顾客的期望，顾客自己也许在考虑之中。为了实现较高的顾客满意，组织既要满足顾客那些没有明示或隐含的需要，也要满足顾客潜在的期望。

四、“大质量”与“小质量”

20 世纪 80 年代以后，随着质量管理活动不断深化，人们对于质量的认识更加深入和广泛，国际标准化组织在不同时期对于质量的定义反映出从“小质量”向“大质量”的演变过程，表 1－3 比较了“大质量”观和“小质量”观在认识和做法上的差异。在表 1－3 中，“大质量”观已经把质量看成保持组织持续竞争能力的战略性问题、要以顾客作为中心、要考虑全公司的绩效、强调所有部门所有员工的参与等，后面的质量管理原则和卓越绩效模式的核心价值观正是上述质量管理最佳实践的总结和提炼。

表 1－3　“大质量”观与“小质量”观的对比

对比项目	“小质量”观	“大质量”观
产品	制造的有形产品	所有类型的产品
过程	直接与产品的制造相关的过程	包括制造、支持和业务在内的所有过程
产业	制造业	包括制造、服务和政府机构在内的所有产业，无论是否是营利性的
质量被视为	技术问题	经营问题
顾客	购买产品的顾客	包括所有受影响的人，不论内外
如何认识质量	以职能部门为基础	基于具有普遍意义的“三部曲”
质量目标体现在	工厂目标之中	公司的经营计划当中
不良质量的成本	与不良的加工产品有关的成本	若每件事情都能够做到完美的话，将会消失的那些成本

续前表

对比项目	"小质量"观	"大质量"观
质量的评价主要基于	与工厂规格、程序和标准的符合性	与顾客需要的对应
改进针对着	部门绩效	公司绩效
质量管理培训	集中在质量部门	全公司范围
协调者	质量经理	高层管理者构成的质量委员会

第三节　质量管理的发展与原则

一、质量管理的概念

在 ISO9000－2015《质量管理体系　基础和术语》中，质量管理（quality management）被定义为：关于质量的管理，包括制定质量方针和质量目标，以及通过质量策划、质量保证、质量控制和质量改进实现质量目标的过程。

质量策划（quality planning）致力于制定质量目标并规定必要的运行过程和相关资源以实现质量目标；质量保证（quanlity assurance）致力于提供质量要求会得到满足的信任；质量控制（quality control）致力于满足质量要求；质量改进（quality improvement）致力于增强质量的能力。

质量管理大师朱兰认为：在质量管理活动中应用着三个管理过程，即质量计划、质量控制和质量改进，称为"质量管理三部曲"。质量计划是指旨在明确组织的质量方针和质量目标，并对实现这些目标所必需的各种行动进行规划和部署的过程。质量控制也就是实现质量目标、落实质量措施的过程，广泛应用统计方法来解决质量问题是质量控制的主要特征之一。质量改进是指实现前所未有的质量水平的过程。

在质量管理的"三部曲"中，质量计划明确了质量管理所要达到的目标以及实现这些目标的途径，是质量管理的前提和基础；质量控制确保组织的活动按照计划的方式进行，是实现质量目标的保障；质量改进则意味着质量水准的飞跃，标志着质量活动是以一种螺旋式上升的方式在不断攀登和提高的。"朱兰质量管理三部曲"的具体内容见表 1－4。

表 1－4　　朱兰质量管理三部曲

质量计划	质量控制	质量改进
● 设定质量目标 ● 辨识顾客是谁 ● 确定顾客的需要 ● 开发应对顾客需要的产品特征 ● 开发能够生产这种产品特征的过程 ● 建立过程控制措施，将计划转入实施阶段	● 评价实际绩效 ● 将实际绩效与质量目标对比 ● 对差异采取措施	● 提出改进的必要性 ● 做好改进的基础工作 ● 确定改进项目 ● 建立项目小组 ● 为小组提供资源、培训和激励，以便诊断原因和设想纠正措施 ● 采取控制措施以巩固成果

二、质量管理发展的历程

人类社会的质量活动源远流长，现代意义上的质量管理活动是从 20 世纪初开始的。根据解决质量问题的手段和方式的不同，一般可以将现代质量管理活动分为三个阶段：第二次世界大战以前可以看作第一阶段，通常称为质量检验阶段；第二阶段从第二次世界大战开始到 20 世纪 50 年代，称为统计质量控制阶段；第三阶段从 20 世纪 60 年代开始进入全面质量管理阶段。

（一）质量检验阶段

这一阶段主要是通过检验的方式来控制和保证产出或转入下道工序的产品质量。手工业时代的产品大多是以作坊式的方式生产出来的。产品的质量主要取决于工匠的个人经验和技能。18 世纪末工业革命后到 20 世纪初期，伴随着机器和机器体系的广泛采用，工厂制度开始逐步确立，企业主要依靠经验来进行生产和管理。质量控制主要依靠手工操作者的手艺和经验来进行把关。进入 20 世纪以后，随着企业规模的进一步扩大和分工与专业化程度日益提高，企业中大量设立了检验人员的职位，专职负责产品检验。这种做法只是从成品中挑出废品、次品，实质上是一种“事后把关”。

（二）统计质量控制阶段

质量检验不是一种积极的质量管理方式，因为它是“事后把关”型的质量管理，无法防止废品的产生。如何才能预防废品的产生，实现从被动的“事后把关”向积极的“事前预防”的转变呢？数理统计方法为实现这一转变提供了可能。在这方面，美国贝尔实验室的统计学家 W. A. 休哈特提出的工序质量控制图以及他的同事道奇（H. F. Dodge）和罗米格（H. G. Romig）在抽样检验方面的探索最有影响。

在统计质量控制阶段，质量管理的重点主要在于确保产品质量符合规范和标准。人们通过对工序进行分析，及时发现生产过程中的异常情况，确定产生缺陷的原因，迅速采取对策来加以消除，使工序保持在稳定状态。这一阶段的主要特点是：从质量管理的指导思想上看，由以前的事后把关转变为事前的积极预防；从质量管理的方法上看，这一阶段广泛深入地应用了统计的思考方法和统计的检验方法。

（三）全面质量管理阶段

第二次世界大战以后，人类在科技上取得了许多划时代的重大突破，生产力获得了前所未有的大发展。战后物资生产的大发展使得人们对产品质量的要求越来越高，世界市场的竞争达到了空前的激烈程度，消费者权益运动呈现出日益高涨的局面，员工的能动性和参与对于企业的成功愈加成为不可或缺的因素。人们开始普遍认识到，依靠制造领域中的统计质量控制已经远远不能满足顾客对于质量的要求，也远远不足以应付日益严峻的挑战。

1956 年，美国通用电气公司的 A. V. 费根堡姆发表了题为 *Total Quality Control* 的论文，首先提出了“全面质量管理（TQC）”的概念。费根堡姆主张解决质量问题不能只是局限于制造过程，因为制造过程中出现的质量问题不过是所有质量问题的 20%左右而已，80%的质量问题是在制造过程以外产生的。解决问题的手段仅仅局限于统计方法也是不够的，而必须是多种多样的。1961 年，费根堡姆在其《全面质量管理》一书中首先提出了全面质量管理的概念：全面质量管理是为了能够在最经济的水平上，并考虑到充分满足用户要求的条件下进行市场研究、设计、生产和服务，把企业内各部门的研制质量、维持质量和提高质量的活动构成一体的一种有效的体系。费根堡姆的全面质量管理观点在世界范围内被广泛接受。

质量管理最优秀的实践者非日本企业莫属，日本质量管理专家石川馨博士将其概括为：全面质量管理的特点在于整个公司从上层管理人员到全体职工都参加质量管理。不仅研究、设计和制造部门参加质量管理，而且销售、材料供应部门和诸如计划、会计、劳动、人事等管理部门以及行政办事机构也参加质量管理。

在 20 世纪的 80 年代以后，经过长期而广泛的实践、积累、总结和升华，全面质量管理成为全球企业界的共同实践，全面质量管理逐渐由早期的 TQC（Total Quality Control）演变为 TQM（Total Quality Management）。从一定意义上来讲，全面质量管理已经演变成一套以质量为中心的、综合的、全面的管理模式。国际标准化组织颁布的标准 ISO8402－1994 将 TQM 定义为："一个组织以质量为中心，以全员参与为基础，目的在于通过让顾客满意和本组织所有成员及社会受益而达到长期成功的管理途径。"表 1－5 比较了质量管理发展三阶段的特点和重点。

表 1－5　质量管理发展三阶段比较

对比项目	质量检验	统计质量控制	全面质量管理
管理范围	生产现场	生产过程＋设计过程	产品质量形成全过程
管理对象	产品质量	产品质量＋工序质量	产品质量、工序质量、工作质量
管理特点	事后把关，管结果	从把关向预防发展	防检结合，预防为主
管理依据	符合规格	按既定质量标准控制	以用户为中心、重在产品适用性
管理方法	运用技术检验方法	技术检验方法＋数理统计方法	运用多种管理方法提高工作质量，以保证产品质量
管理标准化	重视技术标准	技术标准发展为质量控制标准	技术标准、控制标准和管理标准并重
管理经济性	忽视质量的经济性	重视质量的经济性	讲求质量的经济性
参与人员	依靠检验部门和检验人员	依靠技术和质量检验部门	全体员工

三、质量管理在我国的发展

中国是世界文明古国之一。在我国的古代典籍中记载有大量的有关产品质量的规定、要求等。商朝和周朝制造的青铜器、编钟等，均以高质量而闻名于世。全面质量管理作为系统化的知识和实践活动，在我国推行始于 20 世纪 70 年代末 80 年代初。

1978 年，党的十一届三中全会把以经济建设为中心，对内改革、对外开放作为党的基本路线。当时，我国国民经济已经接近崩溃的边缘，迫切需要能够使经济恢复并且持久有效的经济政策和管理制度。为此，一方面需要继承和恢复我们已有的有效的经济政策和管理制度，另一方面还应学习和吸收国外先进的技术和管理。1978 年 11 月，中国经济代表团应日本通产省的邀请，赴日本考察企业管理情况。代表团通过考察深刻认识到："日本制造"之所以在国际市场上崭露头角，一扫"东洋货"质量低劣的形象，其根本原因是日本企业普及推广的全面质量管理。代表团考察得出以下结论：（1）全面质量管理是系统的经营管理理念和方法；（2）全面质量管理要求与质量水平相适应的基础工作，包括标准化工作、计量工作、质量信息工作、质量教育工作和质量责任制等；（3）全面质量管理关注以人为本，尊重员工的主人翁地位；（4）全面质量管理讲求实事求是，强调用事实和数据说话，以事实作为决策的依据。

日本企业推广的全面质量管理的许多内容和观点，与我国企业曾经总结推广的“两参一改三结合”和“三老四严”有共同之处，反映了企业管理实践的客观要求。之后，我国邀请日本质量管理专家来华讲座，在少数企业试点并取得成功的基础上，全面质量管理以相当快的速度、相当大的规模在全国推广。

我国企业实施全面质量管理基本上可以分为以下三个阶段：

（1）1979—1989 年是全面质量管理的引进和推广阶段。这一阶段全面质量管理的主要特点是政府主导，自上而下有计划、有重点地在企业引进和推广。

（2）1989—1999 年是全面质量管理的普及和深化阶段。1992 年党的十四大提出了建立社会主义市场经济体制，1993 年全国人民代表大会通过了《中华人民共和国产品质量法》，标志着我国质量工作进一步走上了法制化的道路，1996 年 12 月国务院发布了《质量振兴纲要》，明确了我国质量工作的方针，强调了振兴质量的根本出路在于建立质量振兴的市场保证机制。

（3）1999 年至今是全面质量管理发展和创新阶段。在这一时期，企业逐步形成了“大质量”的概念，确立了质量在企业中的战略地位。我国许多先进企业通过质量管理使得产品质量赶上或超过了发达国家产品的水准，树立了我国的民族品牌。2004 年 9 月，国家质检总局发布的国家标准 GB/T19580 - 2004《卓越绩效评价准则》和 GB/Z19579 - 2004《卓越绩效评价准则实施指南》，为我国企业如何追求卓越绩效指明了方向。2012 年，我国正式设立中国质量奖，这是我国在质量领域的最高荣誉。2013 年 12 月，首届中国质量奖颁奖仪式在北京航天城举行，中国航天科技集团公司基于质量问题“双归零”的系统管理方法、海尔集团公司以“人单合一双赢”为核心的质量管理模式首获中国质量奖。

四、质量管理的原则

在对一个世纪中世界各国先进企业质量管理经验进行总结的基础上，国际标准化组织在 2000 年颁布的 ISO9000 - 2000 标准中提出了质量管理的八项原则，构成了现代质量管理的各种模式的精神实质，成为各级各类组织在实施全面质量管理中共同遵守的原则。2015 年，国际标准化组织颁布的 ISO9000 - 2015 标准中将质量管理原则进一步总结提炼为七项原则：以客户为关注焦点（customer focus）、领导作用（leadership）、全员参与（engagement of people）、过程方法（process approach）、改进（improvement）、基于事实的决策（evidence-based decision making）、关系管理（relationship management）。从八原则到七原则的主要变化是：全员参与更强调员工的主动参与和对组织的贡献；将过程方法与管理的系统方法合并为过程方法，意味着过程方法本身就隐含着系统方法的运用；将持续改进变为改进，强调不但要有渐进式改进，还包括了突破式改进；与供方的互利关系变为关系管理，强调了与组织所有利益相关方的关系。质量管理原则的变化反映了质量管理实践的发展和深化。表 1 - 6 汇总了质量管理原则的理论依据、主要益处和可开展的活动。

表 1-6　　质量管理原则的理论依据、主要益处和可开展的活动

原则	概述	理论依据	主要益处	可开展的活动
以顾客为关注焦点	质量管理的主要关注点是满足顾客要求并且努力超越顾客期望	组织只有赢得和保持顾客和其他有关的相关方的信任才能获得持续成功。与顾客互动的每个方面都提供了为顾客创造更多价值的机会。理解顾客和其他相关方当前和未来的需求有助于组织的持续成功	➢增加顾客价值 ➢增强顾客满意 ➢增进顾客忠诚 ➢增加重复性业务 ➢提高组织声誉 ➢扩展顾客群 ➢增加收入和市场份额	➢辨识从组织获得价值的直接和间接的顾客 ➢理解顾客当前和未来的需求和期望 ➢将组织的目标与顾客的需求和期望联系起来 ➢在整个组织内沟通顾客的需求和期望 ➢对产品和服务进行策划、设计、开发、生产、交付和支持，以满足顾客的需求和期望 ➢测量和监视顾客满意并采取适当的措施 ➢针对有可能影响到顾客满意的有关的相关方的需求和适当的期望，确定并采取措施 ➢积极管理与顾客的关系，以实现持续成功
领导作用	各级领导建立统一的宗旨和方向，并且创造全员积极参与的环境，以实现组织的质量目标	统一的宗旨和方向的建立以及全员的积极参与，能够使组织将战略、方针、过程和资源保持一致，以实现其目标	➢提高实现组织质量目标的有效性和效率 ➢组织的过程更加协调 ➢改善组织各层级和职能间的沟通 ➢开发和提高组织及其人员的能力，以获得期望的结果	➢在整个组织内，就其使命、愿景、战略、方针和过程进行沟通 ➢在组织的所有层级创建并保持共同的价值观、公平以及道德的行为模式 ➢创建诚信和正直的文化 ➢鼓励全组织对质量的承诺 ➢确保各级领导者成为组织人员中的楷模 ➢为人员提供履行职责所需的资源、培训和权限 ➢激发、鼓励和认可人员的贡献
全员参与	在整个组织内各级人员的胜任、被授权和积极参与是提高组织创造和提供价值能力的必要条件	为了有效和高效地管理组织，尊重并使各级人员参与是重要的。认可、授权和能力提升会促进人员积极参与实现组织的质量目标	➢增进组织内人员对质量目标的理解并提高实现目标的积极性 ➢提高人员改进活动参与度 ➢促进个人发展、主动性和创造力 ➢提高人员的满意度 ➢增强整个组织内的相互信任和协作 ➢促进整个组织对共同价值观和文化的关注	➢与员工沟通，以提升他们对个人贡献的重要性的理解 ➢推动整个组织内部的协作 ➢促进公开讨论，分享知识和经验 ➢授权人员确定绩效制约因素并大胆地采取积极主动措施 ➢认可和奖赏员工的贡献、学识和改进 ➢能够对照个人目标进行绩效的自我评价 ➢进行调查以评估人员的满意度，沟通结果并采取适当的措施

续前表

原则	概述	理论依据	主要益处	可开展的活动
过程方法	只有将活动作为相互关联的连贯系统进行运行的过程来理解和管理时，才能更加有效和高效地得到一致的、可预知的结果	质量管理体系是由相互关联的过程所组成的。理解体系是如何产生结果的，能够使组织优化其体系和绩效	➢提高关注关键过程和改进机会的能力 ➢通过协调一致的过程体系，得到一致的、可预知的结果 ➢通过过程的有效管理、资源的高效利用及跨职能壁垒的减少，获得最佳绩效 ➢使组织能够向相关方提供关于其稳定性、有效性和效率方面的信任	➢规定体系的目标和实现这些目标所需的过程 ➢确定管理过程的职责、权限和义务 ➢了解组织的能力，并在行动前确定资源约束条件 ➢确定过程相互依赖的关系，并分析每个过程的变更对整个体系的影响 ➢将过程及其相互关系作为体系进行管理，以有效和高效地实现组织的质量目标 ➢确保获得运行和改进过程以及监视、分析和评价整个体系绩效所需的信息 ➢管理能影响过程输出和质量管理体系整个结果的风险
改进	成功的组织持续关注改进	改进对于组织保持当前的绩效水平，对其内、外部条件的变化作出反应并创造新的机会都是极其重要的	➢改进过程绩效、组织能力和顾客满意 ➢增强对调查和确定根本原因及后续的预防和纠正措施的关注 ➢提高对内外部的风险和机遇的预测和反应的能力 ➢增加对渐进性和突破性改进的考虑 ➢加强利用学习实现改进 ➢增强创新的驱动力 ➢将改进考虑因素融入新的或变更的产品、服务和过程开发之中 ➢认可和奖赏改进	➢促进在组织的所有层级建立改进目标 ➢对各层级员工在如何应用基本工具和方法方面进行培训，以实现改进目标 ➢确保员工有能力成功地筹划和完成改进项目 ➢开发和展开过程，以在整个组织内实施改进项目 ➢跟踪、评审和审核改进项目的计划、实施、完成和结果
基于事实决策	基于数据和信息的分析和评价的决定，更有可能产生期望的结果	决策是一个复杂的过程，并且总是包含一些不确定性。它经常涉及多种类型和来源的输入及其解释，而这些解释可能是主观的。重要的是理解因果关系和可能的非预期后果。对事实、证据和数据的分析可导致决策更加客观和可信	➢改进决策过程 ➢改进对过程绩效和实现目标的能力的评估 ➢改进运行的有效性和效率 ➢提高评审、挑战以及改变意见和决定的能力 ➢提高证实以往决定有效性的能力	➢确定、测量和监视证实组织绩效的关键指标 ➢使相关人员获得所需的所有数据 ➢确保数据和信息足够准确、可靠和安全 ➢使用适宜的方法分析和评价数据和信息 ➢确保人员有能力分析和评价所需的数据 ➢依据证据，权衡经验和直觉进行决策并采取措施

续前表

原则	概述	理论依据	主要益处	可开展的活动
关系管理	为了持续成功，组织管理其与有关的相关方的关系	有关的相关方影响组织的绩效。当组织管理其与所有相关方的关系以使相关方对组织的绩效影响最佳时，才更有可能实现持续成功。对供方及合作伙伴的关系网的管理是尤为重要的	➤通过对每一个与相关方有关的机会和制约因素的响应，提高组织及其相关方的绩效 ➤相关方对目标和价值观有共同的理解 ➤通过共享资源和能力以及管理与质量有关的风险，提高为相关方创造价值的能力 ➤具有管理良好、可稳定提供产品和服务流的供应链	➤确定有关的相关方（如供方、合作伙伴、顾客、投资者、雇员或整个社会）及其与组织的关系 ➤确定并管理需要优先考虑的相关方的关系 ➤建立权衡短期利益和长远因素的关系 ➤收集并与有关的相关方共享信息、专业知识和资源 ➤适当时，测量绩效并向相关方提供绩效反馈，以增强改进的主动性 ➤与供方、合作伙伴及其他相关方确定合作开发和改进活动 ➤鼓励和认可供方与合作伙伴的改进和成绩

上述质量管理原则之间存在内在的逻辑关系。要实现向全面质量管理的组织转变，首先要解决立场问题，即以顾客为关注焦点（原则 1）。明确立场后，管理当局要确立组织使命、核心价值观和愿景（原则 2），并带领全体成员（原则 3）去实现这种转变。共同努力是通过建立和实施质量体系实现的，建立并维持运转正常的体系需要正确方法论的指导（原则 4）。激烈的竞争和时间的延续会导致顾客需要和期望的改变，因此需要体系的改进（原则 5）以满足顾客变化的需要和期望。基于事实的决策（原则 6）是持续改进的有力的武器。最后，改进局限于组织内部取得的成果是非常有限的，组织必须与所有利益相关方进行紧密合作才可能取得成功（原则 7）。

以上原则构成了本书的基本框架。接下来的第二章至第八章便是围绕这些原则展开的。

第四节　质量管理的代表人物及其主要思想

一、戴明及其质量管理思想

戴明（W. Edwards Deming，1900—1993）是 20 世纪管理领域中最具有影响的人物之一，他是一位全球公认的质量管理专家、统计学家、管理顾问。他早年曾到美国西方电器公司的霍桑工厂做过研究，在这里，他受到了包括后来被称为“统计质量控制之父”休哈特等人的影响。从 1946 年起，他在纽约大学管理学院担任教授长达 46 年之久。

1950 年，在日本科学技术联盟（JUSE）举办的讲习班上，戴明应邀向日本工商界人士讲授统计质量管理，此后他又连续多次赴日从事讲学和咨询活动，对于质量管理在日本的普及和深化发挥了巨大的作用。1951 年，日本科学技术联盟设立了以戴明的名字命名的奖项，以感谢戴明的贡献和友情。戴明奖主要奖励在推广质量统计控制方面取得良好业绩的企业（戴明实施奖），以及在推广质量管理知识等方面做出突出贡献的个人（戴明本奖）。1980 年，美国全国广播公司为了促进国人对于质量的重视，推出了一个名为《日本人能够做得到，为什么我们做不到?》的纪录片。该纪录片中对于戴明在日本经济中发挥的作用做了介绍。此后，戴明的理论在美国受到了广泛的关注和认可。福特、通用汽车、宝洁等一大批主要的美国公司纷纷邀请戴明指导本公司的改进。戴明主张的是一种系统的观念，主张采用科学方法来优化系统，从而实现质量的改进。

戴明于 1986 年在其《走出危机》一书中指出，为了向以顾客满意为宗旨的质量型组织转变，管理者必须关注 14 个要点。戴明认为，接受这 14 个要点并采取具体的行动，是管理者对于组织的生存及投资者和雇员的利益负责任的标志。这 14 个要点可以看作戴明管理理念的最概括的表述。其具体内容如下：

（1）树立改进产品和服务的长久使命，以使企业保持竞争力，确保企业的生存和发展并能够向人们提供工作机会。

（2）接受新的理念。在一个新的经济时代，管理者必须意识到自己的责任，直面挑战，领导变革。

（3）不要将质量依赖于检验。要从一开始就将质量渗透或融入产品之中，从而消除检验的必要。

（4）不要只是根据价格来做生意，要着眼于总成本最低。要立足于长期的忠诚和信任，最终做到一种物品只同一个供应商打交道。

（5）通过持续不断地改进生产和服务系统来实现质量、生产率的改进和成本的降低。

（6）做好培训。由于缺乏充分的培训，人们常常因不懂得如何工作而不能把工作做好。

（7）进行领导。领导意味着帮助人们把工作做好，而非指手画脚或惩罚威吓。

（8）驱除恐惧以使每一个人都能为组织有效地工作。许多雇员害怕提问或拿主意，即使在他们不清楚自己的职责或不明白对错时，他们或是继续用错误的方式做事，或者干脆什么都不做。由于恐惧而导致的经济损失是惊人的。要确保质量和生产效率，就必须使每个人都具有安全感。“最愚蠢的提问也胜于不提问”。

（9）拆除部门间的壁垒。不同部门的成员应当以一种团队的方式工作，以发现和解决产品和服务在生产和使用中可能会遇到的问题。

（10）取消面向一般员工的口号、标语和数字目标。质量和生产效率低下的大部分原因在于系统，一般员工不可能解决所有这些问题。

（11）取消定额或指标。定额关心的只是数量而非质量。人们为了追求定额或目标，可能会不惜任何代价，包括牺牲组织的利益在内。

（12）消除影响工作完美的障碍。人们渴望把工作做好，但不得法的管理者、不适当的设备、有缺陷的材料等因素会对人们的工作形成阻碍。这些因素必须加以消除。

（13）开展强有力的教育和自我提高活动。组织的每一个成员都应不断发展自己，以使自己能够适应未来的要求。

（14）使组织中的每个人都行动起来去实现转变。

上述 14 个要点可以归纳为如下的四个方面：

（1）为了组织的生存和发展，管理当局必须树立明确的使命或方向以领导整个组织进行变革。

(2) 企业的管理应当以一个良好的系统为基础，要通过持续不断地改进系统来实现质量、生产效率的提高和成本的降低，这个系统是超越企业的边界的，要通过与供应商和顾客的合作来实现系统的综合效应，这便是著名的“系统驱动行为”的观点。

(3) 重视企业文化和领导的作用，要营造一个“场”或一种氛围来积极地影响人们，充分调动人们的积极性和创造性。

(4) 重视每个人的作用，要通过教育和培训来提升每个人的能力，使人们愿意并且能够为组织的成功作出自己最大的贡献。

戴明强调组织变革需要掌握和理解广博的知识体系，主要包括四个部分，即对体系的认识、关于变异的知识、关于知识的理论以及心理学方面知识等。戴明还提出了在质量管理活动中应经常采用的一种方法——PDCA 循环，PDCA 循环又被称为戴明环。

二、朱兰及其质量管理思想

朱兰（J. M. Juran，1904—2008）出生于罗马尼亚，1912 年随家庭移民美国，1917 年加入美国籍。朱兰曾获电器工程和法学学位。在他的职业生涯中，有很长一段时间在霍桑工厂工作，担任工程师、经理，还曾做过政府官员、大学教授。1979 年，朱兰创办了“朱兰学院”，从事质量管理的培训、咨询和出版活动。

1954 年，应日本科学技术联盟的邀请，朱兰为日本企业界做了为期 8 天的讲座，从企业管理整体的角度强调了质量管理的重要意义。此后朱兰又多次前往日本讲学和指导。朱兰为日本经济复兴和质量革命带来了积极的影响。

朱兰主编的《朱兰质量手册》是质量管理领域中最具有权威性的参考书之一，被人们誉为“质量管理领域中的圣经”。该书自从 1951 年第一次出版以来，已经被译成许多国家的文字。朱兰提出了质量即“适用性”的概念，强调了顾客导向的重要性。

朱兰质量管理思想中还包括质量管理三部曲、20/80 原则以及质量成本等。

三、石川馨及其质量管理思想

石川馨是日本著名的质量管理专家，日本东京大学教授。从 1947 年开始，四十余年中石川馨一直从事质量管理的研究、教育和推广工作，为日本的质量管理事业作出了巨大的贡献。

石川馨对日本全公司的质量管理实践进行总结，把全面质量管理归结为以下几点：质量管理是所有员工和所有部门的责任；TQC 不能由个人完成，需要团队合作；如果有从总裁到生产个人和销售人员的合作，TQC 就不会失败；中层管理者将会经常被谈起和批评——要做好准备；不要混淆目标和实现目标的方法；TQC 不是灵丹妙药，它更像是中药。这些认识与现代对全面质量管理的认识基本上是一致的。

石川馨指出，为实现全面质量管理，组织必须进行以下的思想革命，即质量第一，不是短期利益第一；消费者导向；下一个工序是你的顾客；用事实和数据说话；尊重员工以及员工参与管理；跨职能管理等。

四、其他代表人物

（一）休哈特

休哈特（W. A. Shewhart，1891—1967）是一位美国的统计学家，是现代质量管理的奠基者，被人们尊称为“现代质量控制之父”。

19 世纪 20 年代，休哈特在西方电器公司工作期间，成功地将统计学、工程学和经济学结合起来，开创了统计质量控制这一新的领域。休哈特于 1936 年发表的《产品制造质量的经济控制》一书全面阐述了质量控制的基本原理，是一部具有里程碑意义的著作，为现代意义上的质量管理奠定了坚实的理论基础，对以后质量管理的研究和实践产生了巨大的影响。

（二）费根堡姆

费根堡姆（Armand V. Feigenbaum）是美国通用系统公司总裁，曾在通用电气公司工作近十年，担任全球生产运营和质量控制的经理。

20 世纪 50 年代，费根堡姆在其《全面质量管理》一书中最早提出了全面质量管理的概念。他指出，全面质量管理应使整个组织参与到以顾客为导向的质量管理活动中。他提出了全面质量管理的四个基本原则：（1）竞争意味着不存在永久的质量水平；（2）良好的管理应努力通过调动组织的质量知识、技能来实现，要使每个人相信改进会使事情变得更好；（3）成功的创新要有高质量来支持，特别需要更好的新产品的支持；（4）成本和质量是相互补充而不是相互矛盾的。

（三）克劳斯比

克劳斯比（Philip B. Crosby）曾担任美国 ITT 公司副总裁，从事管理工作四十多年。他所著的《质量不花钱》《达成目标的艺术》等在质量管理领域有很大的影响。

克劳斯比提出了质量管理的四个定理：（1）质量就是符合标准；（2）防患于未然的质量管理制度；（3）唯一的业绩标准是零缺陷；（4）唯一的业绩测量是质量成本，第一次就把工作做正确是最便宜的。

克劳斯比坚持绝对没有理由在任何产品和服务中存在错误和缺陷，即零缺陷，因而公司应该接受“质量”疫苗以预防不合格，这种疫苗的三个组成部分是决定、教育和实施。他还提出了质量改进的 14 个步骤等。

拓展区

阅读网络资源“背景资料”中的“质量在中国”“什么是质量月?”“质量与社会”“质量：持续不断的革命”，了解与本章内容相关的知识。

本章小结

本章描述了企业现在所面对的外部环境以及由此带来的管理模式的转换，介绍了质量和质量管理的含义，质量管理遵循的原则以及本书的结构，并介绍了质量管理方面的著名人物及其思想。

复习思考题

1. 简述质量的含义及演变。
2. 怎样理解“大质量”观和“小质量”观?
3. 提高质量会导致成本的增加还是降低?
4. 怎样理解质量的魅力特性、必须特性和线性特性?
5. 质量管理的原则及其相互关系是什么?
6. 质量大师及其主要思想是什么?

复习思考题答案请参考网络资源相关栏目。请在40分钟内完成网络资源“即时练习”中的本章练习。网络资源的“关键概念”提供了相关概念的检索。

第二章　以顾客为中心

【学习导航】

请用 6 学时学习本章内容。

领会：

生产观念、产品观念、推销观念、营销观念、社会营销观念；以营销观念和社会营销观念为指导的整合营销活动与全面质量管理活动的一致性；了解顾客需要的关键活动；了解顾客需要的方法；外部顾客的类型及其对产品和服务的影响；了解用户体验的重要性；顾客满意与企业成功的关系；顾客满意程度及相应情绪特征；顾客抱怨；顾客满意和顾客忠诚的关系；顾客关系管理的过程；顾客关系管理的基本功能；顾客满意度测评的用途和测评实施方法；满意度指数计算方法举例。

掌握：

顾客关系管理需要做好的工作环节；顾客满意度测评的实施过程。

识记：

内部顾客；外部顾客；顾客忠诚；顾客关系管理的定义；顾客满意度的概念。

【引例】

"天天平价，始终如一"——沃尔玛经营的商品定位是中低收入的市民阶层，并以低于其他商家的价格出售。沃尔玛已在全球 10 个国家和地区开设了 5 000 多家商场，员工总数达到 150 万人。沃尔玛的主要经营理念之一就是尽可能给顾客提供最佳服务，给顾客带来惊喜。具体做法如下：

(1) 比满意更满意的原则——沃尔玛人的工作，就是通过不断地改进服务，给予顾客更好的服务。这种服务通过满足顾客需要并且超出顾客的期望，使顾客感觉到自己是沃尔玛生意中最重要的部分。

(2) 太阳下山原则——不管是乡下的连锁店还是闹市区的连锁店，只要顾客提出要求，沃尔玛的员工必须在当天太阳下山之前给出令顾客满意的答复。

(3) 微笑原则——沃尔玛的所有新员工必须这样宣誓："我们保证：对 3 米以内的顾客露出笑脸，直视顾客的双眼，热情地与顾客打招呼。"合格的微笑服务就是微笑时露出 8 颗牙齿。

（4）如果顾客没有收据——微笑，退货或退款；如果顾客拿不准沃尔玛是否出售过这样的商品——微笑，退货或退款；如果顾客购买商品超过 1 个月——微笑，退货或退款；如果顾客怀疑商品曾被不恰当地使用过——微笑，退货或退款。

（5）沃尔玛的所有员工都在按照“第一条，顾客永远是对的；第二条，如果对‘顾客永远是对的’有疑义，请参照第一条执行”的顾客服务原则办事的同时，还在应对各种突发事件时始终把顾客的利益放在第一位。

亚马逊在 1995 年创立之初，就把“成为全球最以客户为中心的公司，让客户能够寻找并发现他们可能需要在线购买的任何商品，致力于为客户提供尽可能最低的价格”作为公司的使命。目前，亚马逊已成为全球商品种类最多、全球用户数量最大的网上零售商，提供数百万种独特的全新、翻新及二手商品。亚马逊的顾客群体现已遍布世界的各个角落，包括消费者、卖家、内容创作者、开发人员以及企业。顾客的需求千差万别，为了满足顾客需求，亚马逊不断创新解决方案，让一切变得更加简单、快捷、出色。2016 年，亚马逊公司的市值达到 3 970 亿美元，市值排在苹果、谷歌、微软、伯克希尔·哈撒韦之后，名列全球第 5，是沃尔玛市值 2 048 亿美元的两倍多，2018 年，亚马逊公司的市值超过 10 000 亿美元，成为美国历史上第一家市值超过 10 000 亿美元的企业。

第一节 营销观念的变化和关注顾客

一、五种观念

市场营销是以满足人类各种需要和欲望为目的，通过市场把潜在交换转变为现实交换的活动。组织通常会以某种观念指导其市场营销活动。一般来说，有以下五种营销观念：生产观念、产品观念、推销观念、营销观念和社会营销观念。

（一）生产观念

生产观念是最古老的观念之一。生产观念认为，消费者喜爱那些可以得到的、价格低廉的产品。持这种观念的组织的管理层致力于获得高生产效率和广泛的分销覆盖面。生产观念假设消费者喜爱那些可以得到的、价格低廉的产品，这在以下两种情况下是合理的：（1）产品的需求大于供给，因而顾客最关心的是自己能否得到该产品，而非产品的细小特征。供应者将集中精力扩大生产。（2）产品成本很高，组织必须通过提高生产效率、降低成本来扩大市场。这种观念的缺点是忽视人的个性、服务质量低下。

（二）产品观念

产品观念认为，消费者喜欢高质量、多功能和具有某些特色的产品。持这种观念的组织的管理层致力于生产优质产品，并不断改进产品，使之日臻完善。产品观念假设顾客欣赏精心制作的产品，他们能够鉴别产品的质量和功能，并且愿意出较多的钱买质量上乘的产品。持这种观念的组织认为“酒香不怕巷子深”，在设计产品方面经常是不让或者很少让顾客介入，甚至不考察竞争者的产品。

（三）推销观念

推销观念认为，如果听任消费者自然消费，消费者就不会足量购买某一产品，因此组织必须积极推销。推销观念假设消费者通常表现出购买惰性或抗拒心理，因此需要劝说他们购买。组织也有一套有效的促销手段来刺激更多的购买。例如保险公司推销保险、多数公司在产品过剩时都采用推销观念。这种做法假定：听了好话的顾客就会购买，会喜欢这种产品，即使不喜欢这种产品也不会在朋友面前说产品的坏话等。事实上，建立在推销观念基础上的营销有很大的风险，研究表明：上当的顾客会对十个或更多的人说该产品的坏话。

（四）营销观念

营销观念认为，组织实现目标的关键是组织在确定并满足目标市场需要的营销整合活动方面比竞争对手更有效。曾经反映环境现实的市场观念如生产观念、产品观念和推销观念，当市场环境已经发生了根本性变化后就不再适用，需要被新的观念——营销观念所替代，有关营销观念的主要原则在 20 世纪 50 年代以后逐步确立并定型。表 2－1 把营销观念和推销观念进行了比较，从中可以看出营销观念的特点。

表 2－1　营销观念和推销观念的比较

比较项目	推销观念	营销观念
出发点	工厂	市场
重点	产品	顾客需求
方法	推销和促销	整合营销
目的	通过销售获取利润	通过顾客满意获取利润

（五）社会营销观念

社会营销观念认为，组织的任务是以保护和增加消费者及社会福利的方式，比竞争对手更有效地确定和满足目标市场的需要。社会营销观念提出的背景是当今社会环境恶化、资源短缺、人口爆炸、世界性饥荒和贫困、社会服务被忽视，这些问题如果不加以解决，将会影响到全社会的持续发展，影响到人类的子孙万代，因此组织在满足目标顾客需要的同时，还需要考虑并能够满足广大消费者和社会的长期利益。在对营销观念修正的基础上，人们提出了社会营销观念。社会营销要求营销者在营销活动中要考虑社会和道德问题，要平衡公司利润、消费者需要满足和公共利益三者之间的关系。

总之，上述生产观念、产品观念和推销观念在 3C 环境下已不再有效了。以营销观念和社会营销观念为指导开展活动已经成为企业成功的前提。营销观念和社会营销观念的出发点都是市场和顾客需要，与质量管理原则中的“以顾客为中心原则”相一致。

二、了解顾客需要

在确立了以顾客为中心的原则以后，首先要做的就是要了解顾客需要。朱兰认为了解顾客需要应包括以下关键活动：

（1）策划收集顾客需要和过程。

（2）收集用顾客的语言表述的顾客需要。

（3）分析顾客需要并排出优先次序。

（4）将顾客的需要翻译成“我们的”语言。

（5）建立测量指标与测量手段等。

了解顾客需要的方法多种多样，具体如下：

（1）书面/邮件调查。

（2）电话调查。

（3）专人访问/面对面访问。

（4）焦点小组。

（5）顾客参与会。

（6）联合策划会。

（7）座谈小组。

（8）评议卡/建议箱。

（9）观察。

（10）倾听岗位数据。

（11）顾客价值分析。

面对面访问和顾客参与会等方法的实例

一家房地产开发商拟开发一条商业街。公司老总对有可能购买摊位的每位来访者都亲自出面，详细谈话，征求来访者的看法和意见，并做了完整记录，然后对近百名来访者的看法和意见进行深入分析，大胆设定了超出多数人预期的商业街摊位的价格，即便是在公司内部，绝大多数人也认为定价过高。但公司老总是在对可能购买摊位的来访人充分了解的基础上作出的决策，他对这种定价策略充满信心。开盘后，购买者踊跃，公司也由该项目获得了巨大的收益。

以上这些方法在以顾客为中心的质量组织中已经被广泛采用，并不断开发出新的方法。

基于互联网技术的新方法

基于信息技术和互联网技术，许多公司开放产品设计平台，用户在线上平台与产品设计师互动交流，数据和信息实时反馈到产品设计改进过程，准确地了解了顾客需要，缩短了新产品开发周期。

乐高是世界著名公司，“无边界创造”的公司文化让富有创造力的设计师们一直努力不断开发新产品。二十世纪九十年代，公司增加了许多模块品种，成本随之增加，但许多创造性产品没有得到顾客认同和市场回报。2000 年以后，乐高开始了新的尝试，设计师们试着在线上论坛上和一些乐高热爱者一起做产品设计，结果取得了巨大成功。这里牵涉到与他人合作的知识产权的风险问题，但在开始尝试后，乐高公司的这个顾虑就消除了，因为全世界有那么多热爱乐高的顾客，他们愿意“无私奉献”，把乐高变得更好、更有趣。

三、内部顾客和外部顾客

顾客是指接受服务和使用产品的组织或个人。顾客可分为内部顾客和外部顾客。外部顾客是指组织外部接受服务和使用产品的个人或团体，也就是通常我们认为的顾客。内部顾客是指在组织内部接受服务和使用产品的个人或团体。表 2－2 列举了外部顾客的类型及其对产品和服务的影响。

表 2-2　　外部顾客的类型及其对产品和服务的影响

顾客类型	对产品和服务的影响
中间顾客	
批发商	批发商购买预期能销售出去的东西。他们典型的购买活动数量大。虽然他们几乎对产品设计和制造没有直接的影响，但是影响供方的生产时间表、价格政策、库存和发货安排以及对未出售商品的回收等
分销商	分销商在某些方面类似于批发商，但其不同之处在于他们可能从更大范围的生产商那里购进更多种类的产品。其购进什么直接受消费者的需求和需要的影响，其顾客的订货量通常较小且品种多。分销商的长处是购进很多种物品，这些物品可以以具有吸引力的价格紧急提供和运输。分销商购进的商品类目主要受顾客以好的价格寻找具备行业级质量的、立刻可用的商品的影响
零售连锁买方	大型零售连锁买方因其订货规模大而对供方提出大量要求（如价格让步、灵活的交货等）
其他大宗买方	其他大宗买方是指政府实体、教育机构、保险组织、运输公司、航运公司、连锁酒店等所有向顾客提供服务的组织，其中每个组织都有服务管理规章。它们在提供服务的过程中都要求多种产品、材料和外部服务。许多组织对消费者而言是透明的。每个组织都要求高质量，都对它们所能支付的商品有严格的限制。每个买方需要大量的资金，但可以建立长期合同，提供固定数量的商品。它们对产品的要求主要产生于其组织的内部顾客。由于价格和交货期是主要考虑的事项，所以买方给供方的有关最终用户对已交付产品满意程度的反馈会经过一个漫长而曲折的路径
服务提供商	服务提供商从其他供方处购买的产品和服务多种多样。这些买方包括：公共会计师、医生、建筑承包人、清洁服务部门、演员、出租司机等。这类买方通常是自己经营，购买量小，根据价值采购，只有在需要时才购买。服务提供商借助于采购品的高质量来保持其顾客满意。由于可以供应的品种很多，数量极少，买方一般要求供方提供产品或服务
消费者/最终用户	
零售买方	零售买方根据采购量来影响产品特性及附属件的设计和可用性。消费者“注视着”组织，提防有潜在问题的各个采购者。对购买者而言，最重要的是合理的价格、易用性、安全性、美感、耐用性。对产品有影响的还有安装和使用说明书、售后服务和品牌
折扣买方	折扣买方主要根据价格采购，更愿意接受不著名品牌，且愿意购买超过当前需要的量。这些购买者对产品有较小的影响，却为没有注册商标的、产品积压及不再继续生产的产品创造了市场
雇员购买者	雇员通常在折扣极大时采购雇主的产品。这些购买者通常对产品比较熟悉，他们可以向雇主提供有价值的反馈。一个有用的提问是：产品的销售人员会购买和使用这种产品吗？
服务买方	服务买方通常根据口碑购买（如牙科服务、电视维修服务等）。服务的口碑快速传播，持续影响服务提供者的生意

续前表

顾客类型	对产品和服务的影响
服务用户	受限制的服务用户（如电、气、水、学校等）通常对所接受服务的影响很小。虽然用户对有些服务会有更多的选择，但仍然局限于少数供方。如果不引入竞争，用户在促使这些供方改变服务方面几乎没有什么影响
组织买方	为组织购买产品者通常在业务或活动过程中使用产品或服务，他们对所提供给他们的产品类型以及在哪里购买有很大的影响。原材料或仪器成为其制造产品的一部分，在维持质量和购买方组织的竞争力方面特别重要（如性能、服务能力、耐用性、安全等）。其他影响因素有发货的灵活性、折扣、允许返回材料、特别担保等

组织中的每个人都扮演着三重角色：供应者、加工者和顾客，即作为顾客把他人或部门的输出作为自己的输入，经过自己的加工处理，然后作为供应者把加工处理的输出作为他人或部门的输入。组织对内部顾客的不关心可能导致组织对外部顾客的忽视和不关心，因此有效地满足内部顾客的要求对于服务外部顾客具有重要的影响。内部顾客的概念给组织带来了许多变化，如组织结构上形成了横向的“顾客链”和纵向的“支持链”。

横向的“顾客链”以横向过程将个人、职能部门与外部顾客联系了起来，使得每个人不但清楚如何满足内部顾客的需要，而且也认识到自己在满足外部顾客需要方面所起的作用。如何使“顾客链”达到良好的效果和效率，将是本书第五章“过程管理与系统管理”学习的重点。纵向的“支持链”意味着由传统的金字塔结构向以顾客为中心的、倒金字塔的“支持链”转变，如图 2-1 所示。在倒金字塔中，顾客在最高层，其次是一线员工、中层管理者，最高管理者在最底层，表示了上级对下级的支持，最终是对顾客的支持。

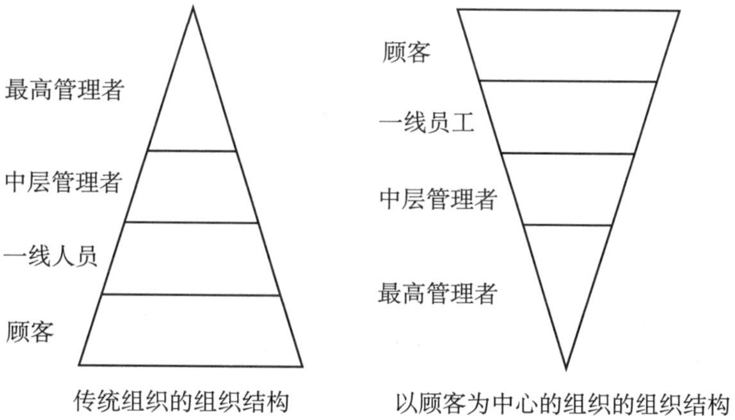

图 2-1 传统组织与以顾客为中心的组织的组织结构比较

四、用户体验

用户体验被广泛认知和使用始于 20 世纪 90 年代中期，是以顾客为中心原则的实施途径和具体做法。ISO9241-210 标准将用户体验定义为人们对于使用或期望使用的产品、系统或者服务的认知印象和回应，是用户在使用一个产品或系统之前、使用期间和使用之后的全部感受，包括情感、信仰、喜好、认知印象、生理和心理反应、行为和成就等各个方面。

研究表明，产品问题发现并解决在设计阶段、制造阶段、销售前和销售后阶段带来的成本和损失分别是1、10、100、1 000。以前，产品问题通常在用户使用以后才被发现，这时会带来召回、返工成本以及顾客流失等，成本和损失巨大。例如，在软件设计过程中，人机界面仅仅被看作一层包裹于功能核心之外的“包装”而没有得到足够的重视，其结果就是对人机界面的开发独立于核心功能的开发，而且往往是在整个开发过程接近尾声时才开始。这种方式极大地限制了对人机交互的设计。后来，企业尝试在产品设计之初让顾客参与进来，从而减少了很多成本和损失。这就是用户体验被认知和广泛使用的时代背景。

信息、计算机和互联网技术已经应用到人类社会生活和经济活动领域，如作为主要社交网络媒体的微信已经渗透到中国普通百姓生活的各个方面，也逐渐成为企业从事经营活动的基本手段。企业通过自己的网站平台，可以了解用户访问一个网站或者使用产品时的印象和感觉，如是否享受、忍受问题的程度、是否有疑惑、还想再来或再次使用，借以发现问题，及时解决。基于计算机和互联网等先进技术，让用户轻松、便利地参与产品的设计、生产和使用的全过程，逐渐成为企业的普遍做法，用户体验从可能变成了现实。

周鸿祎：我眼中的用户体验

互联网时代是一个“体验为王”的时代，产品是否能够成功，用户体验变成越来越关键的一个因素。我在互联网行业工作了十多年，经历过很多失败和挫折，越来越体会到用户体验的重要性。

第一，用户体验的核心是用户需求。用户的习惯是你需要观察适应的，我们不应该让产品成为教育用户的老师，而应该通过交互让用户学习。

第二，要超出用户预期，给用户带来惊喜。超出用户预期才叫体验，你做的产品跟别人的一样，用户用完后仅仅达到了预期效果，就不会有真正的体验。

第三，好的用户体验要能够让用户有所感知。我们发现中国用户从小受应试教育的影响，虽然痛恨应试，还是渴望得分。我们给用户定了一个电脑“体检”的分数，很多人一看“体检”分数很愤怒，怎么才得60分、70分，我要优化，一优化，我们就自动扫描解决很多问题。360做的这个小功能，虽然有人不喜欢，但是绝大多数用户感觉很好。因为我们一直在思考，怎么告诉用户电脑状况不太好。

第四，好的用户体验是从细节开始的，并贯穿于每一个细节。创新就是从用户出发，从用户体验的细节出发，对用户体验作出持续的改进。

第二节　顾客满意和顾客忠诚

在了解顾客需要的基础上，组织通过内部转换，提供满足和超越顾客期望的产品，才能实现顾客满意，造就顾客忠诚。

一、顾客满意

顾客满意是指顾客对其要求已被满足程度的感受，也就是顾客的实际感受和顾客的期望、要求相比较而产生满意或者不满意。如果顾客的实际感受和顾客的期望相一致，顾客就会满意，如果顾客的实际感受小于顾客的期望，顾客就会不满意，如果顾客的实际感受大于顾客的期望，顾客就会感到惊喜。我们从以下几个方面进一步说明顾客满意的含义：

（1）顾客满意作为一种结果，是顾客对其要求、期望得到满足的主观感受程度，是“体验”和“感知”的结果，是一种心理感觉状态。

（2）顾客满意是一个感知和评价的心理过程。

（3）顾客满意具有动态性，满意与否会随着时代的发展以及满意评价的参照基准或价值观念而变化。

（4）顾客的需要和期望是多样的，加上顾客认知和反应的特点，顾客满意会受到多种因素的影响。

表 2－3 反映了满意程度不同会产生不同的情绪反应，相应地会导致不同的行为。

表 2－3　　顾客满意程度及相应情绪特征

满意程度	主要特征	含　义
很不满意	愤慨、恼怒、投诉、反宣传	顾客在购买和消费了某种商品或服务后感到极大的失望，对于厂商感到愤慨、恼怒、难以容忍，不仅找机会投诉，而且还会利用一切机会进行反宣传以发泄心中的不满
不满意	气愤、烦恼	顾客在购买和消费了某种商品或服务后感到气愤和烦恼。在这种状态下，顾客尚可勉强忍受，希望通过一定的方式进行弥补，在适当时候也会进行反宣传，提醒自己的亲友不要去购买同样的商品或者服务
一般（无所谓满意和不满意）	无明显的抱怨或赞同感	顾客在购买和消费了某种商品或服务后感到与期望相比虽有差距但还可以忍受，感觉不到明显的好处也不觉得特别差劲
满意	称心、赞扬、愉快	顾客在购买和消费了某种商品或服务后产生称心如意和赞美、愉快的心理状态。在这种状态下，顾客的期望与现实基本相符，找不出大的遗憾所在。顾客不仅对自己的选择予以肯定，还乐于向亲朋好友推荐
很满意	激动、满足、感谢	顾客在购买和消费了某种商品或服务后所形成的激动、满足、感谢的状态。在这种状态下，顾客的期望不仅完全实现，没有任何遗憾，而且现实可能还大大超出了顾客的期望。顾客不仅为自己的选择而自豪，还会利用一切机会向亲友宣传、介绍和推荐，希望他人都来消费同种商品或服务

二、顾客抱怨和顾客忠诚

顾客满意程度会导致两种结果，即顾客抱怨和顾客忠诚，图 2－2 为顾客满意过程模型。

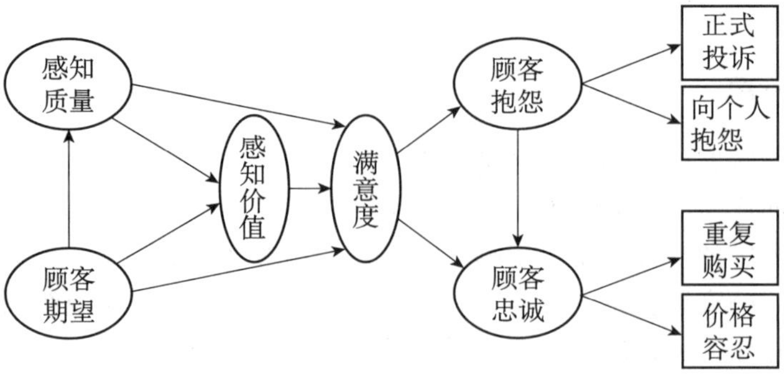

图 2-2　顾客满意过程模型

1. *顾客抱怨*

顾客抱怨是顾客满意程度低的最常见的一种表达方式，组织必须予以关注并采取迅速行动。如果怠慢顾客抱怨就会导致顾客的流失和市场占有率的下降，最终影响到组织的生存和发展。但没有抱怨并不一定表明顾客很满意。满足顾客的需要和期望是保持经营的最低要求。组织只有通过超出顾客的期望带给顾客惊喜，才能留住顾客，达到顾客忠诚，使顾客成为终生顾客，从而实现组织的持续增长的赢利和市场份额。

2. *顾客忠诚*

顾客忠诚是指顾客对于某种品牌的产品或某个企业作出的长期购买的承诺。顾客忠诚不同于顾客满意，满意体现在态度上，而忠诚则体现在行动上。忠诚的顾客通常有以下表现：

（1）再次或大量购买。

（2）主动向亲友和他人推荐该品牌的产品或服务。

（3）几乎没有购买其他品牌产品或服务的念头，能抵制其他品牌的诱惑。

（4）当发现产品或服务有缺陷时，能以谅解的心情主动向企业反映，求得解决，而且不影响再次购买。

可见，忠诚顾客会随着时间的延续持续增加消费额；忠诚顾客的正面宣传是一种免费的广告资源；忠诚顾客对价格的敏感度较低，利润潜力较大；忠诚顾客与组织形成一种学习关系，可以提高公司提供产品和服务的效率。

三、顾客满意和顾客忠诚的关系

研究表明，顾客高满意度未必会带来顾客的重复购买行为。这意味着满意并不等同于忠诚。不满意的顾客很难会是忠诚的顾客，但满意的顾客未必就是忠诚的顾客。满意的顾客会重复购买，但也会光顾竞争对手。而忠诚的顾客则会重复购买。顾客满意与顾客忠诚的区别见表 2-4。

表 2-4　顾客满意与顾客忠诚的区别

顾客满意	顾客忠诚
顾客所说的——意见或态度	顾客所做的——购买与推荐
顾客期望有更多令其满意的供应商可选择	顾客期望只从一家供应商处购买

续前表

顾客满意	顾客忠诚
企业力求使更多的顾客群满意	企业辨识关键的顾客并使之心悦诚服
企业衡量广泛的顾客群体对产品和服务的满意度	衡量与关键顾客互动的所有方面的满意度以及他们将来的购买意愿
主要测量现有顾客的满意度	除了测量现有顾客的满意度外，还分析和了解顾客流失（背离）的原因
强调针对广泛的顾客群体保持质量的竞争力	主张通过适应关键顾客的需要变化来开发新产品，以不断增加价值

顾客忠诚与顾客满意之间的关系可以通过如下公式表示：

顾客忠诚度＝吸引力×满意度×参与度

从上面的等式可以看出，满意是忠诚的前提，没有满意，则无所谓忠诚。要实现顾客的忠诚，除了满意之外，组织还必须考虑另外两个重要因素，即参与和吸引力。参与意味着要使顾客参与到业务决策的过程中，要求对待顾客像内部人或同事一样，要听取其意见并采取相应的行动。吸引力是顾客在与组织打交道的过程中对组织产生的兴趣，这是连接公司与顾客的精神纽带。产生吸引力的关键是令顾客感到由衷的欣喜。

第三节　顾客关系管理

20 世纪 90 年代以来，以 IT 技术为基础的顾客关系管理已经成为组织的普遍实践活动，组织通过系统地了解顾客需要，分析顾客价值，与顾客沟通并建立起信任和密切的关系，最终给组织带来赢利。

一、顾客关系管理的含义

顾客关系管理（CRM）是企业为了获得顾客满意、留住顾客、挖掘潜在顾客、实现顾客忠诚并最终获得顾客长期价值而致力于与顾客建立长期良好的关系的活动和管理举措。顾客关系管理的目的在于通过富有意义的交流沟通，理解并影响顾客行为，通过提供快速、周到、优质的服务来吸引和保持更多的顾客，通过优化面对顾客的工作流程以减少获取顾客和留住顾客的成本，创造更高的价值，最终实现赢得顾客、留住顾客和顾客忠诚。

在市场交易中，组织（卖方）与顾客（买方）最基本的关系是交易关系。从这种交易关系建立和保持过程看，关系深度和表现形式也是不断发展变化的，组织与顾客的关系形成了如图 2－3 所示的进化关系。首先是设想可能会购买产品和服务的人，即“猜想顾客”，经过确认有的成为“合格的预期顾客”，有的成为“不合格的预期顾客”，后者遭到组织拒绝。合格的预期顾客进而争取成为“首次购买顾客”，依次转变为“重复购买顾客”“忠诚的顾客”和作为公司产品倡导者的“主动性顾客”，最终成为合作人。各个阶段都有停止购买活动，成为过去的顾客。与各个阶段相对应，顾客与组织之间从首次购买的简单交易关系发展为稳定可靠的较长时期的合同关系，进而建立积极的、长期的合作关系。

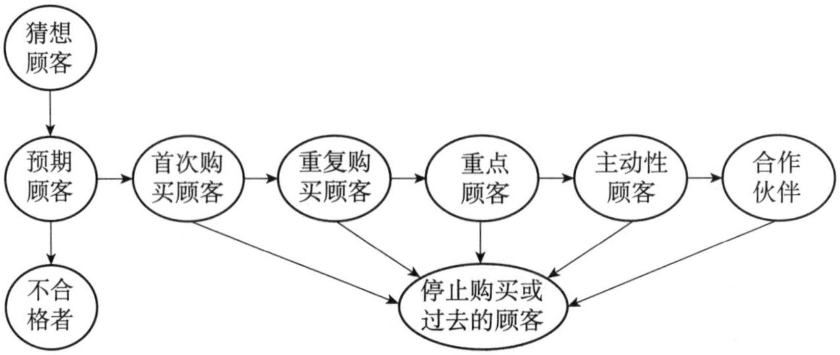

图 2－3　顾客关系的进化过程

二、顾客关系管理的过程与基本功能

（一）顾客关系管理的过程

一个完整的顾客关系管理过程包括以下方面：

（1）获取顾客信息，识别顾客。

（2）管理顾客沟通，了解需要和期望。

（3）掌握顾客满意度。

（4）研究顾客价值，确定顾客关系战略。

（5）分析差距，实施产品和服务改进。

（6）留住和造就忠诚的顾客。

（二）顾客关系管理的基本功能

顾客关系管理通常以计算机和通信自动化技术为基础，致力于获得并管理客户知识，改善和管理客户沟通，优化销售和营销过程，方便顾客服务和产品技术支持，实现顾客长期价值的最大化和增强竞争优势。顾客关系管理系统软件是最佳的顾客关系管理的具体化。顾客关系管理系统依据顾客关系管理的过程，主要有以下三个基本功能：

（1）接入管理。通过电子商务、呼叫中心、网络、电子邮件、电话、传真等实现与顾客的交互、快速响应并提供技术支持。

（2）流程管理。实现营销、销售、服务等职能和过程的精细管理和工作自动化。

（3）决策支持。借助数据仓库、数据挖掘、决策支持、知识管理等技术，提供顾客关系管理和企业经营的决策支持。

三、顾客关系管理需要做好的关键工作

为了确保顾客关系管理的有效性，组织要抓好以下关键工作，即组织的可达性、承

诺、选拔和培训与顾客直接接触的一线员工、明确顾客接触要求、有效的投诉管理、全面分析顾客价值、寻求战略伙伴与联盟。

（一）组织的可达性

组织的可达性是指当顾客需要时能够方便快捷地联系到组织相关部门或人员的能力。除了与顾客有直接接触的渠道之外，800 电话、传真、电子邮箱、组织网站等都是常用的实现组织的可达性的手段。

（二）组织的承诺

组织会对顾客作出承诺，这些承诺针对顾客关切或担忧的事项，旨在排除一切可能降低顾客信心的情况，并会清晰简明地向顾客沟通。许多承诺表现为担保或保证的形式。例如，美国的联邦快递公司向顾客作出了“晚送达一分钟即全额退费”的承诺。我国的一些家装公司则向顾客作出了“先行赔付”的保证。

（三）选拔与顾客直接接触的一线员工

前面已经说明了顾客流失的主要原因是一线员工的态度冷淡和服务不到位，因此组织应该关心一线员工的选拔，衡量一线员工候选人是否满足以下标准：具有良好的人际沟通技能；较强的分析问题和解决问题的技能；自信、抗压、有耐心，能设身处地地替他人着想；对细节问题较为敏感和关注等。

（四）明确顾客接触要求

组织应当把与顾客接触的要求规范化和标准化，包括诸如响应时间规定等，也可能会包括行为、态度等方面的要求，比如对顾客的称呼方式、语气和表情等。

（五）有效的投诉管理

组织将投诉视为改进的机会，鼓励顾客投诉，使顾客投诉更方便，并能够有效地解决顾客所投诉的问题。组织只是单纯地解决问题是远远不够的，还必须通过一个系统的过程来收集和分析投诉数据，然后利用这些信息进行改进。组织对于投诉处理过程本身的绩效也应当加以监测。图 2－4 是组织投诉处理过程的举例。

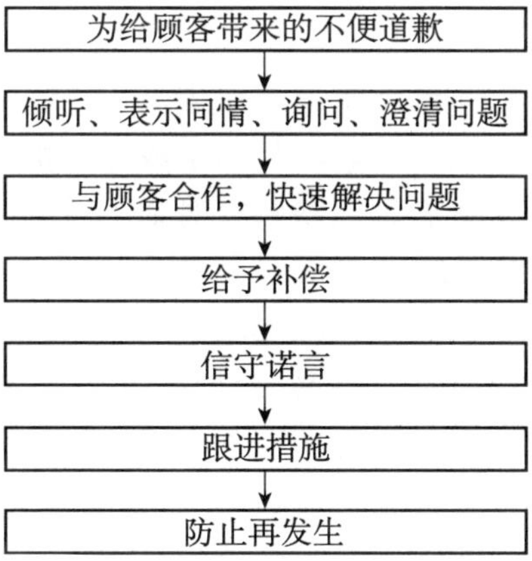

图 2－4　组织投诉处理过程

（六）全面分析顾客关系价值

特定的组织或个人在成为组织顾客、与组织建立关系，直至最后流失或消亡的整个过程中，在获得满足和实现顾客价值的同时，为组织带来收益和好处，即顾客关系价值。全面分析顾客价值是确定顾客关系的前提。依据顾客给组织带来的利润不同，表 2－5 列举了组织与顾客建立的不同关系。其中：（1）基本型只是简单地推销产品；（2）反应型是指出售产品后，鼓励顾客如有问题或不满就打电话给公司；（3）可靠型是指产品售出后不久就打电话给顾客，了解产品是否与顾客期望相吻合，将所征集意见和建议作为改进的依据；（4）主动型是指经常与顾客电话联系，征求有关改进产品用途或开发新产品的意见和建议；（5）合伙型是指组织与顾客一起找到影响顾客花钱方式或帮助顾客找到更好的做事方式。

表 2－5　组织根据顾客关系价值与顾客建立的不同关系

	高利润	中利润	低利润
顾客/分销商多	可靠型	反应型	基本型或反应型
顾客/分销商数量一般	主动型	可靠型	反应型
顾客/分销商少	合伙型	主动型	可靠型

（七）寻求战略伙伴与联盟

组织的经营越来越聚集于其核心能力，将一些非关键性的、支持性的过程外包出去，作为供方的组织必须承担更大的责任来帮助其顾客，这种供需双方的合作伙伴关系成为组织实现卓越过程中的一种战略联盟。

第四节　顾客满意度的测量与分析

一、顾客满意度的含义

顾客满意度是指把顾客的满意程度加以量化表示，具体来说，我们可以运用计量模型和抽样统计方法，通过评价顾客对于一组项目因子或评价指标的感知和体验，得到一个总计性的或回归性的数量化指标来综合地反映顾客对某个对象的满意水平，该数量化指标称为顾客满意度指数，简称顾客满意度。

顾客满意度的测量最早始于瑞典国家统计局。之后，德国、美国也开始测量并正式公布测量的结果。早在 1999 年，中国质量协会委托清华大学组织力量，经过三年半的研究，建立了“中国顾客满意指数评价系统”。2009 年后，关于顾客满意度指数测评的国家标准相继出台，如 GB/T19038－2009《顾客满意测评模型和方法指南》、GB/T19039－2009《顾客满意测评通则》。GB/T19038－2009《顾客满意测评模型和方法指南》在说明标准范围、引用文件、术语和定义基础上，对如何建立顾客满意测评模型、设计抽样方案、数据抽样方法、设计问卷、收集、统计与分析数据过程和方法做了标准化规定。

顾客满意度测量数据被称为“一座采掘不完的金矿”，对于企业而言，顾客满意度测量的用途主要有：

（1）了解顾客对于企业在满足顾客需要方面做得如何的感知。

（2）比较公司相对于竞争者的绩效。

（3）找出在产品和服务的设计和提供方面有待改进的领域。

（4）跟踪趋势以确定变革是否确实导致了改进。

（5）有些公司还把测量发现（比如通过顾客调查获得的）集成到企业战略、新产品开发、制造质量、产品和服务交付和市场竞争定位。

美国顾客满意指数（ACSI）是顾客评价产品和服务的一个全国性经济指标。该指数是从约 5 万个电话调查回答中计算出来的，调查覆盖了 7 个经济领域中的 200 多家企业。对于大多数公司来说，针对每家公司调查了大约 250 名顾客。评分采用了一个从 0 到 100 的标准，0 最低，100 最高。ACSI 的基本模型由一系列等式构成，这些等式描述了感知质量、顾客期望、感知价值、顾客满意、顾客抱怨和顾客保持等六个要素及其之间的关系，向顾客所提问题都与这六个要素直接相关。图 2-5 是顾客满意度与企业赢利的关系，表明 ACSI 每增加 1 分，公司市值增加 3%。

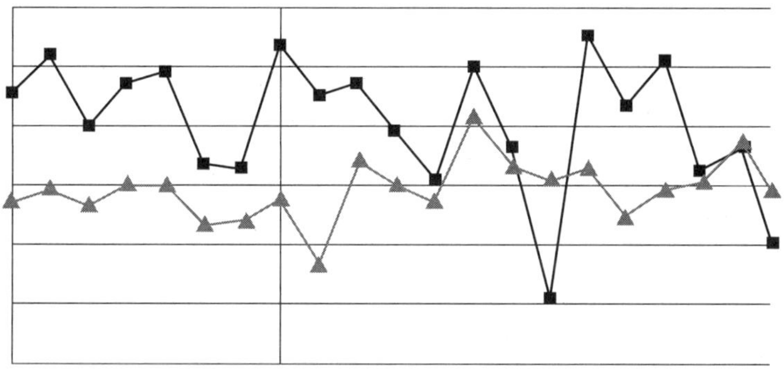

图 2-5　满意度与公司赢利关系示意图

注：黑线表示道·琼斯股票价格百分比的变化；灰线表示美国顾客满意度指数百分比的变化。

测量顾客满意度的方法有很多，主要有顾客调查、产品提供登记、投诉的处理和跟踪、交易数据分析、顾客接触点分析、流失顾客分析等。目前测量顾客满意度的主要方法是顾客调查。

二、顾客满意度测评实施过程

顾客满意度测评的实施过程如图 2-6 所示，其中包括了以下四项关键的活动：

（1）明确测量的目的并识别测量的事项。

（2）选择有效的信息收集过程和方法来收集顾客反馈数据。

（3）综合分析和评价顾客满意水平并沟通测评结果。

（4）讨论测评发现并计划改进活动。

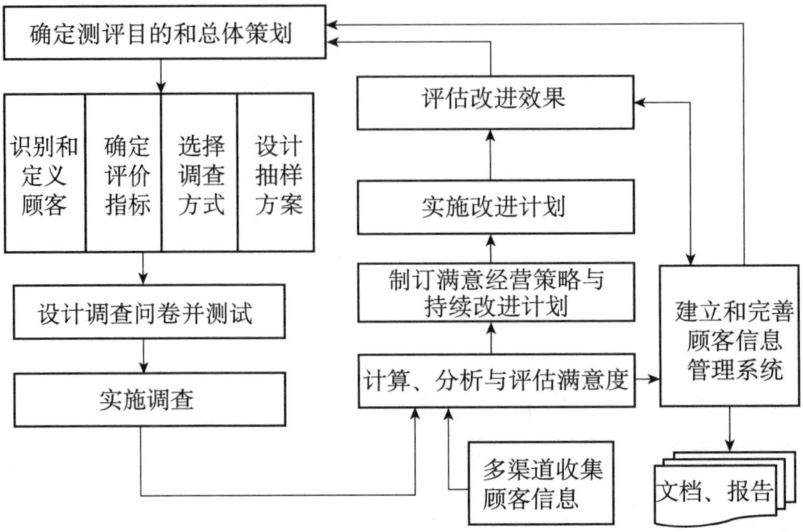

图 2－6　顾客满意度测评的实施过程

三、顾客满意度指数计算方法举例

顾客满意度指数更恰当的表述应当是“复合顾客满意度测量指标”，它是各种效能属性评级的集合。表 2－6 举例说明了几种不同的计算方法。

表 2－6　　顾客满意度指数的计算（满分为 10 分）

属性	总体中样本重要性权重	顾客 A		顾客 A	
		评分	指数Ⅱ	重要性权重	指数Ⅲ
属性 1	0.05	7	0.35	0.10	0.70
属性 2	0.20	10	2.00	0.09	0.90
属性 3	0.15	6	0.90	0.13	0.78
属性 4	0.13	6	0.78	0.09	0.54
属性 5	0.08	9	0.72	0.12	1.08
属性 6	0.08	8	0.64	0.10	0.80
属性 7	0.12	9	1.08	0.08	0.72
属性 8	0.05	5	0.25	0.15	0.75
属性 9	0.05	7	0.35	0.05	0.35
属性 10	0.09	7	0.63	0.09	0.63
总和	1.00	74	7.70	1.00	7.25
顾客满意度指数Ⅰ（非加权平均）		7.4			
顾客满意度指数Ⅱ（以总体中样本重要性权重加权平均）			7.7		
顾客满意度指数Ⅲ（以顾客的重要性权重加权平均）					7.25
总体满意度评分（单独测量值）		7			

其中的顾客满意度指数Ⅰ是其中10个属性得分的简单平均值。

顾客满意度指数Ⅱ是以总体中样本重要性权重加权平均计算的值。

顾客满意度指数Ⅲ以顾客重要性权重加权平均计算值，是较理想的计算方法。

顾客满意度总评分是单独测量的结果。一般来说，复合测量要比单独的测量有更高的统计可靠性，是较好的选择。

拓展区

阅读网络资源“背景资料”中的“中国顾客满意指数产生的背景”和“中国消费者协会”，了解与本章内容相关的知识。

本章小结

本章围绕质量管理原则之一——以顾客为中心进行学习。本章说明了以顾客为中心关注顾客的重要性，是现实环境对企业的必然要求；描述了了解顾客需要的过程和方法，顾客满意和顾客忠诚的含义；介绍了顾客关系管理的过程以及要注意的问题；介绍了顾客满意度测量的含义、过程，并举例说明。

复习思考题

1. 简述市场营销理念的转变与以顾客为中心的关系。
2. 了解顾客需要的方法有哪些？
3. 简述顾客体验的重要性。
4. 简述顾客关系管理与顾客关系的进程。
5. 顾客满意度指数测量的用途有哪些？

复习思考题答案请参考网络资源相关栏目。请在40分钟内完成网络资源“即时练习”中的本章练习。网络资源的“关键概念”提供了相关概念的检索。

第三章　领导与战略计划

【学习导航】

请用 5 学时学习本章内容。

领会：

使命思考的普遍性和重要性；使命陈述及意义；基业长青中对核心价值观的解析；社会责任的内容；组织的社会责任发展四阶段；组织履行公民义务；战略计划活动的作用、标杆管理活动的基本方式。

掌握：

组织思考使命、价值观和愿景这些根本性问题的重要性；组织恪守道德规范的做法；战略计划活动的过程；标杆管理法的步骤；标杆管理的作用。

识记：

使命的定义；核心价值观的概念；愿景的概念；社会责任的概念；战略计划活动的定义；标杆管理的概念。

【引例】

世界在加速度变化，但并不意味着我们要放弃经受时间考验的基本观念，相反，我们比任何时候都需要它们。公司所面临的最大问题不是缺乏新的管理思想（事实上是被众多的思想所淹没），而是不能够理解最基本的原则。——面对变化的世界，组织首先应该问的是“我们代表什么，为什么存在”，即要从各种商业做法和谋略中分离出组织的核心价值观，它不会随环境和时间的改变而改变。惠普公司把自己比作陀螺仪，上百年来陀螺仪被用来引导船舶、飞机和卫星，外围的轴架可以自由运动，而核心却稳定不动。核心稳定不动的就是核心价值观。

——摘自 20 世纪 90 年代商业畅销书《基业长青》

第一节　组织的基本方向

领导（leadership）一般是指实施领导的主体对别人施加影响，使别人行为指向指定目标，或带领别人走向既定方向和目标。实施领导的主体表现出一定的领导能力或领导才能，如沟通、激励、谈判、合作等技能和技巧。在当今社会中，领导不仅仅是组织中的管理者从事的活动，也应当是有志于组织成功的人士（理想状态是所有员工）参与的活动，即全员参与，这是广义领导的含义。

要实现向以顾客为中心的质量型组织的转变，组织的管理当局，尤其是最高管理层要发挥作用。组织领导主要包括两个方面，即战略上的领导和日常运营上的领导。战略上的领导包括定义组织的愿景、使命，确立组织的核心价值观；制定实现组织愿景和使命的战略、体系和结构。日常运营上的领导包括有效地实施计划、监控和改进业绩。作为组织的高层管理者，首要的是把握住组织的基本方向，具体来说就是要思考并回答以下问题：组织为什么存在、组织代表什么以及组织的发展方向和目标等。这些问题被称为组织的使命、核心价值观、愿景和战略目标等。深入思考并回答这些问题是组织持续健康发展的基础和保证。

亚马逊领导准则

我们的领导原则不仅仅是悬挂着的激励之墙，而且是我们一直努力做事时所坚持的原则。无论是讨论新方案、决定解决顾客问题的最佳方案，还是面试应聘者，亚马逊每天都在运用这些原则，具体如下：

（1）顾客至上。领导者从客户入手，再反向推动工作。领导者努力工作，赢得并维系客户对他们的信任。虽然领导者会关注竞争对手，但是他们更关注客户。

（2）主人翁精神。领导者是主人翁，他们会从长远考虑，不会为了短期业绩而牺牲长期价值。他们不仅仅代表自己的团队，而且代表整个公司行事。他们绝不会说“那不是我的工作”。

（3）创新简化。领导者期望并要求自己的团队进行创新和发明，并始终寻求使工作简化的方法。他们了解外界动态，四处寻找新的创意，并且不局限于“非我发明”的观念。当我们进行创新时，要接受被长期误解的可能。

（4）决策正确。领导者在大多数情况下都能作出正确的决定。他们拥有卓越的业务判断能力和敏锐的直觉。他们寻求多样的视角，并挑战自己的观念。

（5）好奇求知。领导者从不停止学习，并不断寻找机会提升自己。领导者对各种可能性充满好奇并付诸行动。

（6）选贤育能。领导者不断提升招聘和晋升员工的标准。他们表彰杰出的人才，并乐于在组织中通过轮岗磨砺他们。领导者培养领导人才，他们严肃地对待自己育才树人的职责。领导者从员工角度出发，创建职业发展机制。

（7）最高标准。领导者有着近乎严苛的高标准，这些标准在很多人看来可能高得不可理喻。领导者不断提高标准，激励自己的团队提供优质产品、服务和流程。领导者会确保任何问题不会蔓延，及时彻底解决问题并确保问题不再出现。

（8）远见卓识。局限性思考只能带来局限性的结果。领导者大胆提出并阐明大局策略，由此取得良好的成果。他们从不同的角度考虑问题，并广泛寻找服务客户的方式。

（9）崇尚行动。速度对业务的影响至关重要。很多决策和行动都可以改变，因此不需要进行过于广泛的推敲。我们提倡在深思熟虑的前提下进行冒险。

（10）勤俭节约。力争以更少的投入实现更大的产出。勤俭节约可以让我们开动脑筋、自给自足并不断创新。增加人力、预算以及固定支出并不会为你赢得加分。

（11）赢得信任。领导者专注倾听，坦诚沟通，尊重他人。领导者敢于自我批评，即使这样做会令自己尴尬或难堪。他们并不认为自己或其团队总是对的。领导者会以最佳领导者和团队为标准来要求自己及团队。

（12）刨根问底。领导者深入各个环节，随时掌控细节，经常进行审核，当数据与传闻不一致时持怀疑态度。领导者不会遗漏任何工作。

（13）敢于谏言。服从大局，领导者必须要能够不卑不亢地质疑他们无法苟同的决策，哪怕这样做让人心烦意乱、筋疲力尽。领导者要信念坚定、矢志不移。他们不会为了保持一团和气而妥协。一旦作出决定，他们就会全身心地致力于实现目标。

（14）达成业绩。领导者会关注其业务的关键决定条件，确保工作质量并及时完成。尽管遭受挫折，领导者依然勇于面对挑战，从不气馁。

一、组织的使命

使命（mission）是指一个组织的总的功能，说明组织存在的理由或价值，回答“组织要实现什么”的问题。

任何组织都有其特定的使命。如大学的使命是为了培养人才和研究学问，医院的使命是为了救死扶伤，而工商企业的使命则是向社会提供有经济价值的商品或劳务。组织只有明确了自己存在的使命，才能够着力于去“做正确的事”。实际上，使命的思考具有普遍性一个国家、一个政党、一个组织乃至每一个人都有其使命。

谈到一个企业之所以存在的理由，很多人马上会想到“赚钱”这个词。这对不对呢？赚钱是所有企业安身立命的基本条件，并不是其存在的理由。企业存在的理由并不等于利润。惠普公司创始人之一的戴维·帕卡德（David Packard）在1960年给惠普员工所做的演讲中指出，企业的使命触及的是一种除了赚钱之外的公司存在的更深层次的理由。他说道：“我想讨论一下公司存在的根本原由。换句话说，我们在这里是为了什么？我想，很多人都以为，公司的存在仅仅是为了赚钱，这是错误的。尽管这确实是公司存在的一个重要结果，但我们要深入下去，去发现我们存在的真实理由。通过调查，我们最终得出这样的结论：一群人联合起来，并以一种机构的形式存在，我们称之为公司，从而完成一些单独的个人完成不了的事情（为社会作出贡献）。这种说法虽然听起来陈腐过时，但它却是根本……你可以环顾周围，并发现人们好像都对赚钱感兴趣，而没有其他兴趣，但其深层的驱动力来自要做一些事情的渴望：创造一种产品，提供一种服务。概括而言，是要做一些有价值的事情。”

使命举例

- 迪士尼公司的使命是“让人们快乐”。
- 腾讯公司的使命是“通过互联网服务提升人类生活品质”。
- 索尼公司的使命是“体验发展技术造福大众的快乐”。
- 中国质量协会的使命是“引领质量事业，建设品质世界”。

组织的高层管理者不但要进行使命的思

考，还需要把使命用语言文字清晰地表达出来，形成正式的文件，与组织的员工和利益相关方沟通分享。将使命加以陈述并与组织的员工和利益相关方沟通的意义表现在以下方面：

（1）保证企业经营目的的一致性。

（2）为配置资源提供基础或标准。

（3）建立统一的企业风气和环境。

（4）使员工认识到企业的目的和发展方向。

（5）有助于将目标分解，个部门单位承担相应责任。

（6）使企业经营目的具体化，并将目的转化为目标，以便评估和控制成本、时间和绩效等参数。

二、核心价值观

核心价值观是指期望组织及其成员如何行事的指导原则和行为准则。换句话说，核心价值观是指我代表什么、我的处世原则是什么等，核心价值观一般不会随时间和外部环境的变化而改变。

20 世纪 90 年代商业方面的畅销书《基业长青》对美国等 18 家延续百年、业绩卓越的企业做了分析总结，其主要结论就是这些企业之所以成为最为成功、经久不衰、比个人生命伟大持久的公司的原因在于它们扎根于一套永恒的核心价值观。核心价值观不是一种功利性的选择，因为它不会随环境和时间的改变而改变。

著名公司核心价值观举例

- 宝洁：产品完美；不断自我提高；诚实与公平；尊重和关心个人。
- 京东：客户为先、诚信、团队、创新、激情。
- 同仁堂：炮制虽繁必不敢省人工，品味虽贵必不敢减物力。
- 脸书（Facebook）：聚焦影响；快速行动；勇敢；开放；构建社会价值

组织的核心价值观包含的内容一般会表达对于人、诚信等这些根本性问题的看法，此外，顾客、社会责任、创新、团队精神等也是其包含的内容。

三、愿景

愿景（vision）是组织未来期望达到的一种状态，它为组织提供了一个清晰的图景，描述了组织正在向何处去，希望成为什么或被看成什么。

愿景通常被看成组织的远大的目标或追求，需要花五年甚至十几年来实现的目标，它表现出高度的想象力，在整个组织中为人们所共有，并能够给人以巨大的鼓舞。许多组织在提出其愿景时，还会对之

愿景举例

- 福特公司在 20 世纪初时提出的愿景是“使汽车大众化”。
- 索尼公司在 20 世纪 50 年代初提出的愿景是“成为最知名的企业，改变日本产品在世界上的劣质形象”。
- 阿里巴巴 21 世纪初提出的愿景是“旨在构建未来的商务生态系统，让客户相会、工作和生活在这里，并持续发展最少 102 年”。
- 海尔 2000 年提出的愿景是“成为全球白电行业领先者和规则制定者，全流程用户体验驱动的虚实网融合领先者，创造互联网时代的世界级品牌”。

进行生动形象的描述，使之形成一幅装入人们头脑中的立体的图像。例如，亨利·福特用生动形象的描述给“使汽车大众化”这一目标赋予了生命：“我要为大众生产一种汽车……它的价格如此之低，不会有人因为薪水不高而无法拥有它，人们可以和家人一起在上帝赐予的广阔无垠的大自然里陶醉于快乐的时光中……当我使之实现时，每个人都能买得起它，每个人都将拥有它。马会从我们的马路上消失，汽车理所当然地取代了它……（我将会）给众多的人提供就业机会，而且报酬不菲。”当这样的图景深入组织的每一个成员心中时，其力量可想而知！

总之，组织诸如使命、价值观和愿景这些根本性问题的思考起着北斗星、火车头、推动力和黏结剂的作用，为组织的成员指出方向，它们使人们聚集为一个具有高度一致性的集体，鼓动和推动着人们为实现组织的目标而奋勇前进。自古成大事者必有大志。企业也不例外。

第二节　组织的社会责任

承担组织的社会责任是一个组织的最高领导当局承担战略领导的又一重要内容。组织承担社会责任意味着一个以顾客满意为宗旨的质量型组织并不满足于只是成为传统意义上的利润的化身，它还必须具有高度的社会责任感，必须使自己的行为符合道德规范的要求，努力只做它确信是正确的事情，还应当力争成为企业社会中的一个优秀的企业公民。

一、社会责任

社会责任是指组织在遵守、维护和改善社会秩序，保护和增加社会福利等方面所承担的责任，是企业追求有利于社会长远目标的义务。

社会责任超越了只是符合基本的经济的和法律的标准的限度，加入了道德要求，促使组织中的人们从事让社会变得更美好的事情。一个具有社会责任感的组织会主动地从事有助于改善社会的事情，而不限于只做法律要求或经济上有利的事情。社会责任要求企业决策要合乎道德标准，经营活动要合乎道德规范。一个具有社会责任感的组织只做正确的事情，因为它自觉有责任这样做。

关于社会责任的实质和内容，近几十年来人们的认识经历了较大的变化。20 世纪初人们认为其责任就是通过经营活动获取最大的利润。这一观点认为管理者的主要责任就是从股东的最佳利益出发来从事经营活动，认为股东只关心一件事，这就是财务方面的回报。当管理者自作主张将组织资源用于“社会利益”时，就是在增加经营成本。这些成本要么通过高价转嫁给消费者，要么降低股息回报由股东所吸收。这种观点并非反对组织承担社会责任，而是主张这种责任仅限于为股东实现利润的最大化。

20 世纪 30 年代资本主义经济大萧条时期，许多企业为避免陷入困境而与大股东等相关公众发展密切的合作关系。当时的观点认为企业的社会责任是与公众建立合作伙伴关系，为彼此的生存而共同努力。20 世纪 60 年代以来，随着企业迅速发展和向社会的各个领域广泛渗透，人们提出与社会相互依存的观点，认为企业的利益必须服从社会的利益，为社会整体利益作出贡献是企业的社会责任。社会通过各种法律法规认可了公司的建立，并通过购买产品和服务而对其提供了支持。企业组织不仅仅是经济机构，社会接受甚至鼓励企业参与社会的、政治的和法律的事务。管理当局的社会责任也不只是创造利润，还包括保护和增进社会福利。在当代，环境保护、绿色经营日益成为社会对企业的要求。

世界上越来越多的组织开始重视它们的社会责任。《财富》杂志在对 1 000 家公司的调查中发现，95%的被调查者坚信在今后的几年中企业将必须采用更具有社会责任感的企业行为以维持企业的竞争优势。

总之，对社会责任认识的变化，反映了市场经济条件下社会组织利益关系高度的相关化和一体化的趋势。具有现代意识的企业应当充分认识到这一趋势的客观性和必然性，自觉地承担起应负的社会责任。实践证明，自觉履行社会责任，可以为企业赢得社会各界的好评与信任，树立起良好的社会形象；可以建立有效的社会监督机制，促进企业不断改善内部管理，规范企业行为；可以督促企业主动协调与公众的关系，争取公众的理解、支持与合作，为企业的生产经营活动创造轻松和谐的环境，从而在推动社会利益发展的同时，更好地实现企业的经营目标。

企业的社会责任涉及诸多方面的内容，如提供就业机会、资助社区公益事业、保护生态环境、支持社会保障体系等。此外，企业还要对股东、媒介、社区、政府、交易伙伴、消费者等利益相关者负有特定的责任。具体来说，企业要保护股东及其他出资人的投资，并使之得到合理的收益；对于新闻媒介，企业要保证提供信息的准确、及时，维护新闻传播的真实性、客观性等，自觉接受社会舆论的监督；对于社区，企业应当经常参与公益活动，提供更多的就业机会和保护环境，为社区居民提供更好的生活场所；企业对于政府的责任是认真遵守政府的有关法令和政策规定，接受有关部门的监督、指导和管理，自觉履行作为公民应承担的各项义务；对于消费者，企业应当满足消费者的需要，尊重和维护其合法权益，担负起教育、引导消费者的职责。

二、组织的社会责任发展四阶段

组织的社会责任的发展程度通常可分为四个阶段。

处于第一阶段的管理者将努力通过利润最大化和成本最小化来提高股东的利益。虽然必须遵守所有的法律法规，但是第一阶段的管理者并未感到有义务满足其他的社会需要。

在第二阶段，管理者承认他们对员工的责任，并高度重视人力资源管理，因为他们希望招聘、留住和激励优秀的员工。第二阶段的管理者将改善工作条件、扩大员工权利、增加工作保障等。

在第三阶段，管理者将社会责任扩展到环境中的其他相关方，即顾客和供应商方面。第三阶段管理者的社会责任目标包括公平的价格、高质量的产品和服务、安全的产品、良好的供应商关系等。管理者的哲学就是，只有通过满足具体环境中其他各种构成的需要，才能实现组织对股东的责任。

在第四阶段，管理者感到他们对社会整体负有责任。承担这样的责任意味着管理者会积极促进社会公正、保护环境、支持社会公益活动。即使这些活动会对利润产生消极影响，他们也在所不惜。

总之，每前进一个阶段都意味着管理者必须作出更多的判断。这里没有简单的非此即彼的对错之分来帮助管理者进行社会责任决策。显然，管理者有遵守法律和创造利润的基本责任，不能实现这两个目标将威胁组织的生存。但是，除此之外，管理者要识别他们认为对其负有责任的人们。通过关注相关方及其对组织的期望，管理者能够减少他们忽视关键问题的可能性，也能够作出更有责任的选择。

三、组织恪守道德规范的做法

使组织的行为符合道德规范的要求，是组织承担社会责任的基本要求。在确保组织行为符合道德规范方面可以有以下做法：选拔道德水准高的人员，制定道德准则和决策规则，通过高层管理者的垂范来影响人们，建立合理的绩效评价制度，提供道德方面的培训，实施社会审计以及向面临道德困境的人们提供支持等。每一项措施未必能产生多大的作用，但若能够综合地实施各种措施，便可能显著地改善组织的道德风气。

（1）在录用人员时，注重候选者的道德水准。不同的人处于不同的道德发展阶段，拥有不同的个人价值体系和性格。组织在其员工甄选过程中，如面试、笔试、背景测试等，应当努力剔除那些在道德上不符合要求的求职者。

（2）建立组织的道德准则和决策规则。道德准则是组织的一种正式的文件，用于表明期望员工遵守的基本价值观和道德规则。要求组织成员对于道德上的是非问题总是一清二楚是不现实的。道德准则是减少组织中的成员在道德方面的困惑的一种通行做法。

（3）高层管理者在道德方面要率先垂范。“身教胜于言传”，组织的道德准则要发挥效果，高层管理者就必须以身作则。中国古语“上有所好，下必甚焉”就是这个意思。高层管理者所作出的任何不符合道德准则的行为都是一种无声的语言，它向员工暗示这些行为是可以接受的。

（4）目标和绩效评价的作用。员工的目标应当明确而现实。在不现实的目标压力下，即使道德水准很高的员工也会被迫采取“不择手段”的态度。清楚而现实的目标会减少员工的迷惑并使之受到激励而不是惩罚。

绩效评价通常总是着重于考察目标实现与否，但结果会使手段合理化。如果期望员工保持高的道德水准，组织就应将此体现在其绩效评价的过程中。例如，对于管理者的年度评价不仅要包括其目标的实现程度，或许还应评价其各项决策符合组织道德准则的程度。

（5）提供道德规范方面的培训。越来越多的组织通过各种培训项目来鼓励人们的行为符合道德规范。这类培训有助于灌输组织的行为标准；有助于向人们阐明什么行为是可以接受的，什么行为是不可以接受的；有助于在必须采取令人不快但合乎道德的立场时增强人们的自信。

（6）独立的社会审计。防止不道德行为的一个重要的因素是害怕被抓住的心理。依照组织的道德准则来评价决策和管理行为的独立的社会审计，提高了发现非道德行为的可能性。这种审计可以是一种常规性评价，就像财务审计一样定期实施，或者是在没有预先通知的情况下随机抽查。为了保证诚实正直，审计人员应对董事会负责，并直接将审计结果呈交董事会。

(7) 正式的保护机制。组织可以通过某种正式的机制来保护处于道德困境的员工能够按照自己的判断行事。如可以设立咨询员，当员工面临道德困境时，能够开口向咨询员述说自己的道德问题并寻求指导。咨询员可以扮演促成“正确”选择的倡议者角色。此外，组织还可以设立专门的职位或程序来维护组织的道德准则。

四、履行公民义务

一个卓越的组织还应履行良好的公民义务。这意味着在组织资源许可的范围内，对于重要的公众事务的推动和支持。这些事务如改进所在地的教育和医疗卫生事业、美化环境、保护资源、社区服务、改善行业及企业的商业惯例、共享非专利性的信息等。领先的企业公民还应主动地影响和推动其他的公、私机构共同促进上述目的的实现。

第三节　战略计划活动

确立使命、愿景和价值观是一个组织追求卓越的起点，要将明日的理想化为今日的行动，必须有一套系统的方法论，以使长期目标体现在年度的经营计划当中，转化为年度的目标，落实到实现目标的行动及资源上，这便是组织的战略计划活动。

一、战略计划活动的含义

战略计划活动是确立组织的长期目标以及明确实现目标途径的一种系统化方法。具体来说，就是组织借助于这种系统化的方法确立质量方面的长期目标，并将这些目标与财务、人力资源、市场营销以及研发方面的目标一起，在平等的基础上整合到一个综合的经营计划当中，然后将这一计划在整个组织当中加以展开，即对战略目标、分目标、年度目标、资源安排和实现目标的行动进行详细部署。

组织战略计划活动的作用如下：

(1) 将组织资源集中在能够真正提高顾客满意、降低成本以及增加股东价值的活动上。

(2) 建立起一个高效、灵活的计划和实施系统。

(3) 使改进成为长期实施的常规性活动。

(4) 促进跨部门的合作。

(5) 通过赋予实施所计划活动的职权，激发管理人员和普通员工的首创精神。

(6) 消除不在计划内的不必要的和浪费性的活动。

(7) 消除各种计划中的可能冲突。

(8) 集中资源确保财务计划的实现。

二、战略计划活动的过程

组织的战略计划活动通常由如下的步骤所构成：

（1）确立和沟通组织的愿景、使命、价值观和质量方针。

（2）将使命和愿景分解为少数关键的战略。

（3）制定战略目标。

（4）目标的展开。

（5）用关键绩效指标来测量进展状况。

（6）评审和经营审核。

下面分别对各个步骤进行学习和讨论。

（一）确立和沟通组织的愿景、使命、价值观和质量方针

愿景、使命、价值观和质量方针是整个组织发展的基本方向，是组织决策的前提和基础。前三项在前面已经进行了详细的讨论，这里主要说明组织的质量方针。

质量方针是由组织的最高管理者正式发布的该组织总的质量宗旨和方向。“方针”是一种采取管理行动的指南。质量方针都会表达关于满足顾客需要、应对质量竞争和进行持续改进的意愿。有些质量方针可能还会包括对内部顾客的考虑。将组织的愿景、使命、价值观和质量方针在整个组织中进行有效的沟通是使之真正发挥作用的关键。

（二）将使命和愿景分解为少数关键的战略

将使命和愿景转化为可执行的计划的第一步是将使命和愿景分解成少数几个（通常四个或五个）关键战略。关键战略体现了组织针对如何去实现使命和愿景所要作出的最基本的选择。每项战略必须对实现使命和愿景作出显著的贡献。

在确定关键战略时，必须针对顾客满意和顾客忠诚、质量成本、组织文化、业务过程以及相对于竞争者或标杆组织的状况等方面加以评价并获得相应的数据。通过分析这些数据，明确从顾客、质量和成本的角度而言的特定优势、劣势、机会和威胁。在此基础上便可以制定出组织的关键战略。

（三）制定战略目标

制定出组织的关键战略后，接着就要设立明确的、可测量的战略目标。好的目标要满足 SMART 的特点，即目标应该是具体的（specific）、可以测量的（measurable）、可以实现的（achievable）、相关联的（relevant）以及有时间限定（time bond）的。这些定量的目标将引导组织实现各个战略。

尽管不同的行业和组织各有其独特性，但所设定目标的某些主题却是广泛适用的。以下七个领域是最基本的主题：产品绩效、竞争绩效、质量改进、质量成本、业务过程绩效、顾客满意和顾客忠诚。目标值的设定可以依据组织的内部要求、与外部的比较以及历史绩效这三方面的因素来加以考虑。

（四）战略目标的展开

战略目标的展开就是将战略目标转换为操作方案和项目。这里的“展开”意味着将战略目标分解为子目标后，再将子目标分配到较低层次上去，最后形成行动计划。图 3－1 是战略目标展开图示。表 3－1 和表 3－2 是行动计划及其时间表。

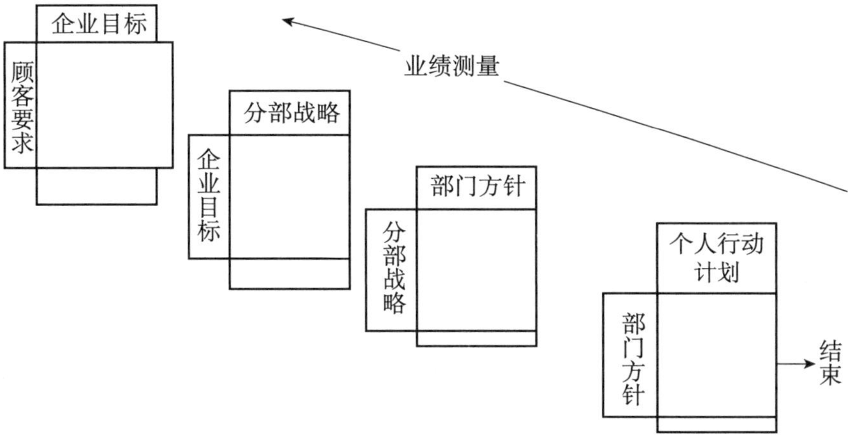

图 3－1　战略目标展开

表 3－1　　行 动 计 划

行动计划代号/行动计划标题		
描述：	行动计划编号	
	开始日期	
	必需的日期	
	批准的日期	
	团队（L）	
	团队（M）	
	团队（M）	
	团队（M）	
	团队（M）	
所渴望/要求的主要结果/目标： 范围是什么？（在什么地方应用解决方案/实施方案有什么限制）		
按什么标准/测度指标测量一个项目完成和取得成功？ 设想什么会影响项目？（资源、项目外在环境）		
描述要采取的整体方案：		
项目何时开始才能满足所需要/要求的日期？		
估计所要求的资源（时间和金钱）： 勾画出假设要采取的主要步骤、每个项目启动和完成的日期、每个步骤的负责人：		

表 3－2　　行动计划时间表

步骤编号	活动/事项描述	决定性步骤	完成日期	责任人

（五）用关键绩效指标来测量进展状况

一旦确立了目标并进行了分解，就需要建立监测计划进展情况的关键的测量指标（绩效指标）。一个测量指标体系应当与组织的愿景、使命和战略目标紧密联系起来，要关注内、外部顾客的需要和要求。关键过程的关键指标的测量结果应能方便及时地得到，以便于管理者决策。

（六）评审和经营审核

评审就是要确定已经达到的水准与所追求目标之间的差距。为了使高层管理者能够把握计划实施的“成绩”，应将所确定的这些关键的测量指标体现在一个“计分卡”上。计分卡中的要素包括关键的绩效指标、定量的绩效报告数据、判断性的定性报告和审核情况等要素。经营审核是指为确保目标的实现，组织最高层对管理体系进行定期或不定期的审核，以确保体系健全且运作正常，并能够实现预期的结果。

第四节　标 杆 管 理

标杆管理（bench marking）是近年来国内外组织中普遍开展的一种活动，它已成为组织的战略计划活动和运营改进活动的必要组成。这种活动被认为是组织“开展工作的一种常规方式”。

一、标杆管理的含义

“标杆”一词的原意是测量学中的“水准基点”，在此引申为在某一方面的“行事最佳者”或“同业之最”，也就是组织所要学习和超越的“标杆”。该方法又被称为“标杆管理”“对标”等。标杆管理是指对照公认的领先组织或最强的竞争对手，持续地对本组织的产品、服务、过程等关键的成功因素进行衡量的结构化的过程。

标杆管理始于20世纪70年代的美国施乐公司。当时，施乐公司在竞争对手的强大攻势下，市场地位不断下滑，处于危机重重的境地。通过全面开展这一活动，施乐公司的竞争地位得到了显著的恢复，并于1989年荣获了美国“马尔科姆·鲍得里奇国家质量奖”。以后这一方法逐渐为越来越多的企业及其他各种类型的组织所接受，成为一种获得普遍应用的、威力强大的管理工具。

标杆管理的基本思路是：组织的经营绩效在很大程度上取决于其所拥有的过程，绩效的差异反映了过程的差异，因此绩效的改进必须从过程入手。组织在开展标高超越活动时，通常采用专门小组或团队的方式来进行。小组一般由3～6人组成，小组成员应当对所要改进领域十分熟悉，具备相应领域的专业知识以及把握问题、分析问题的能力和技能，具备较强的合作精神等。

为强化标杆管理，深化管理提升，中粮集团基于自身多年的对标管理实践，出台了《关于全面推行标杆管理的指导意见》，对如何开展标杆管理提出了明确的要求，研究设计了“中粮标杆管理八步法”，即“确定范围、选择标杆、设立标杆管理项目、搜集信息和数据、分析差距、制订改进方案、实施改进、持续改进”，为强化标杆管理提供了具体工具和方法。

二、标杆管理的步骤

标杆管理一般分为以下五个步骤。

（一）确定实施标杆管理活动的领域或对象

组织的资源和时间是有限的，因此开展标杆管理活动应当集中于那些对改进组织的业绩和顾客的满意最具有影响的因素，这些因素通常被称为关键成功因素。

选定了改进的领域或对象后，还必须对之加以量化。要明确使用何种指标来描述该对象，用何种测量方法来衡量该对象的状态。不能量化的东西很难进行比较，也难以改进。

（二）明确自身的现状

标杆管理主要通过调查、观察和内部数据分析，真正了解自己的现状。在这一步骤中，小组必须绘制出详细的流程图，将本组织在该领域中的当前状况描绘出来。这项工作对于标杆管理活动的成功是至关重要的，一张详细的流程图有助于小组就当前过程的运行方式、所需的时间和成本、存在的缺点和失误等达成共识。

（三）确定谁是最佳者，即选择标杆管理的对象

要根据各方面的信息来源确定所选领域中的标杆。通常可以有四种类型的标杆，即本组织内部的不同部门、直接的竞争对手、同行以及全球范围内的领先者。

组织在刚开始推行标杆管理活动时，通常都是从内部的标杆开始的。这样有利于积累经验，锻炼队伍。面向全球领先者的标杆管理是开展这一活动的最高境界。

（四）明确标杆管理的对象是怎样做的

通过收集和分析所选定的标杆的信息，形成准确反映其能力和长处的完整材料，找出其优于自己并成为行业之最的能力和特长之所在。信息的收集并不像人们通常所想象得那样困难，在如今这样一个信息时代，组织可以通过图书馆、互联网、行业协会、公共论坛、会议、讲座、贸易展示会等各种公开的渠道获得自己所需要的几乎任何信息。必要时组织可以直接同所选定的标杆组织接触，也可以到对方所在地进行实地参观和调研。

香港地区地铁的经验

香港地区地铁在世界各国家和地区的地铁运营商综合指标排名中名列前茅。说到保持良好业绩的诀窍，其很重要的原因是采用了标杆管理。例如在地铁运营的准时性方面，香港地区地铁标杆管理的对象是日本和德国地铁；在保证地铁安全的前提下降低地铁车辆的维修费用方面（车辆维修费用是地铁公司最大的费用支出），香港地区地铁标杆管理的对象是世界最早的地铁——英国伦敦地铁。

（五）确定并实施改进方案

在详细分析内、外部资料的基础上，由项目小组和有关人员提出并优选改进方案，在组织内部达成共识，推动方案的有效

实施。

三、标杆管理的作用

标杆管理的作用总的说来表现在设定目标、改进绩效和促进组织的变革三个主要方面，具体包括：组织产品、过程和服务大幅度改善；组织正确认识自身在市场中的真实地位和差距；学习并应用更好的方法减少缺陷、提高质量、降低成本，更好地满足顾客需要；利用外部信息建立有效的目标，使组织变得更有竞争力；激发组织中的个人、团体和整个组织的潜能；打破障碍，促进变革。

拓展区

阅读网络资源“背景资料”中的“战略计划活动”，了解与本章内容相关的知识。

本章小结

本章围绕质量管理原则之一——领导作用展开学习。本章主要说明组织的高层管理者主要承担的责任，包括确立组织的基本方向、承担的社会责任、制定和部署战略等。

复习思考题

1. 简述战略领导的含义。
2. 简述使命、愿景、价值观的作用和意义。
3. 简述组织的战略计划活动过程。
4. 标杆管理法有哪些步骤?
5. 论述组织在确保组织行为符合道德规范方面的做法。

复习思考题答案请参考网络资源相关栏目。请在40分钟内完成网络资源“即时练习”中的本章练习。网络资源的“关键概念”提供了相关概念的检索。

第四章　活性化与团队合作

【学习导航】

请用 4 学时学习本章内容。

领会：

基于不同人性的人力资源管理；活性化带来管理者角色的改变；组织需要团队的原因；团队给组织和个人带来的好处；各种团队的特点；团队建设的技巧；团队的推进和领导技巧。

掌握：

活性化导向的人力资源管理；团队的发展四阶段；高效团队的特征。

识记：

活性化的概念；团队的概念；过程改进团队；工作团队；自我管理团队。

【引例】

天时不如地利，地利不如人和。——孟轲

如果一个团队能够真正凝成一体，由此带来的体验将是一个人职业生涯中的亮点。

——摘自美国管理大师彼得·圣吉的《第五项修炼》

全面质量管理中，首先且最值得关注的是人的质量。塑造人的质量对于全面质量管理而言是至关重要的。组织如果能够将质量注入员工中，生产优质产品的征程就已经成功了一半。

——摘自日本质量管理专家今井正明的《改善》

第一节　人力资源管理与活性化

在知识经济和信息时代，国家之间的竞争最终将由掌握现代知识的人才所决定。优秀组织已经认识到：组织成员是最稀缺的资源，是组织保持战略竞争能力的关键资源，组织回报率最高的投资是对组织成员的投资，可见，人力资源管理已经成为组织重要的战略职能。

一、基于不同人性的人力资源管理

对人的认识不同，管理方式方法就会有所不同。20 世纪初，泰罗总结生产现场的实践，提出了科学管理理论。科学管理理论的要点之一是把计划职能和执行职能分开，管理者是各种标准的计划制订者，即把活动标准化为简单、重复性的操作；工人是执行者，即按照各种标准去执行操作。以泰罗为代表的“效率主义者”提倡的这种专业化制度带来了生产率的巨大提高，工人处于管理者严密的监督之下，所起的作用与机器、设备、材料的作用没有区别。总之，科学管理理论把员工看成“经济人”，即金钱是刺激他们工作的主要的甚至是唯一的动机，因此对这种人的最有效的管理方式被形象地称为“胡萝卜加大棒式”的管理方式。

随着时间的流逝，工人的受教育程度在不断提高，机器设备也日益变得更加多样和复杂。科学管理理论和方法已不能有效地通过控制工人来达到提高生产率和增加利润的目的。许多组织逐渐意识到雇员之间互动的必要性。在这种情况下，一些学者开始从生理学、精神病学和心理学方面进行研究。这是霍桑实验的背景。梅奥等人对“霍桑试验”进行了总结，其结论之一就是员工是“社会人”，金钱并非是刺激员工工作的主要动机，“人与人之间的关系”等是影响效率的主要原因，为此该理论被称为“人际关系学说”。换句话说，对“社会人”的最有效的管理方式是管理者既要具有技术方面的能力，而且还要具有倾听员工意见、处理好人际关系的能力。

可见，采用不同的管理方式是基于对员工的不同的假设和认识。管理方式的不同会体现在组织的人力资源管理工作的各个方面，如招聘什么样的人、如何培训、如何考评等都会有所不同。成功地实施全面质量管理的组织已经证实：组织绩效的改进在于全员参与和团队合作，全员参与和团队合作在于做好人力资源管理工作。

二、活性化与员工参与

活性化是指这样一种状态，在这种状态下员工在规定的限度内拥有作出决定和采取行动的知识、技能、职权以及意愿，同时，他们对自己行动的后果以及对组织的成功又有着高度的责任感。活性化是员工参与的一种高级形式。活性化概念可以用以下公式描述：

活性化＝协调一致×职权×能力×投入

在一个活性化的组织中，员工的目标与组织的目标达到了高度的一致；他们拥有必要的职权和机会来使自己的贡献最大化；他们有能力采取适当的行动，全身心地投入改进活动和实现组织目标的活动中；借助表彰和奖励等激励手段，获得员工的全身心投入。活性化不仅仅只是实现组织目标的手段，也是管理的目的所在。有效的管理在创造财富的同时也在创造着员工的人生。显然，与那些把员工只是看作“物”的企业相比较，不难想象由高度活性化员工构成的组织会具有什么样的竞争优势。

实现员工的活性化，需要管理者具有新的思维方式和新的行为方式，表 4－1 说明了管理者角色前后的转变。

表 4－1　管理者角色的转变

转变前	转变后
指挥	激活（给予职权、信息、指导等）
指派	讲授
考评	训练
管理	培养能力
极窄的管理跨度（5～10 人）	很宽的管理跨度（15～50 人）
纵向地工作	水平地工作
发挥现有技能	改进技能
汇报数据	人员和过程的改进
推行管理层的主意	推行团队的主意
关注正确地做事	关注做正确的事
任务导向	改进和发展导向
重视方法	重视成果

三、活性化导向的人力资源管理

组织的管理者可以在人力资源管理过程中的各个方面作出努力，实现员工的活性化。这主要包括：活性化的组织设计，招募适合组织文化的员工，对员工进行持续的培训和教育，建立促进活性化的考核评价和激励制度。

（一）活性化的组织设计

组织设计必须均衡地满足顾客、雇员以及投资者各方的利益。要着眼于顾客满意甚至顾客的心悦诚服，应当能够激发出员工高昂的奉献精神，采取积极行动，并实现组织绩效。

人们从本性上渴望着成长和学习，因此，人力资源管理工作应当做到：让员工认识到工作的目的、实现目的的策略以及组织对他们的期望；充分的薪酬；职业成长机会；履行本职工作的充分职权；足够的培训与手段；在工作环境中的安全感。

（二）招募适合组织文化的员工

为了确保对组织目标充分的贡献，要求员工具备相应的技能、文化水平、智力以及奉献精神。需要按照活性化要求，通过严格选拔过程选定员工。下面是员工招募的若干重要标准：良好的团队合作精神；显著的首创精神；良好的口头表达能力；清晰的判断力和解决问题的能力；迅速学习的能力；对工作进行计划、组织和管理的能力；适当水平的专业或技术知识；良好的领导和影响技能；对环境变化的适应能力。

（三）对员工进行持续的培训和教育

对员工培训的高度重视是那些成功的组织的共同特征。培训不足是成功地实现活性化的最大障碍之一。培训应以技术性技能和社会性技能的培训为主。技术性技能是与岗位相关的技能，是完成该岗位的技术性任务所需要的技能。社会性技能是人际交互作用和管理的技能。这两者的结合使得团队成员能够通力合作，共同协调他们的业务。

（四）建立促进活性化的考核评价制度和激励制度

绩效考核是指挥棒，影响着员工的行为指向。考核评价制度本身不是目的，但它必须对员工具有激励作用。

第二节 团队及其作用

一、团队的含义

团队是指完成相互依存的任务，实现共同使命的一群人。近几十年来，有关团队方面的理论研究和企业实践非常多。当今组织之所以越来越需要团队，与团队在组织中所发挥的作用越来越重要有着直接关系。如问题的复杂程度超过了个人和部门、解决复杂问题需要多种技巧，因此团队解决更有效；团队合作使团队成员满意，通过参与和决策提高士气和主人翁精神；规模巨大的组织为了保持对环境的适应性和灵活性，也需要团队合作等。总之团队给组织和个人都带来了好处。

团队给组织带来的好处包括以下方面：

（1）协同过程设计或问题解决。

（2）客观分析困难和机会。

（3）促进跨职能部门的沟通理解。

（4）提高质量和劳动生产率。

（5）更大的创新。

（6）减少运营成本。

（7）增加对组织使命的承诺。

（8）对变化作出更灵活的反应。

（9）人员离职流动率及缺勤率降低等。

团队也给个人带来收获，包括：

（1）提高了问题解决技能。

（2）提高个人交往能力。

（3）加深对业务过程的理解。

（4）培养未来领导角色的新技能。

（5）提高工作生活质量。

（6）增加了满足感和认同感。

（7）感觉自己参与团队完成的事情远远大于个人所能等。

团队在组织知识创造中发挥着重要作用。我们知道，组织无法超越个人创造出知识来，组织知识创造是个人创造的知识通过在团队内、团队间等相互作用扩展到整个组织，并形成组织的知识网络的过程。

二、团队类型

团队可以根据成员的数量、所需技能的范围和复杂性、所需领导的类型、协同工作的频率以及协同工作的总时间等而有所不同，主要有过程改进团队、工作团队以及自我管理团队等基本类型。

（一）过程改进团队

过程改进团队是指改进或开发某个具体业务过程的项目团队。过程改进团队可由一名管理者充当发起人，由他授权组建团队，并确保该团队获得适当的资源和组织支持。

过程改进团队通常跨职能部门，将来自不同部门的、具备改进过程相关的不同技能的人集合在一起。团队成员为了实现一个特定目标而走到一起，由一个完善的项目计划指引，并以协商的方式开始和结束。过程改进团队的领导者通常由发起人挑选，团队定期召开会议（例如每周），会议内容包括：对会议外实施的活动制订计划；评审上次会议后收集的信息；实现过程变革的决策。

（二）工作团队

工作团队（有时也称自发型团队）是对某一特殊过程（如一个部门、一条产品线或业务过程的一个阶段）负责，成员在一个共同的环境里协同工作。团队的领导者通常是该工作领域的负责人，如部门主管。

这种团队的权力和自治程度可以在相对限制和完全自主管理之间选择。因为成员非常了解工作过程，所以团队成员应不断地监控和改进这些过程。通常认为员工对工作的负责程度提高，他们的工作效率也会提高。

（三）自我管理团队

自我管理团队是指直接管理所在过程或部门的日常运作的员工群体。自我管理团队被授权的范围很广（例如安全、质量、维护、日程安排、人员安排等），职责包括传统上由经理人员管理的过程，比如制定目标、分配任务以及解决冲突。这些团队也称作自我指导团队或高度执行的工作体系。自我管理团队的领导者通常由团队成员选出，在很多情况下这一角色在成员中轮流担当。

（四）其他团队

以上讨论的都是组织正式团队，还有其他团队。如临时团队，即组织由于需要解决某个具体的问题而临时组建团队。虚拟团队，即在全球化和电子化的商务环境下，所有的团队成员可以不在同一个地理位置，成员运用电子通信手段（如电子邮件、视频会议等）进行交流，取代了面对面的会议等。

第三节 团队发展与技巧

一、团队的发展阶段

团队有一个从建立到成长和成熟的过程。了解不同发展阶段对有效地管理团队很有价值。团队发展一般经过四个阶段，即形成阶段、震荡阶段、规范阶段和执行阶段，图 4 - 1 表示了每个阶段的特点。

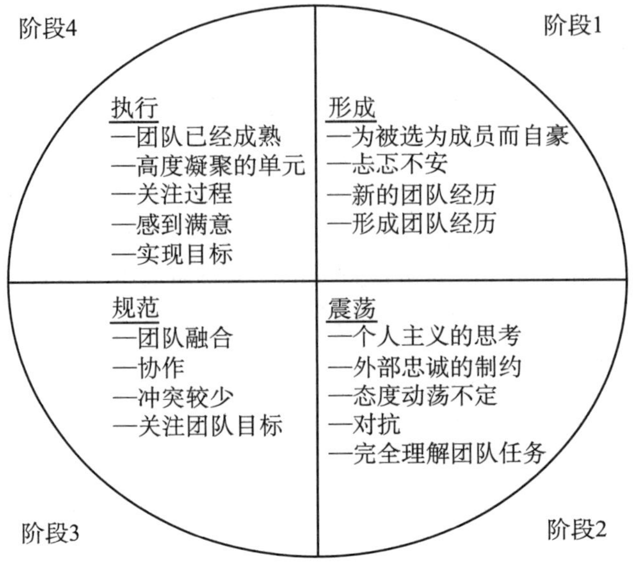

图 4-1　团队发展的阶段

（一）形成阶段

团队成员首次聚会，每个团队都是一个新的经历，甚至对那些以前曾参加团队的成员来说也是如此。每个成员都十分小心谨慎，对新的经历中的角色和绩效感到忐忑不安。在形成阶段，团队通常要阐明团队目标，确定每个成员的角色以及制定可接受的行为规范。

（二）震荡阶段

在此阶段，团队成员对团队任务的真实情况已完全理解。团队成员首先作为个体在思考，基于自己的经历作出决定，而非集思广益。由于团队成员对团队成功机会的态度动荡不定，没有形成很好的协作。表现的行为可能涉及争执、挑战领导者的权力、重新确立目标的努力以及竞争性和戒备性行为。

（三）规范阶段

在此阶段，团队成员从关注个人问题转变为关注团队目标，个人已融合到团队中。团队成员之间的冲突已经减少，成员愿意为了团队而商讨分歧，有了更多的协作和对话。

（四）执行阶段

在此阶段，团队已经成为一个具有高度凝聚力的整体。团队成员对他人的优缺点了如指掌，团队成员的关系基本令人满意；能够解决群体问题，很好地评价团队过程，团队在实现目标上取得重大进展。

虽然团队发展四个阶段表明了时间和逻辑顺序，但每个团队的实际发展过程千差万别。例如，阶段 3 或阶段 4 的团队可能退回到阶段 1 或阶段 2。还有些团队可能停在原有阶段上止步不前等。

二、团队发展的技巧

保证团队的健康发展需要一些技巧，主要包括团队建设、推进和领导等方面的技巧。

（一）团队建设技巧

在团队形成和发展过程中，通常采用规范和角色来预防问题的出现。如在团队首次会议中定义一系列行为期望（规范），以下是期望（规范）的举例说明：

（1）“准时参加会议”——强调会议时间需要有效利用，不得不等待某人到会是在浪费他人时间。

（2）“至少 4/5 的团队成员必须能够参加会议”——认识到假期、商务旅行和其他的事件可能阻碍一些团队成员参加某个特殊的会议，要确保不能仅由很小比例的团队成员召开会议以及进行决策。

（3）“禁止无关的话题”——确保成员完全投入和倾听正在讲述的内容；确保每个人的观点都能得到传达并予以考虑。

（4）“遵守议程”——虽然在某种程度上以任务为导向，但这强调了团队会议并不是个人发牢骚的场所，而且强调了团队具有重要的使命。

（5）“全员参与”——清楚地表明所有人都要求发挥积极的作用，尽管个人的技能和活动可能有所不同。

团队协作的一项重要技能是在会议期间或结束时提供建设性反馈的能力。让团队在会议结束时（或召开某个特别会议）进行自我评价，有助于团队所有成员发展团队技能，为团队进步承担更多的责任。

在团队建设中可能会出现一些冲突或问题，解决方案应当体现团队的最佳利益。以下是团队发展中经常发生的 10 个问题以及解决措施。

（1）问题：活动开始或结束时的困境或难题。

措施：按照项目计划和书面陈述的目标重新指导团队。

（2）问题：团队成员试图基于在组织中的职位权力影响团队。

措施：私下谈话，阐明组织角色带来的影响以及协商一致的必要性，要求协作和忍让。

（3）问题：参与者言论过多。

措施：组织会议，鼓励每个人参与（例如，让成员写下其选择，然后在会议中进行讨论，一次只有一人发言）。

（4）问题：参与者很少说话。

措施：通过使用一些惯用语，如“老王，你对此有什么看法?”，进行积极的带动，或将任务分配给个人并让所有的成员汇报。

（5）问题：将选择当作事实而不加质疑地接受，使选择听起来像是事实。

措施：无所顾忌地询问这是选择还是事实，要求证据支持。

（6）问题：在问题解决过程结束前急于得到解决方案。

措施：提醒急于求成的成本。

（7）问题：试图解释他人的动机。

措施：让此人进行澄清。

（8）问题：忽视或嘲笑他人的价值观或陈述的观点。

措施：强调倾听和理解的必要性；支持不受重视的人。

（9）问题：偏题或离题使讨论主题不明确。

措施：提醒成员议程时间，将讨论引回轨道。

（10）问题：涉及私人事件的冲突。

措施：要求私下解决此类冲突，支持基本规则。

（二）团队的推进和领导技巧

推进者是团队的管理和维护人。推进者的职责包括：确保问题的全面检测和讨论；提供目标框架；确保团队的每个成员均有机会参与讨论和决策等。

团队都拥有一个发起人和团队领导者负责确保团队目标的达成。发起人必须位于管理高层并足以解决团队面临的任何困难。发起人的职责一般包括：帮助促进团队努力；确立团队目标和范围；帮助挑选团队领导和成员；为所需的额外资源进行谈判等。

团队的领导者对团队的日常工作和绩效负责，其职责包括：组织和管理团队会议；与发起人共同制订和监控项目计划；向发起人和指导委员会提供最新情况；担当团队和组织其他部门的联络人；处理行政管理事务并保管团队记录等。

三、高效团队的特征

团队并不能够自动地改进质量、提高生产率。管理措施方法等没有被支持是团队不能发挥其潜能的主要原因。例如，薪酬体系通常支持个人绩效，导致人们往往对共有利益不甚感兴趣。

一个高效的团队有如图 4－2 所示的特征。

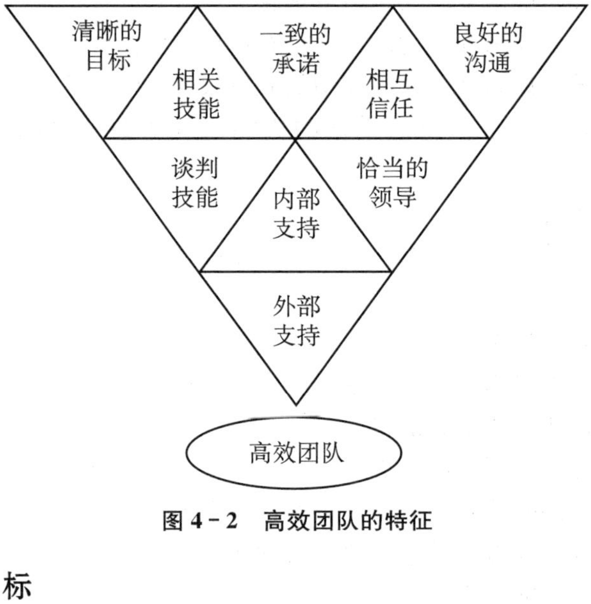

图 4－2　高效团队的特征

（一）清晰的目标

高效团队对所要达成的目标要有清楚的了解，并坚信这一目标包含着重大的意义和价值，并且这种目标的重要性还激励着团队成员把个人目标升华到群体目标中去。在高效团队中，成员愿意为团队目标作出承诺，清楚地知道希望他们做什么工作以及他们怎样共同工作以达到目标。

（二）相关技能

高效团队是由一群有能力的成员组成的，他们不但具备实现目标所必需的技能，而且具有良好合作的个性品质，从而能够出色地完成任务。后者尤其重要，但常常被人们所忽视。具有精湛技能的人不一定有处理人际关系的高超技巧，高效团队的成员往往兼而有之。

（三）相互信任

团队成员对其他成员的品德和能力都确信不疑。组织文化和管理层的行为对形成相互信任的群体内气氛至关重要。如果组织崇尚开放、诚实、协作的办事原则，同时鼓励员工的参与和自主性，就比较容易形成相互信任的工作氛围。

（四）一致的承诺

高效团队成员对团队表现出高度的忠诚和承诺，表现为对群体目标的奉献精神，愿意为实现这一目标而调动和发挥自己的最大潜能。对成功团队的研究发现，团队成员对其所在群体具有认同感，他们把自己属于该群体看成自我的一个重要方面。

（五）良好的沟通

群体成员通过畅通的渠道交流信息，包括各种言语和非言语信息。此外，管理层与团队成员之间健康的信息反馈也是良好沟通的重要特征，它有助于管理者了解团队成员的行动，消除误解。

（六）谈判技能

在以个体为基础进行工作设计时，员工的角色由工作说明、工作纪律、工作程序及其他一些正式文件明确规定。但对于高效团队来说，其成员角色具有灵活多变性，总在不断地进行调整。这就需要成员具备充分的谈判技能。由于团队中的问题和关系时常变换，团队成员必须能面对和应付这种情况。

（七）恰当的领导

有效的领导者能够让团队跟随自己共同渡过最艰难的时期，因为他能为团队指明前途所在。他能向成员阐明变革的可能性，鼓舞团队成员的自信心，帮助他们更充分地了解自己的潜力。

（八）内部支持和外部支持

高效团队的最后一个必需条件就是它的支持环境。从内部条件来看，团队应拥有一个合理的基础结构。这包括适当的培训、一套易于理解的用以评估员工总体绩效的测量系统以及一个起支持作用的人力资源系统。恰当的基础结构应能支持并强化成员行为以取得高绩效水平。从外部条件来看，管理层应给团队提供完成任务所必需的各种资源。

中国四大古典名著之一《西游记》描述了唐僧师徒西天取经的故事，也是优秀团队的典范。

唐僧有时优柔寡断、不明是非，但到西天取回真经的目标一直没有改变。他的这种精神、信念和目标感召着团队成员。没有唐僧，团队就是一群乌合之众，不会有什么远大前程。孙悟空干劲十足，崇尚行动，能够迅速理解和完成当前团队的任务。没有孙悟空，团队的目标很可能难以实现。猪八戒有“干事”的本领，却懒得多想和多做，但他充当了团队润滑剂的角色，调节师徒矛盾，协调团队关系。没有猪八戒，取经之路将会十分枯燥乏味。沙和尚平和、冷静、持之以恒地做着团队事务性工作。白龙马承担“马”的工作，关键时刻能挺身而出。

显然，《西游记》中的唐僧师徒团队符合了高效团队应具有的目标清晰、技能互补、相互信任、良好沟通、恰当领导、内外部支持等特征。

拓展区

阅读网络资源“背景资料”中的“对人的认识与管理模式”，了解与本章内容相关的知识。

本章小结

本章围绕 TQM 原则之一——全员参与进行学习。本章描述了对人的认识的不同而导致的管理方式的差异，说明了员工活性化对现代组织的重要意义；介绍了团队的含义、团队发展的过程和技巧以及优秀团队的特征等。

复习思考题

1. 组织需要团队的原因有哪些？
2. 员工活性化会带来管理哪些方面的改变？
3. 简述活性化组织中人力资源管理工作。
4. 高效团队的特征有哪些？

复习思考题答案请参考网络资源相关栏目。请在 40 分钟内完成网络资源“即时练习”中的本章练习。网络资源的“关键概念”提供了相关概念的检索。

第五章　过 程 管 理

【学习导航】

请用 5 学时学习本章内容。

领会：

传统企业组织结构的特点、优势、弱点；业务过程再造的特点；过程的各种类型；过程管理的前提；衡量过程质量的三个主要尺度；过程管理的目标或达到的效果；过程管理的要求；系统的特征；系统的观点和方法；戴明的系统驱动行为；彼得·圣吉的系统思考；ISO9000 中的系统管理模式；产品设计过程；设计评审过程；过程设计的步骤；过程控制；服务过程设计的特殊性；服务三要素；在服务过程设计中的三个维度；质量机能展开的用途；质量机能展开的过程。

识记：

业务过程再造的定义；过程的概念；过程管理的概念；系统的概念；设计评审的概念；质量机能展开的概念。

【引例】

福特公司生产汽车所用的零部件中大约有 2/3 从外部购入，向供应商付款的北美货款支付处有 500 多名员工。20 世纪 90 年代初，迫于竞争的压力，管理部门希望通过理顺操作程序和装备新的计算机系统实现减员 20%的改革目标，即将人员减至 400 人左右。在着手实施改革时，福特公司发现马自达公司同样的业务仅用了 5 个人而已，即使考虑了两个公司规模和业务量的不同，这一差距也是巨大的！这使福特公司摒弃了在原有工作方式上的修修补补，开始从过程的角度来考虑问题。在厘清问题的基础上，福特对其付款过程进行了彻底的改造，引入了一个在线数据库系统，采购部门发出订货单的同时，该信息即进入了数据库；供应商将货品送至进货处时，进货处对照面前终端中显现的订货信息，一致时收下，不一致时直接拒收。订货和收货信息直接在系统中自动核对，自动付款，货款支付处不需再接收发货票。通过过程再造，货款支付处人员减少了 75%，即由原来的 500 人减少至 100 人，工作效率大大提高。

第一节　过程和过程管理

一、过程及其类型

过程是指一组将输入转化为输出的相互关联或相互作用的活动，如图 5－1 所示。

图 5－1　所有工作通过一个过程完成

注：✿指测量点

我们可以从以下几个方面进一步理解过程的含义：

（1）过程由活动或任务构成，经过策划，在受控的条件下，将输入的要求经过加工转化成输出的结果，通过活动带来价值增值。

（2）组织的所有工作都是通过活动过程完成的。例如，获得顾客和市场知识、战略计划、R&D、采购、开发新产品和服务、完成顾客订单、管理信息、测量和分析绩效、员工培训等都可以看成组织的业务过程。

（3）活动过程基于一定的资源展开，相关资源包括人员、资金、设施以及技术和方法等。

二、过程的类型

（一）按过程承担的职能分类

按照承担的职能分类，过程可分为设计过程、生产提供过程、支持过程、供应和合作过程。

（1）设计过程，是指把顾客需要、新技术和过去的知识整合起来形成产品规范（即生产出的实物产品和服务）的活动过程。

（2）生产提供过程，是指生产或提供实际的产品的活动过程，该过程应确保经济而有效率地生产出符合规范的产品。

（3）支持过程，是指给核心过程提供了基础保证的活动过程，如技术信息系统、人力资源、行政服务、法律、财务等。

（4）供应和合作过程。在供应合作过程中，供应合作者不但包括提供零部件的供应商，而且还包括分销商、运输公司以及信息、教育提供者等。

（二）按过程的展开角度分类

从过程的展开角度看，组织的过程通常分为三个层面。

第一个层面是主要的核心过程和支持过程，是组织高层主管关注的过程。

第二个层面是主要过程以下的子过程，主要是指职能管理或跨职能团队管理的过程。

第三个过程是子过程分解成的具体工作步骤过程，主要由操作层面的员工完成。

（三）按过程的重要性分类

按重要性，可将过程分为核心过程和支持过程。核心过程是对组织战略目标和顾客满意有主要、关键影响的过程，如设计过程，生产提供过程。支持过程是指给核心过程提供基础保证，但没有给产品和服务直接增加价值的过程。核心过程由外部顾客驱动，而支持过程由组织的内部顾客驱动。核心过程给产品和服务增加了价值，因此它们比支持过程得到了更多的关注。

组织不同，其核心过程会有所不同。如订单接收对于一家服装生产商来讲是支持过程，但是对一家直接邮件分销商来说是核心过程。如果供应商是标准件供应商，那么合作供应过程就是支持过程；如果由供应商和合作伙伴提供的产品和服务占最终产品的成本和价值的比重很高，主要供应商可能具有组织内无法提供的独特设计、整合和市场营销的能力，对达成战略目标非常关键，供应商的合作供应过程就是核心过程了。设备维护保养对一般企业是支持过程，但对于地铁公司来说运营安全的关键在于地铁车辆的维护保养，并且占主要费用支出，所以是核心过程。

三、过程管理

过程管理是指过程的设计、控制和改进等活动。具体来说，过程管理就是通过对组织关键业务过程的设计、控制和改进，识别改进质量和运营绩效的机会，达到高水平的过程绩效，最终达到顾客满意。为了深入理解过程管理的含义，需要明确以下几个方面：

（1）通常把过程及对过程绩效承担责任者称为过程所有者。过程所有者可以是现场操作机器的工人，可以是跨职能的团队，他们有权管理和改进各自的过程。指定过程所有者有利于把管理过程和过程最优化的责任明确化。

（2）为了应用过程管理技巧，要求过程具备两个条件：条件一是过程的可重复性，即过程可以重现。过程周期时间可长可短，如产品开发过程或者专利申请过程要求时间相对要长些。条件二是过程的可测量性。测量提供了获取重要的质量和特性指标的能力，从而揭示出过程的特性模式。可重复性和可测量性是有效控制的前提，为组织的评价提供了有用的信息，为改进提供了依据。

（3）过程质量衡量有三个主要尺度，即效果、效率和适应性。如果过程产出能够满足顾客的需要，则该过程便是有效果的；如果过程能以最小成本实现其效果，则该过程便是有效率的；如果随着时间的流逝，过程面对所发生的诸多变化仍能保持效果和效率，则称其具有适应性。

过程管理的结果或效果总的说来是顾客满意和改进组织绩效，具体可以包括以下方面：预防过程中的缺陷或差错；消除浪费和冗余；简化过程，缩短周期；更具有灵活性，顾客反应更加快速等。

四、过程管理的要求

在进行过程管理时，应遵循以下的要求：

（1）在设计过程的早期把顾客需要转换成产品和服务设计需要，把产品设计需要和生产过程需要、供应商能力、法律和环境因素等结合起来考虑。

（2）确保质量融入产品和服务中，在开发过程中使用适当的工具和方法。

（3）产品开发过程要确保跨职能沟通，减少产品开发时间，避免产品和服务存在故障。

（4）定义重要的生产提供过程并使之文件化，把它们作为核心过程加以管理。

（5）与主要供应商和合作伙伴建立合作关系。

（6）控制主要过程的质量和运营绩效，使用系统方法识别运营绩效和质量的重大偏差，确定根本原因，采取纠正措施，并且验证结果。

（7）不断对过程进行改进，使得质量更好、周期更短、运营绩效更好。

（8）通过标杆管理和业务流程再造等创新方法实现突破性绩效。

第二节　系统的含义及应用

一、系统与系统观点

系统是指由相互作用和相互依赖的若干组成部分结合而成的、具有特定功能的有机整体，系统本身又属于一个更大系统的组成部分。

系统是对事物的抽象的描述，如可以把组织抽象成系统。

系统一般具有以下特征：

（1）整体性。组织的活动过程之间的相互作用会形成“整体大于部分之和的效果”。

（2）目的性。组织的目的就是要创造价值和提供服务，达到一定的经济效益和社会效果。

（3）开放性。组织是一个系统，但又是社会系统的组成部分，组织输入的各种生产要素都来自外部环境，组织把输出的产品和服务提供给组织的外部环境。

（4）交换性。因为组织具有开放性，因此组织与组织外部环境进行能量和信息的交换。

（5）相互依存性。组织内各活动过程之间以及组织与组织外部相关的社会活动之间是相互依存的。

（6）控制性。组织必须有畅通的信息与反馈机制，使组织的活动过程能够及时有效地得到控制。

系统的观点和方法来源于系统的特征，有整体的观点、封闭则消亡的观点、保持“体内动态平衡”的观点、信息反馈的观点和方法等。在组织的系统中，高层领导确立以战略和顾客为中心的价值观，带领组织实现目标；组织作为一个系统，其战略重点与关键过程要一致，与组织的资源配置要一致。运用系统的方法或者用系统的观点看待组织有助于发挥组织的整体优势。

如上节所述，过程是指一组将输入转化为输出的相互关联或相互作用的活动，可见，过程的概念与系统的含义有着密切的关系，具体来说，在过程管理中要运用系统的观点和方法。

二、戴明和彼得·圣吉等人对系统的认识

（一）戴明的系统驱动行为

戴明关于系统的认识对现代管理理论有着深远的影响。他曾指出，在出现的产品或服务问题中，85%以上的问题归结为管理体系本身所致，只有15%左右是由产品和服务的生产提供者所造成的。戴明将其概括为系统驱动行为，换句话说，产品和服务的好坏与否主要是由所在的活动过程或系统所决定的。戴明关于系统的认识导致现代管理理论关注于管理体系的有效性和持续改进方面。

（二）彼得·圣吉的系统思考概念

彼得·圣吉在其《第五项修炼》中提出了系统思考的概念。他指出了在组织创建学习型组织的过程中自我超越、改善心智模式、建立共同愿景、团队学习等方面的修炼的必要性，而第五项修炼即系统思考，是把其他各项修炼整合为一体的理论与实务。彼得·圣吉认为系统思考帮助我们以一种新的方式重新认识自己与所处的世界：一种心灵的转变，从将自己看成与世界分开，转变为与世界连接；从将问题由“外面”的某些人或事所引起的，转变为看到自己的行动如何造成问题。

总之，系统的整体性观点、系统驱动行为以及系统思考对于我们认识、分析和解决各种管理的和非管理的问题都有很大的帮助。

三、ISO9000 中的基于过程的管理模式

组织在开展质量管理活动、建立和实施质量管理体系时需要树立系统的思路，这有助于组织提高实现目标的有效性和效率。图 5-2 是 ISO9000-2015 中所描述的质量管理体系模式，它充分体现了过程管理的理念和思路，后面的有关章节将对此展开说明。

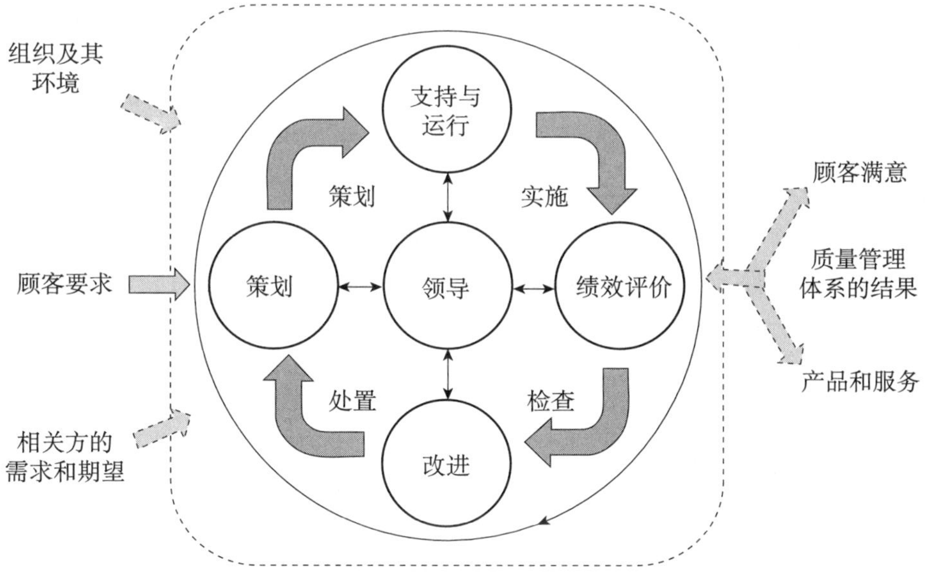

图 5-2　ISO9000-2015 基于过程的质量管理体系模式

第三节 产品的产生、形成和实现过程

任何产品都存在产生、形成和实现的过程，例如市场调查、产品设计、采购、生产、检验以及使用等过程。本节我们仅就企业的产品设计过程、设计评审过程、生产提供过程和支持过程等主要过程进行学习讨论，并讨论服务过程设计的特殊性。

一、产品设计过程

目前已经形成了较成熟、标准化了的产品设计过程。产品设计过程一般包括以下六个步骤。

（一）产品构思阶段

在这一阶段，企业会根据市场需求，并通过市场调研，寻求新产品开发的方向，提出产品开发建议书。这时有多种新产品可供选择，企业应结合市场需要和企业的实际，选择某项较易成功的产品，或排出一个优先顺序，作为进一步论证选择的准备。

（二）总体方案设计阶段

在这一阶段，企业在审查产品开发建议书的基础上制定新产品计划任务书。该文件应明确指出发展新产品的目的或目标以及新产品的质量指标，即性能、规格、寿命、可靠性、安全性、外观要求等指标。

根据计划任务书开展总体方案设计，确定新产品的原理、结构、总体布局、总系统配置以及产品性能指标、自动化程度、外观等，然后论证新技术、新工艺、新原理、新材料采用的必要性和可能性，并论证该产品设计、生产和使用的经济性。

（三）初步设计阶段

在这一阶段，企业主要是技术设计工作，即进行设计计算、模拟试验、原理图设计、参数设计以及设计评审工作。

（四）详细设计与试制

在这一阶段，企业主要是进行工作图设计，其中包括：在保证全系统协调性的基础上进行图纸审查（工艺性、标准化、图面规范的审查），使技术文件达到齐全、统一、正确、清晰等基本要求；进行可靠性、维修性等审查；进行生产前准备，并转入试制和试验工作，以此发现设计上的缺陷，作为确保设计质量的重要手段；最后进行企业级或国家级的设计定型工作。

（五）小批试生产阶段

这一阶段主要是考验工艺。企业经过小批试生产，解决和排除质量上的问题，进行生产定型，然后转入小批生产。

（六）小批生产阶段

在这一阶段，企业通过小批生产的新产品在现场中的使用（试运转），收集用户的意见，然后根据用户要求进行必要的修改。

产品开发过程会对产品成本、可生产性和质量产生重大影响，需要在设计过程中统筹考虑，此外，消费品的安全性、关注环境也是产品开发过程中应着重考虑的问题。

二、设计评审过程

产品设计过程用于把顾客需要转化为材料、产品和过程的技术规范，因此，应围绕满足顾客需要、产品规范、确保产品满足规定要求等方面进行评审，以保证把顾客的声音（真实需要）传递下去。在产品设计每个阶段结束时，应该按照计划对设计的结果进行正式的、形成文件的、系统的、严格的评审。

设计评审是指为了评价设计满足质量要求的能力和识别问题（若有问题还要提出解决办法），从而对设计所作的综合的、有系统的并形成文件的检查。

与设计评审相关的概念还有设计验证和设计确认。所谓设计验证，是指对设计活动所进行的检查，以确定设计达到了规定要求，这些规定要求主要是指产品规范。这里的验证是指通过检查和提供客观证据表明规定要求已经满足的认可。设计确认通常是对最终产品在规定的使用条件下进行的，主要是为了确定该产品达到了顾客要求，满足了顾客的需要。这里的确认是指通过检查和提供客观证据，表明一些针对某一特定预期用途的要求已经满足的认可。通常我们把设计评审工作划分为以下六个阶段：

（一）初期评审

初期评审是设计工作的基础和起点，这一阶段要求对方案作出概略的分析和论证工作，其内容偏重于对技术理论、设计原理、技术经济效果和实现技术方案可能性等方面的论证和评审。

（二）中期评审

这是指从设计开始至设计定型之前的评审工作。其特点是具体、深入、仔细，目的是验证产品设计的正确性。中期评审包括：

（1）理论验证。把方案的技术条件通过公式进行计算，验证设计的科学性。当有多方案时，可以取得比较数据，从而鉴定方案的优劣。

（2）模型验证。把有希望的方案制成模型进行试验，取得初步资料。有的建立实物模拟试验台，对系统进行全尺寸或缩小比例的实物模拟试验。

（3）样机验证。把有希望的极少数方案制成样机，通过现场试验，取得必要的技术资料，以验证数据的正确性。

（三）终期评审

这是指在新产品样机制成之后进行的评审。重点是全面审查新产品各项性能指标与生产成本是否符合原定的各项要求，以便为投产做好准备，防止可能出现的各种问题。终期评审的主要形式是设计定型鉴定和生产定型鉴定，必要时，还应包括对初始试验所用的样机（样品）的说明以及在鉴定试验中为纠正不足所进行的修改的说明，以便为投产做好准备，防止出现其他问题。

（四）销售准备状态评审

这是确定组织是否有提供新产品或重新设计产品的能力。评审的内容主要包括：安装、操作、维护和修理手册是否齐全并适用；有适宜的销售和售后服务；现场人员培训；备件的提供情况；现场试用情况；完成鉴定试验情况；早期产品及其包装和标签的实际检验情况；生产设备的过程能力符合规范的证据。

（五）设计再鉴定

设计再鉴定也称事后评审。为了确保设计的持续有效，应定期对产品进行评价。其中包括根据现场经验、现场使用情况的调研或根据新工艺和新技术，对顾客的需要和技术规范进行复审。评价时还应考虑过程的更改，应保证更改不会导致产品质量的下降。

（六）设计更改控制

为使设计的更改得以有效控制，必须制定设计更改程序，这些程序应对各种必要的批准手续、执行更改的指定地点和时间、从工作现场收回作废的图样和规范以及在指定的时间和地点对更改进行验证等方面作出规定，程序中还应包括紧急更改办法，以防止不合格品的生产和交付。当更改的数量、复杂性以及随之而来的风险超过一定的限度时，应考虑再次进行正式的设计评审和确认试验。

三、生产提供过程和支持过程

组织的成本、灵活性以及输出产品质量关键在于生产提供过程，生产提供过程的有效性首先取决于生产提供过程设计。过程设计的目标是什么？就是要开发出一种有效的方法，满足内部和外部顾客的需要。过程设计一般包括以下六个步骤：

（1）识别产品或服务：我做什么工作？

（2）识别顾客：我为谁工作？

（3）识别供应商：我需要什么？从哪里获得？

（4）识别过程：完成任务需要哪些步骤？每个步骤的输入和输出是什么？

（5）改进过程：我如何消除或简化任务？使用什么样的改进工具？

（6）提出测量、控制以及改进目标：我如何评价过程？我如何进一步改进？

步骤（1）～（3）强调："过程的目的是什么？过程如何创造顾客满意？过程关键的输入和输出是什么？"等问题。步骤（4）集中于过程设计即定义把输入转化为输出的具体活动。步骤（5）关注过程有效性和提供高质量产品和服务的能力。步骤（6）通过收集过程内测量数据以及顾客反馈信息，分析使用这些数据和信息，以便实现过程控制和改进的目的。

过程所有者的主要责任是确保输出能够满足过程运营目标和顾客需要。控制是指在过程中评价过程绩效，必要时采取纠正措施。过程控制就是识别和消除偏差的特殊原因。控制不仅仅是简单的纠正偏差，而且关注将来不再发生。这就需要有关统计控制方面的知识。

四、服务过程设计的特殊性

服务过程设计不同于产品生产过程，有其特殊性，主要表现在：

（1）服务过程的输出不同于生产过程的产品。例如，尽管所有银行的相同之处是提供类似的实物产品如借款等，但在所提供的服务方面仍存在差异性。

（2）多数服务过程包含了与顾客的大量接触，因此容易识别顾客的需要与期望。

（3）顾客直到有了参考与比较之后才能够定义其所需要的服务。

（4）服务过程包括内部活动过程和外部活动过程，这是使服务过程设计复杂的因素之一。例如，柜台服务人员的待客方式、柜台服务人员控制之外的计算机和沟通设施等都可能导致服务不善。内部活动关注效率，而与顾客接触的外部活动关注效果。事实上，参与内部活动的员工行动也会影响到他们看不见的顾客，无论是参与内部活动的员工还是参与外部活动的员工，都会给顾客带来价值增值，因此服务过程的成功依赖于参与内外部活动的所有员工。

（5）服务过程设计必须集中于第一次就把事情做好，减少过程复杂程度，尤其要在与顾客接触层面上避免人为差错。

服务一般包括以下三个基本要素：

（1）实物设施、过程和方法。

（2）员工的行为。

（3）员工的职业判断。

服务过程设计的关键在于三个要素的有效平衡，过多或过少强调某个要素将会招致问题和顾客不满。例如，过多强调方法保证了准时高效的服务，但可能对顾客感知不够；过多强调员工行为可能提供了友好和个性化的环境，但其代价可能是服务的迟缓和混乱不一；过多强调职业判断很好地解决了顾客问题，但可能导致对顾客缺乏感知和服务迟缓。

在服务过程设计中，首先要认识到服务存在三个维度，即与顾客的接触程度、劳动密度、个性化程度。三个纬度有所不同，例如，铁路服务在三个维度上都很低；内饰设计服务在三个维度上都很高；理发店、快餐店在顾客接触程度和劳动密度上很高，在个性化维度上要低些。总之，三个维度都低的服务更接近于生产产品的组织；强调实物设施和方法的服务，员工行为和职业判断相对来说不是很重要；对于劳动密度低的服务，顾客看重实物设施、过程和方法。随着接触程度的增加，员工行为变得越来越重要了；随着劳动密度的增加，顾客个人之间的差异显得重要了；在个性化程度、与顾客接触程度还很低时，员工行为和职业判断还不重要；随着个性化程度的增加，员工的职业判断维度变得越来越重要了。在三个维度都很高时，必须取得实物设施、员工行为和职业判断的平衡。

最后要注意的是，服务标准与生产规范相比，本身就存在测量上的困难，而真正的服务标准应该是零缺陷。

第四节　质量机能展开

产品设计过程中的一个主要问题是顾客和工程师使用不同的语言。例如，顾客表达的需要是轿车容易启动，工程师将顾客需要转换成技术语言就成为“轿车在 3 秒钟内启动”。

因此在顾客需要的转换过程中，需要有科学有效的程序和方法，唯有如此，才能把顾客需要最终转化成顾客期望的产品或服务。这种有效的方法就是质量机能展开。

一、质量机能展开及其用途

质量机能展开（quality function deployment，QFD）是用一系列矩阵（见图 5－3）把顾客需要转换成产品技术需要，把过程控制计划操作加以规范的过程方法。QFD 中的一系列矩阵及其相互关系又被形象地称为“质量屋”，其中每个质量屋的结构十分相似。

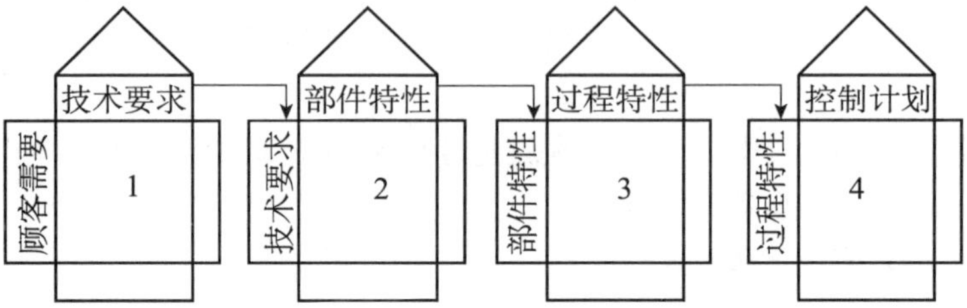

图 5－3 QFD 系列矩阵

QFD 就是通过这一系列相互连接的质量屋，实现“顾客的需要—产品和服务的技术要求—部件特性—过程特性—过程控制计划”的转化。

二、质量机能展开的过程

下面主要以第一个质量屋为例，详细说明 QFD 的具体做法。质量屋的内容构成如图 5－4 所示，包括顾客需要矩阵、技术要求矩阵、位于中央的两项要求的主相关矩阵、顶部的技术要求相关矩阵、两个优先权排序矩阵和竞争性评价矩阵。

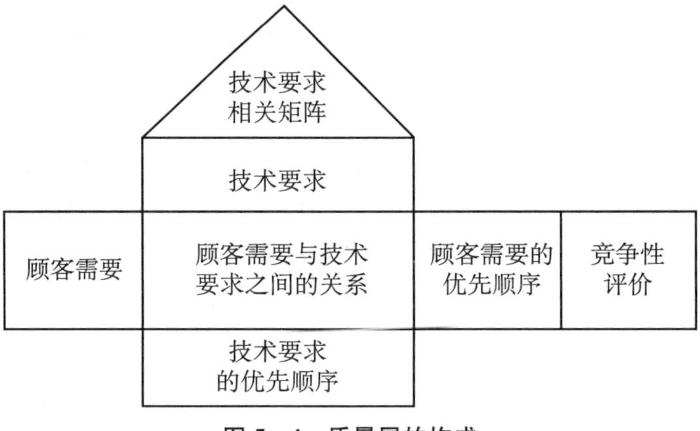

图 5－4 质量屋的构成

完成第一个质量屋一般需要遵循以下六个基本步骤：识别顾客需要；识别技术要求；把顾客需要和技术要求结合起来；评价产品和服务；评价技术要求并提出目标；确定在生产提供过程中要展开的技术要求。

（一）识别顾客需要

QFD 的初始输入是顾客声音，也就是顾客的真实需要。QFD 最关键也最困难的环节就是了解顾客的真实需要和期望。图 5－5 表示了健康中心通过电话调查或集中小组等方式收集整理的顾客声音。顾客需要可分为五类：各种项目与活动、设施、氛围、工作人员以及其他。

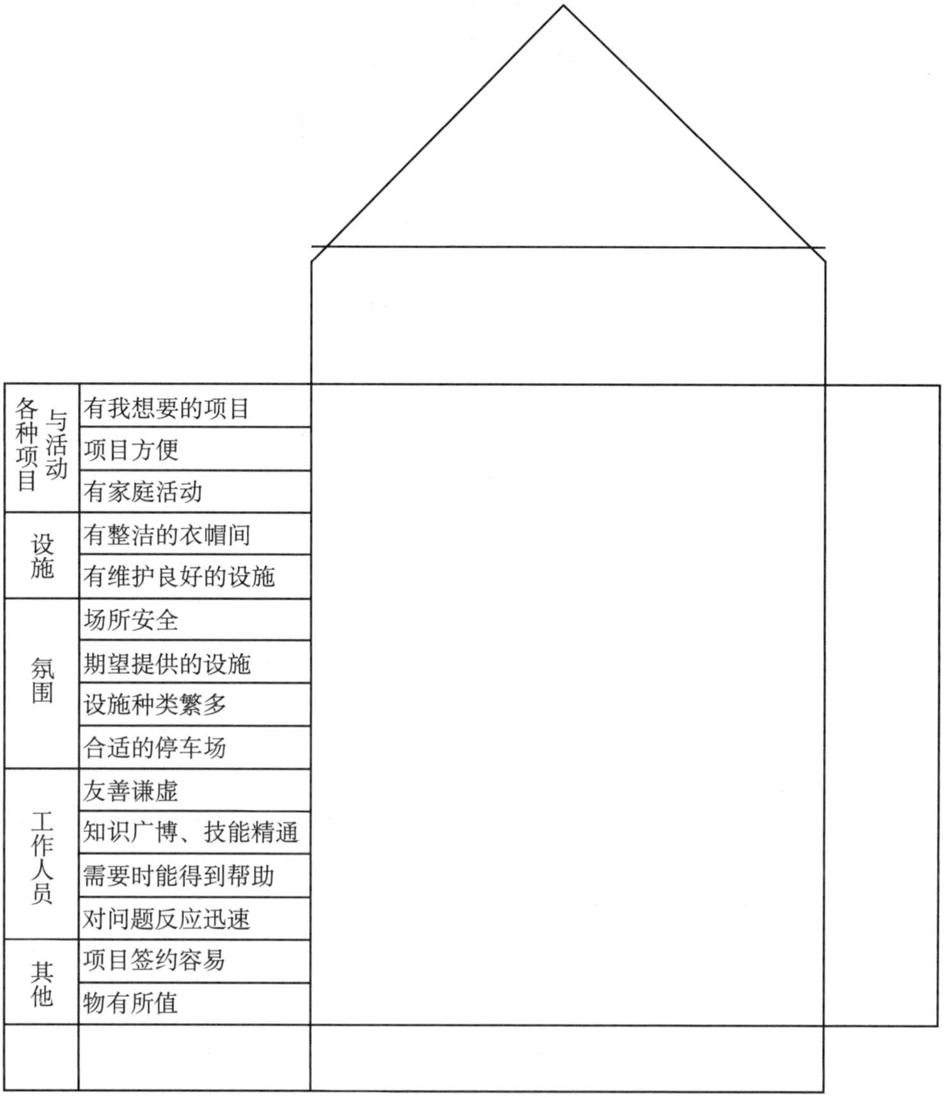

图 5－5　顾客的声音

（二）识别技术要求

以产品和服务设计为依据，提出技术要求清单。技术要求是用设计师和工程师的语言描述顾客需要，是用“怎样”的方式对顾客的“什么”作出反应。技术要求用能够测量的设计特性来加以表示。对于健康中心而言，设计特性包括了项目提供、设施的数量和种类、项目时间、工作人员要求、设施特性与维护、费用结构等，具体如图 5－6 所示。

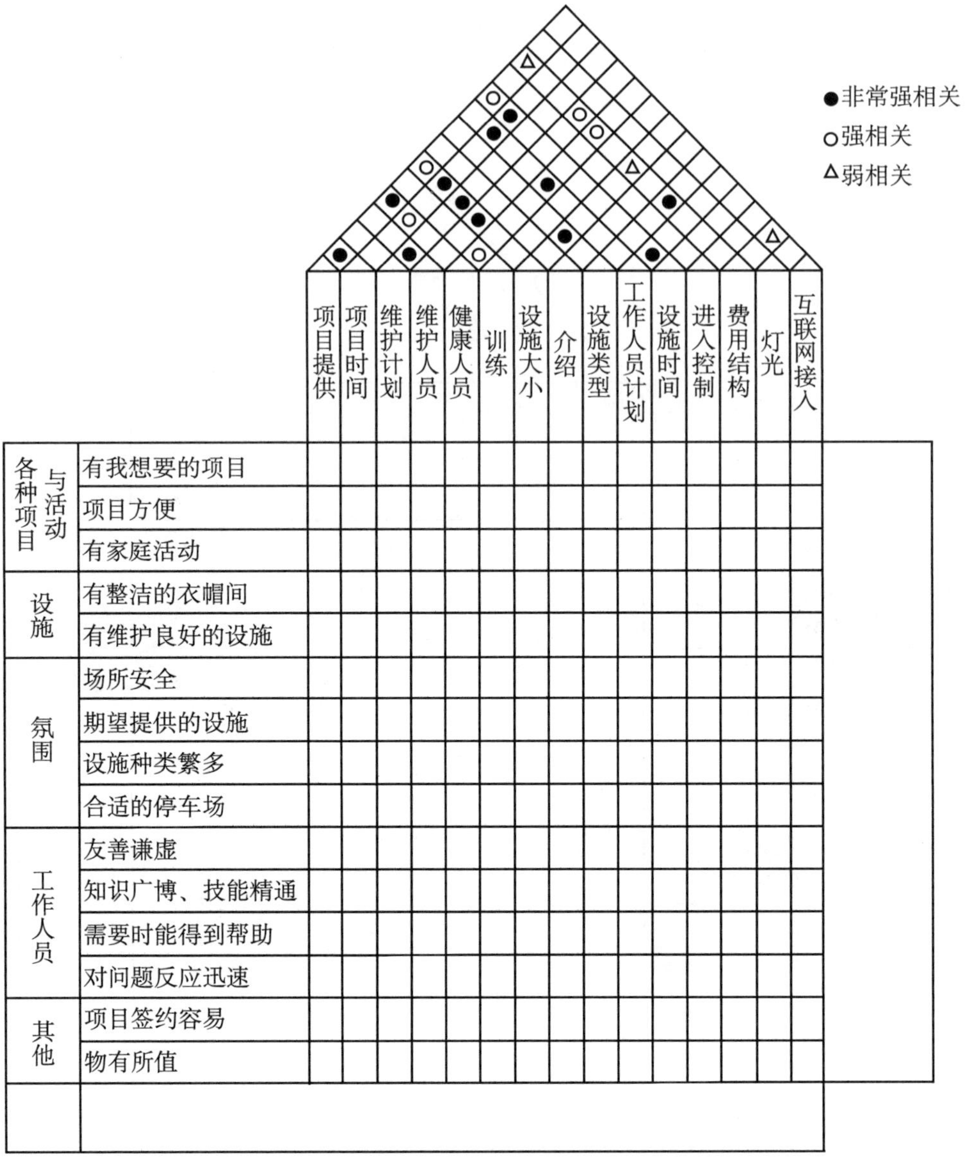

图 5-6 技术要求

（三）开发顾客需要和技术要求的关系矩阵

顾客需要列在矩阵左边，技术要求列在矩阵上方。正如矩阵上方表明的技术要求之间的关系一样，矩阵中间表示了技术要求是否与顾客需要相对应。两者之间的关系评价通常依据专家经验、顾客反应以及可控实验等进行。

如果顾客需要和技术要求之间有强相关但没有反映出来，则意味着顾客需要没有引起重视或者设计没有满足顾客需要；同样，技术要求对顾客需要没有产生任何影响，则意味着设计存在冗余或者设计中遗漏了顾客需要。图 5-7 是表示顾客需要和技术要求之间的关系矩阵。

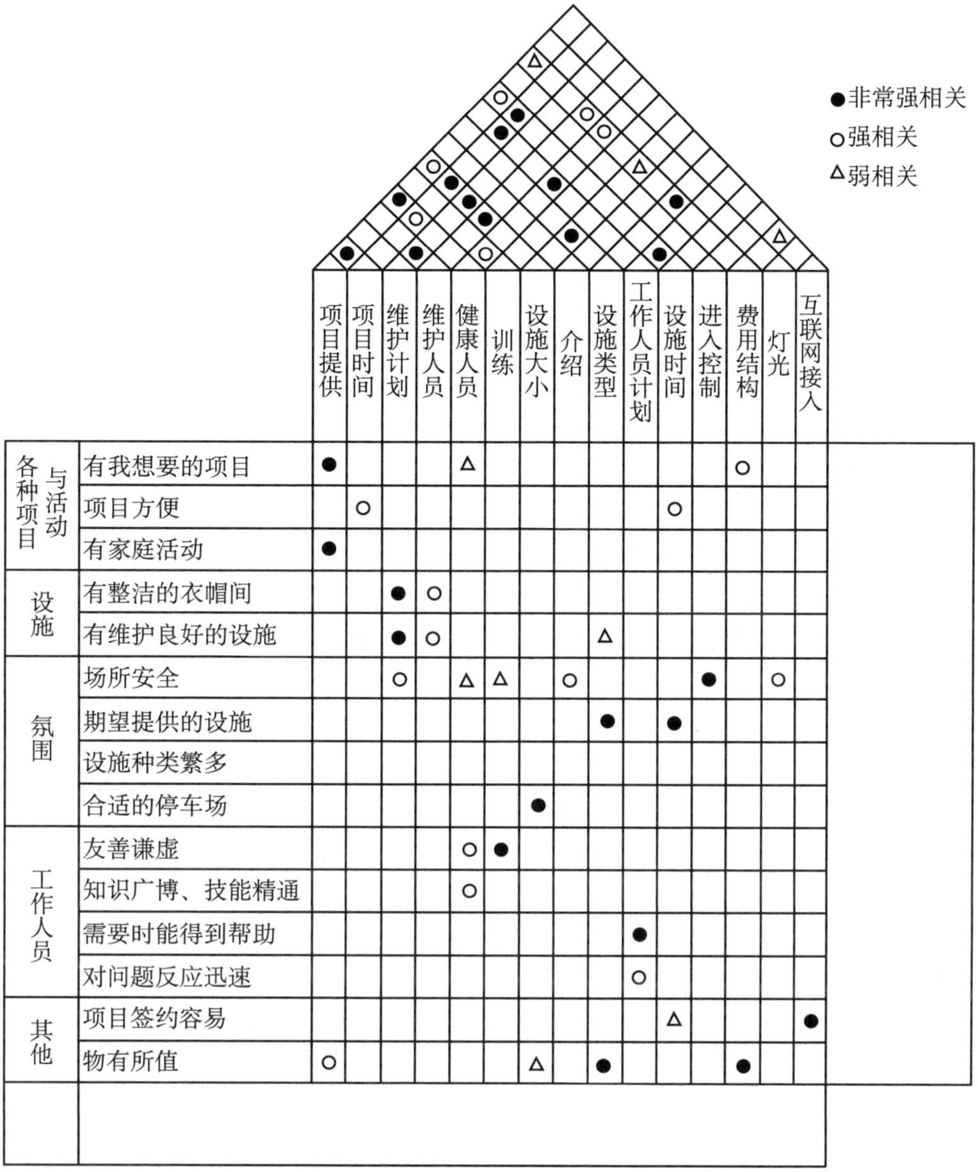

图 5-7　关系矩阵

(四) 增加竞争对手的评价和主要卖点

该步骤主要是识别顾客需要的重要性排序，并针对竞争对手提供的产品和服务进行评价，见图 5-8。顾客重要性排序表示了顾客最关心的领域和期望。竞争性评价指出了竞争产品的绝对优势和劣势。在该步骤中，设计者能够发现改进机会，同时把 QFD 与公司的愿景联系起来，提出设计过程的优先顺序。例如，如果竞争对手的产品在顾客需要方面的评价很低，那么集中满足这方面的需要就可以获得竞争优势。

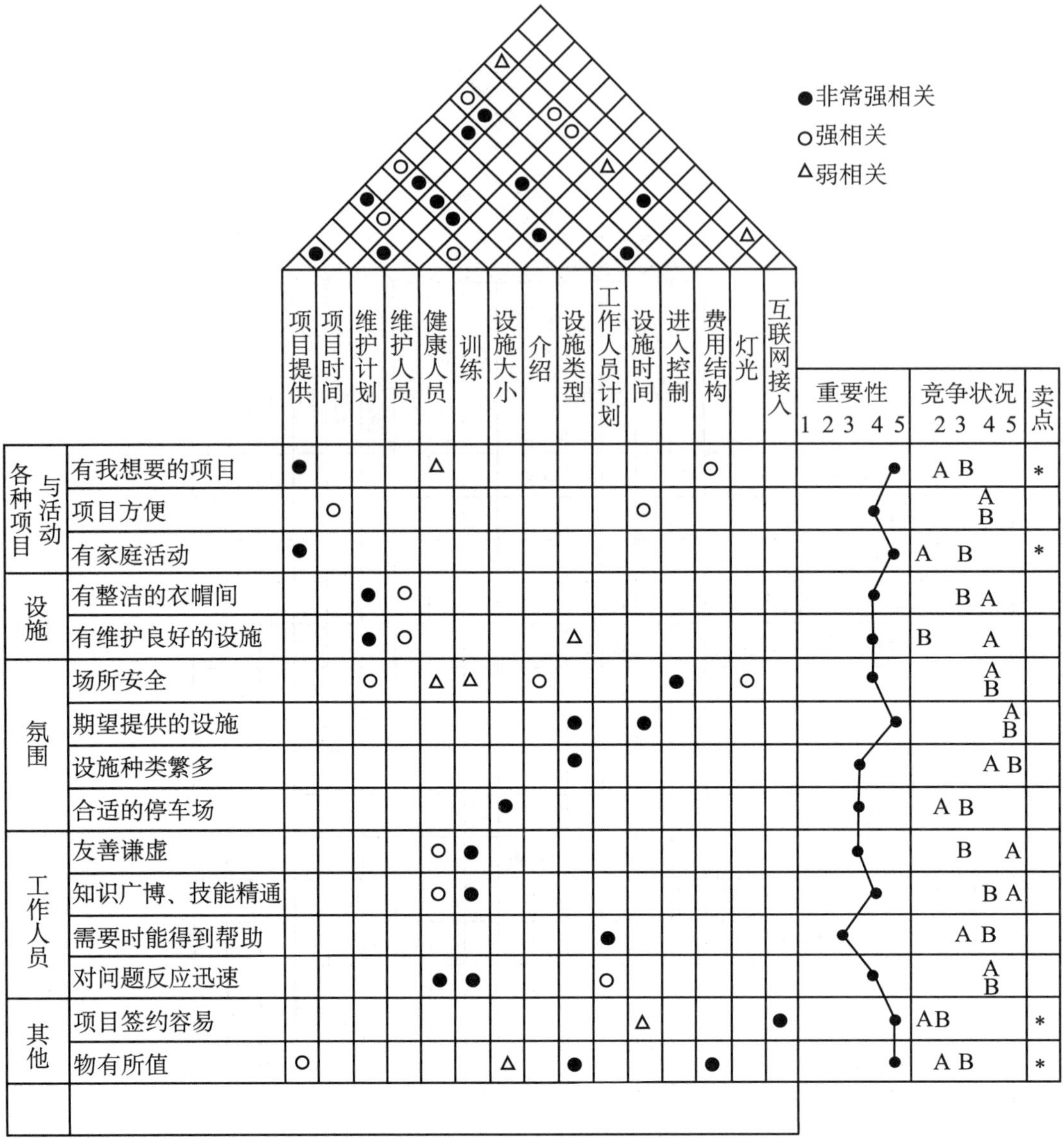

图 5-8 竞争力评价

（五）评价竞争产品和服务的技术要求并提出目标

本步骤通过集思广益或者产品试验等方法，形成可以测量的评价项目。这些评价项目与顾客需要相比较，从而确定顾客需要和技术要求的一致性。如果发现比较的产品恰恰满足了顾客的需要，但相关的技术要求的评价却是另一码事，那么或者是测量有误，或者是产品形象有差异（相对于竞争对手而言或者是优势或者是劣势）。根据顾客重要性排序和现有产品的优劣势，针对每个技术要求设立目标。例如，顾客对项目和家庭参与活动评价很高，而竞争对手在这方面的评价很低，那么就此设立目标将有助于满足顾客的关键需要，从而形成竞争优势。完成后的质量屋见图 5-9。

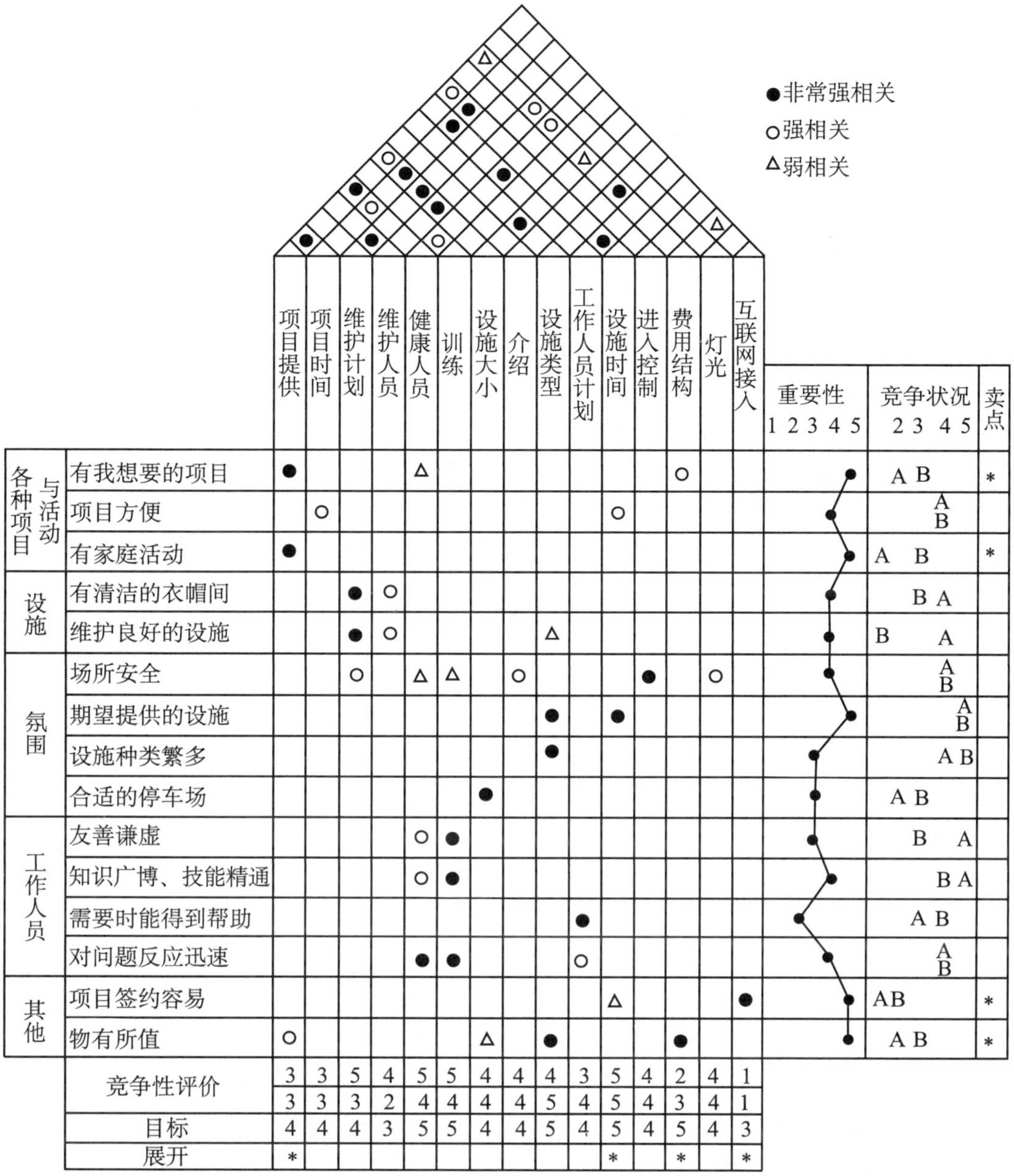

图 5－9　完成后的质量屋

（六）选择在后续过程中将要展开的技术要求

在第一个矩阵中，要识别出与顾客需要有很强关系但竞争绩效不佳，或者有卖点的技术要求。这些技术要求代表顾客的声音，因此顺序最优先，需要在后续的设计和生产过程中加以展开。例如，第一个矩阵中的项目提供、设施的数量和种类、设备时间、费用结构以及互联网接入等被判定为关键项目。

质量屋为了解顾客需要提供了一种重要工具，也给上层管理者提供了战略方向。前面展开的是 QFD 的第一个质量屋，顾客的声音还必须继续传递，其他三个质量屋把顾客声音传递至部件特性、过程计划和质量控制等方面。

第五节　面向过程的再造

一、面向过程的再造提出的背景

工业革命以来的几百年里，绝大多数企业以及各种社会经济组织都是按照职能分工的原则从事活动的。组织划分为各种职能部门，具有相同的技能和知识背景的人员集中在同一部门中从事同种类型的工作，称职能型组织结构（见图5－10），其职能分工如图5－11所示。这种方式是一种专业化的、纵向分割的方式，一项任务或活动分散在若干不同的职能部门中协作完成。这是一种有效的组织社会活动的方式。这种组织结构的优势在于：能够发挥规模经济效益；有利于专门知识的积累、同行之间的交流；有利于专业人才的培养。离开了专业化和分工，很难想象人类社会的经济水准能够发展到今天这样的高度。

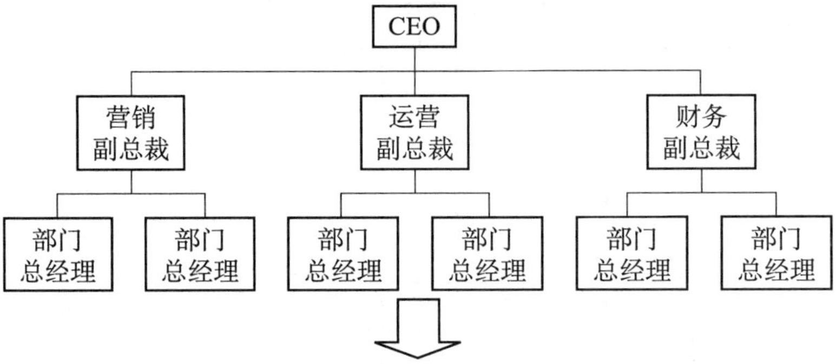

图5－10　职能型组织结构

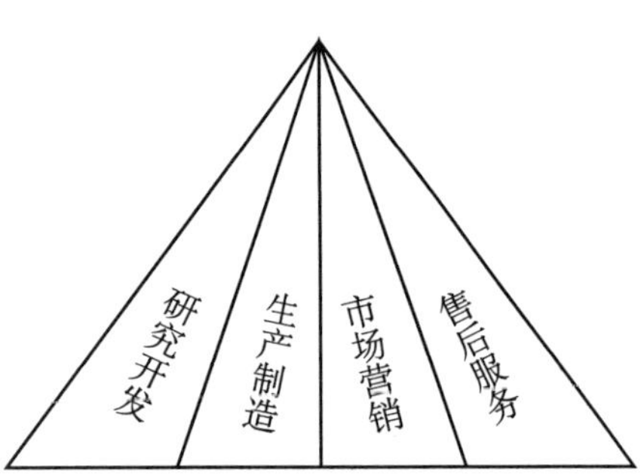

图5－11　职能分工

进入20世纪80年代以后，组织所面临的社会经济环境处于剧烈的变化之中，竞争的压力日益沉重，传统的以职能分工为基础的组织形式越来越多地表现出对于新形势的不适应。组织活动的效果、效率及适应性日渐不尽如人意，顾客的需要也越来越难以得到很好的满足。上述组织机构的最大弱点在于其横向的协调性差，职能部门犹如一个个林立的“碉堡”，其中的人们常常表现为所谓的“隧道视野”，每一个部门都只关注着自己所分担的那一块任务，每个部门中的人们都在努力追求本部门利益的最大化，但没有人为整体负责，没有人为顾客的需要负责。

这种组织结构过去在一个相对稳定、以短缺为主要特征的经济环境中非常有效，但在今天这种顾客主导的、变化无常而又竞争激烈的经济环境中便再也难以适应了。经验表明，经营目标的实现在很大程度上取决于那些大而复杂的跨职能业务过程，如产品计划、产品开发、原料采购、零件分销等。如果长期得不到管理，这些业务过程中的许多都会变得过时、过载、累赘、成本过高、定义不当，不能适应持续变化的环境的要求。外部环境的强大压力和内部状况的不适应这一矛盾迫使越来越多的组织开始考虑如何关注顾客、对环境和市场作出快速反应，因此需要打破壁垒，面向过程。面向过程的组织结构和过程再造如图 5 - 12 和图 5 - 13 所示。以上便是面向过程再造的主要背景。面向过程的再造强调组织如何跨部门和职能去“做那些应当去做的事”。

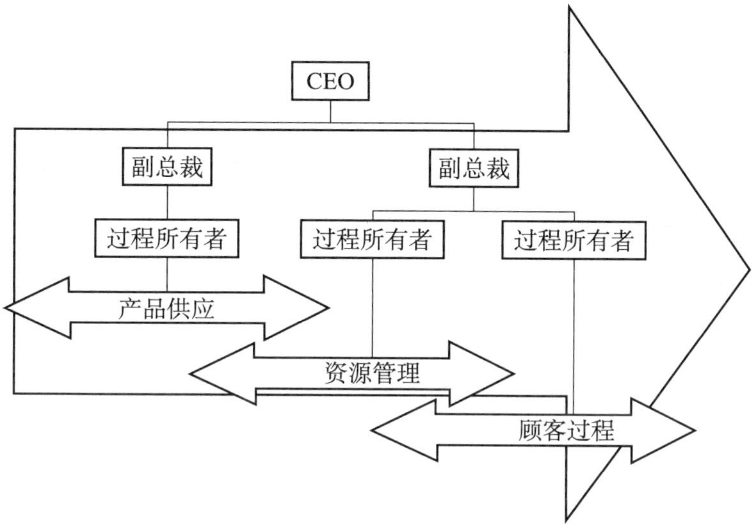

图 5 - 12　面向过程的组织结构

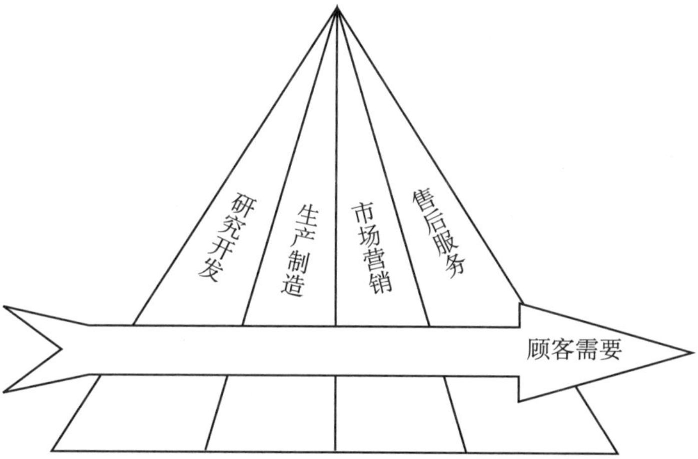

图 5 - 13　过程再造

二、业务过程再造

如前所述，业务过程再造或企业再造（business process reengineering，BPR）是自 20 世纪 80 年代末以来兴起的一场深刻的企业变革运动。对业务过程再造进行较早研究、具有影响的是美国人迈克尔·哈默（Michael Hammer）和詹姆斯·钱皮（James Champy），二人在 1993 年发表了《再造公司——企业革命的宣言》，以此为起点，掀起了世界范围内研究和探讨企业再造理论的热潮，也极大地推动了企业界的再造尝试和实践。在《再造公司——企业革命的宣言》一书中，哈默和钱皮把 BPR 定义为："为了在诸如成本、质量、服务和速度这些关键的当今绩效指标方面实现剧烈的改进，而对业务过程进行的根本的再思考和激进的再设计。"

下面以 IBM 信用公司为例来说明企业再造。再造前 IBM 信用公司处理顾客申请的步骤如图 5-14 所示，由图可以看出，顾客申请处理需要经过五个部门，分别是承接客户申请、信用调查、制作合同、确定贷款利息以及综合归档，所需要的时间大约是四天。而 IBM 信用公司的竞争对手处理顾客申请所需时间大约是两天，IBM 信用公司的顾客大量流失了。危机当头，IBM 信用公司的高层管理者们通过现场调查决定进行再造，图 5-15 是再造后的结果。再造后 IBM 信用公司由原来的五个部门合并为一个综合处理团队，并配以由计算机构成的专家系统，处理顾客申请所需时间缩短为四个小时左右。

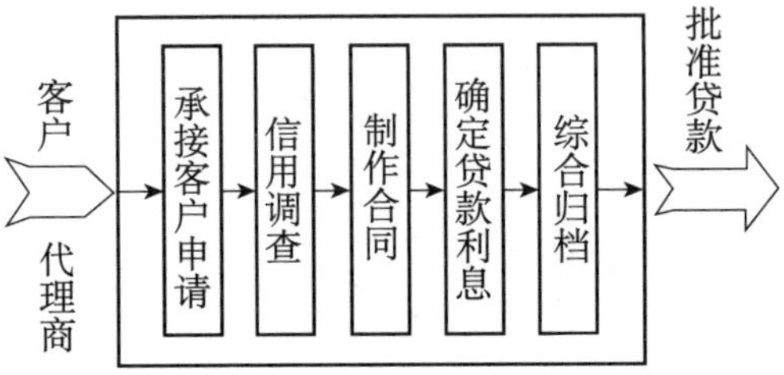

图 5-14 再造前 IBM 信用公司处理顾客申请的过程

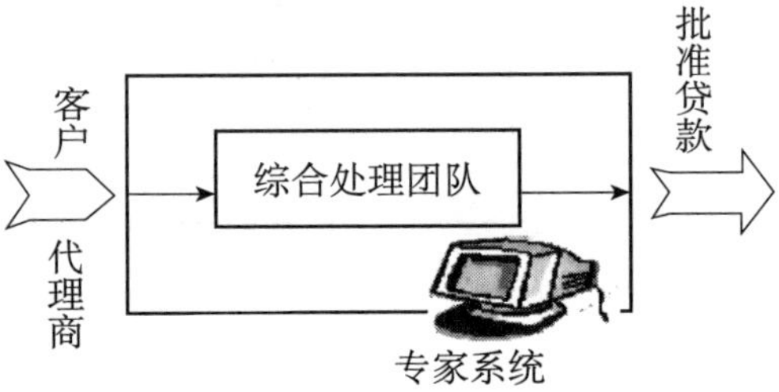

图 5-15 再造后 IBM 信用公司处理顾客申请的过程

三、业务过程再造的特点

业务过程再造的特点主要体现在以下三个方面。

（一）彻底改变思维模式

过分强调专业化和工作细分妨碍了效率，也使机构臃肿、缺乏活力、丧失竞争力和创新力。业务过程再造强调的就是从根本上进行变革，进行彻底的再设计。为此，就必须改变传统的思维模式。

BPR 后发生的变化

工作单元：从职能部门到过程团队。

工作：从简单到复杂。

员工角色：从被控制到赋权。

工作准备：从岗前培训到系统教育。

业绩和报酬的关注点：从重活动到重结果。

管理者：从监督到教练。

组织结构：从等级到扁平。

最高管理者：从打分者到领导者。

（二）以过程为中心进行系统改造

再造所取得的巨大成就主要是通过过程再造取得的。再造活动强调把分散在各职能部门的作业整合成单一的过程，打破组织各部门之间的界限，缩短满足顾客需要所需的时间。

（三）创造性地应用信息技术

信息技术在再造活动中扮演着极为重要的角色，它使组织以完全不同的方式进行工作，帮助企业打破传统的制度并创建完全不同的业务过程模式。

本章小结

本章围绕质量管理原则中的过程方法进行学习。本章首先介绍了面向过程再造的背景，过程再造的含义与特点；过程管理和系统管理的含义、做法与要求；描述了产品产生、形成和实现的全过程；介绍了在产品产生、形成和实现过程中使用的质量机能展开的方法。组织的业务过程尤其是那些大而复杂的跨职能的业务过程，其运行质量与有效性很大程度上决定了组织的竞争能力和经营目标的实现。

复习思考题

1. 简述过程和过程管理的含义。
2. 什么是系统，系统的特征有哪些?
3. 简述产品产生、实现的过程。
4. 简述质量机能展开的步骤。
5. 传统职能型组织结构的优缺点有哪些?
6. 简述业务过程再造的特点。

复习思考题答案请参考网络资源相关栏目。请在40分钟内完成网络资源“即时练习”中的本章练习。网络资源的“关键概念”提供了相关概念的检索。

第六章　测量、信息与知识管理

【学习导航】

请用 4 学时学习本章内容。

领会：

测量的重要性；传统测量指标的问题；测量指标的多样性；测量指标的层次性；测量的要求；信息管理的作用；数据和信息的特征；测量系统改进建议；质量成本的分类；组织知识创造的两个维度；共同化；外显化；组合化；内隐化；组织知识创造的条件。

掌握：

测量的步骤；质量成本对质量改进的促进作用。

识记：

测量的概念；信息管理的概念；质量成本的概念；知识管理的概念；知识创造的概念。

【引例】

下面是获得日本戴明奖的美国佛罗里达电力在评奖过程中的经历：

现场评奖期间，评审专家询问公司的关键绩效指标，跟随评审专家的一名管理者答道：有关断停电是公司的关键绩效指标之一，因为断停电会对顾客造成严重影响。评审专家问道："导致断停电的主要原因是什么？"该管理者未做丝毫犹豫就回答了停断电的主要原因。专家紧接着问：有证据吗？这名管理者哑口无言。原因是该名管理者的回答没有数据支持，完全凭经验给出答复。在以后的三个月期间，该名管理者对每次停断电的原因进行了记录统计，结果令该名管理者大吃一惊。因为统计结果显示：停断电的主要原因并非他凭经验作出的答复。没有识别停断电的主要原因，改进措施就会无的放矢，难有效果。

第一节　测量与信息管理

管理的核心是决策，正确的决策建立在掌握准确、有用的信息基础之上。信息来自对数据的分析，而数据来自测量。没有测量，就没有控制，就没有管理和改进。“用数据说话”是质量管理的基本原则之一，可见测量和信息管理的重要性。

一、测量的含义

所谓测量，就是对产品、服务、过程以及其他业务活动等特性与结果的量化，通常用测量指标表示测量活动所产生的数量信息。

测量之所以重要，在于如果不测量结果，就不能说明如何从失败到成功；如果没有看到成功，就不能得到回报——如果不回报成功，就可能回报失败；如果没有识别失败，就无法纠正失败。

多数组织的测量指标传统上仅仅局限于财务或会计等组织绩效指标方面，如投资回报、每股收益、直接劳动效率以及机器使用效率等指标。这些指标往往存在以下问题：

(1) 不够精确，强调数量胜过质量。

(2) 奖励错误的行为，如直接劳动效率等方面的指标鼓励不必要的储备或者过于强调对直接成本的控制，由此导致员工不愿意承担控制的责任和过程改进。

(3) 缺乏预测力，如财务指标反映的是过去的决定，不能集中于那些创造价值和预测财务成功的关键因素。

(4) 不能够捕捉到主要的商务变化，即便捕捉到变化已为时过晚。

(5) 反映的是职能的而不是跨职能的过程。

(6) 对难以量化的资源如智力资源没有给予适当的考虑等。

实际上，测量指标是具有多样性和层次性的。测量指标的多样性是指决策不仅要考虑股东的利益，还要考虑顾客、员工、供应商和社会等方面的利益，因此要求有一套更加广泛、兼顾利益相关方、与组织战略保持一致的绩效测量指标。如美国卓越绩效标准中把测量指标分为六个方面：顾客、财务与市场、人力资源、供应商与合作伙伴、组织有效性、组织监管与社会责任，具体如图 6-1 所示。

测量指标的层次性是指测量是在执行者、过程和组织三个层面上进行的。在执行者层面，通过测量活动提供实时数据和信息、识别确定偏差的根本原因并采取相应行动。测量活动需要简便的沟通渠道，如发布栏、质量报告等，以便迅速提供有关发生什么、进展如何等的数据和信息。在过程层面，日常运营绩效信息如产量、生产周期、生产率等帮助管理者确定工作是否正确、资源是否有效使用以及是否在改进活动中。在组织层面，数据和信息往往被高度集中汇总，如日或周的缺陷报告、来自顾客服务代表的顾客抱怨数据、来自现场的月度销售和成本数据。来自组织所有方面的质量和绩效的数据和信息以及相关的财务、市场、人力资源、供应商的数据和信息成为战略计划和重大改进的前提和基础。组织的执行层面、过程层面的测量指标与组织层面等三个层次的测量指标要保持系统性和一致性，否则，就会导致这样的情况：组织中所有的工作和过程都满足了要求，但却没有实现组织的长期目标。

在测量活动中应遵循的要求是：要有一套能够反映组织内外部顾客的需要、对组织有关键影响的指标。具体做法如下：

(1) 要使用比较信息和数据改善组织整体绩效和竞争地位。

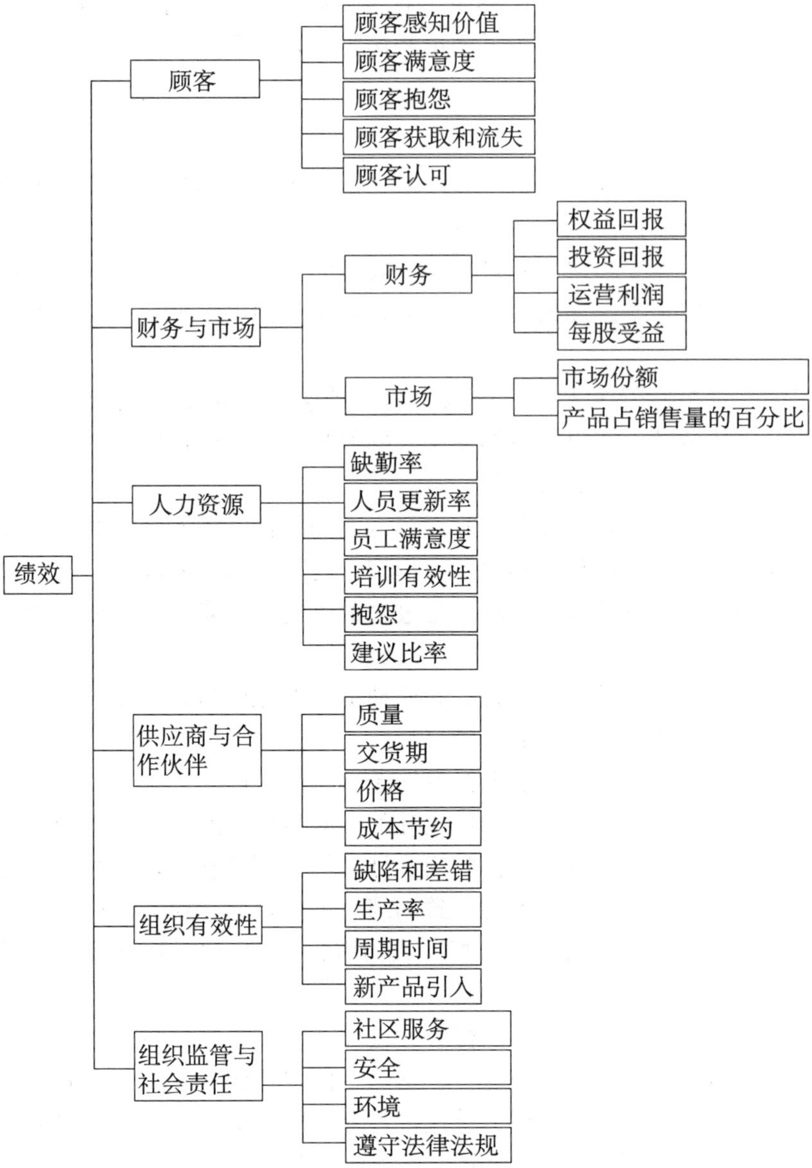

图 6-1 美国卓越绩效标准中的绩效测量指标

（2）要全员参与测量活动，确保信息在整个组织中充分分享。

（3）要确保数据的可靠，所有人都可以获得所需要的信息。

（4）要使用合理的分析方法，运用结果支持战略计划和日常决策。

（5）要不断精练组织内的信息来源以及信息使用。

二、信息管理

信息管理就是围绕信息工作而进行的计划、控制和改进等活动。

前面提到信息来自对数据的分析，而数据来自测量。为了保证在正确的时间把正确的信息提供给正确的人，实现正确决策的目的，需要对数据和信息进行有效的收集、整理、分析和使用，这就需要为此而开展管理活动。组织的信息系统与测量活动紧密结合有助于使公司日常运营与战略方向保持一致。具体来说，信息管理工作的作用包括：

（1）帮助公司了解到顾客是否得到恰当的服务。

（2）给员工提供具体的反馈，确认其进展情况。

（3）为奖励回报提供了依据。

（4）反映了评价进展状况，指出改进活动的方式。

（5）通过更好的计划和改进行动减少运营成本。

信息管理工作做得好的组织，其数据和信息一般具有以下特征：

（1）可用性——需要时，数据和信息容易接近或获得。

（2）完整性——所需要的数据和信息应全面完整。

（3）及时性——所需要的数据和信息能够在第一时间得到。

（4）可靠性——应保证数据和信息不被损坏。

（5）安全性——在数据和信息处理过程中应确保没有危险。

（6）准确性——应保证数据和信息的真实性。

（7）保密性——应防止和避免如专利、技术诀窍等信息泄露。

这里要说明的是，组织要特别关注对相关产业的竞争对手，乃至世界水平的数据和信息的收集分析，也就是说要重视比较数据的使用。没有比较数据和信息，很容易导致虚假的成就感。

1980年，美国未来学家阿尔文·托夫勒在《第三次浪潮》一书中，将信息时代的大数据赞颂为“第三次浪潮的华彩乐章”，2009年以后，“大数据”成为流行词。大数据时代的到来，让政府和组织基于事实的决策更为可行而有效。

（1）大数据帮助政府实现市场经济调控、公共卫生安全防范、灾难预警、社会舆论监督。

（2）大数据帮助城市预防犯罪，实现智慧交通，提升应急能力。

（3）大数据帮助医疗机构建立患者的疾病风险跟踪机制，帮助医药企业提升药品的临床使用效果，帮助疾病研究机构为患者提供定制的药物。

（4）大数据帮助航空公司节省运营成本，帮助电信企业实现售后服务质量提升，帮助保险企业识别欺诈骗保行为，帮助快递公司监测分析运输车辆的故障险情以提前预警维修，帮助电力公司有效识别预警即将发生故障的设备。

（5）大数据帮助电商公司向用户推荐商品和服务，帮助旅游网站为旅游者提供心仪的旅游路线，帮助二手市场的买卖双方找到最合适的交易目标，帮助用户找到最恰当的商品购买时机、商家和最优惠价格。

（6）大数据帮助企业提升营销的针对性，降低物流和库存的成本，减少投资的风险，帮助企业提升广告投放的精准度。

（7）大数据帮助社交网站提供更准确的好友推荐，为用户提供更精准的企业招聘信息，向用户推荐可能喜欢的游戏以及适合购买的商品。

第二节　测量过程与改进

既然正确的决策建立在完整准确的信息基础上，信息来自对数据的分析，而数据来自测量。那么，如何开展测量活动呢？如何确保测量工作的持续有效性呢？本节将围绕这些问题进行学习。

一、测量的步骤

测量过程包括四个步骤：明确前提条件，计划测量活动，收集数据，分析、综合、阐明结果并展示结果与建议。

（一）明确前提条件

在决定测量什么以及如何测量之前，明确测量过程的前提条件非常重要。每个组织都有自己的文化，从而决定了组织在决策时可接受的方向、风险、行为和必须遵循的方针，这些特征形成了测量系统的背景或者前提条件。

测量过程通常与组织文化相协调，同时要反映出组织文化需要加以根本改变的必要性。前提条件的确定要考虑到利益相关方，如顾客、所有者（可能还有社会）和员工等。

（二）计划测量活动

明确了测量系统运营的前提条件后，便可对测量过程其他步骤进行计划。这一步骤会形成一份“测量规程”，即有关数据的收集、存储及分析的“对象、时间、场所、方法、频次”等内容的文件，最重要的是要在测量规程中规定每一步的责任人。表 6－1 描述了测量规程的主要构成。

表 6－1　　测量规程的主要构成

测量指标	数据收集	数据存储	分析/综合/建议/展示
何事（what）			
何处（where）			
何时（when）			
如何（how）			
频次（how often）			
何人（who）			

（1）测量什么数据。大多数顾客的需要都是以主观性的词语来表述的，因此必须将这些要求翻译成一套客观性的指标。例如，早期的电话，顾客的最基本的要求是能够“听得到和被听得到”。人们通过一系列精巧的实验最终确定了三个参数，即损耗、噪声和回声。

（2）测量指标可能会有许多，计划者应当选择那些“关键的少数”指标。随着测量指标的增加，其回报呈现递减趋势。测量指标过多会压垮整个测量系统。计划者应当列出可能的指标并对其排序，然后选择少数几个指标，其他一些指标应根据情况来权衡取舍。

(3) 在何处进行测量。计划者要确定在何处进行测量。在质量管理中，最初的测量表现为对生产过程的末端检验，以后逐渐演化为过程中绩效的测量。不太成熟的系统会更重视末端检验，随着系统成熟度的提高，重点会转移到对过程的测量。

(4) 测量时间、方法、频次。有些情况下，无须收集新的数据，而只是使用现有数据。但计划者仍应了解数据收集的复杂性，为一个目的收集的数据未必适用于另一个目的。计划者还要确定测量的方法、时间和频次，每一方面都应详细而具体。在“方法”中不但要包括一个具体的测量如何进行，而且还要包括如何校准和维护测量装置以及所要取得的数据准确度如何。要保证“时间”和“频次”以确保取得充分的数据。

(5) 数据的储存和访问。也许最让人沮丧的事情是明知道“数据就在计算机里”但就是拿不出来。尽管数据库技术在易用性方面有了很大进展，但数据的储存和取用并非易事。

(6) 数据分析、综合、建议和展示。计划者必须对数据的分析、综合、提出建议和展示等加以考虑。

(7) 实施人员。人员同对象、场所、时间、方法一样重要。由谁收集数据，由谁存储数据，由谁在控制图上打点，由谁以其他方式观察数据，这些都应加以明确。

(8) 测量规程。这一步骤的结果就是一个测量规程，即对数据的收集和存储、分析综合和展示加以规定的一份文件。实际上，测量规程确定了在随后的步骤中要遵循的各个子过程。测量规程是书面的，应在那些必须遵循规程的人员中间广泛传阅。口头指示容易被曲解和忽视。测量规程应当被精心维护，并应处于不断修订过程中。

（三）收集数据

该阶段就是按测量规程执行。测量人员应当维持详细的记录，在维持记录方面形成好的规矩非常重要。即使能够按计划进行校准和遵循测量程序，记录工作也必须保持进行。最重要的是，任何的例外情况都要仔细谨慎地记录下来。需要对数据质量这一问题给予特别的重视。对数据的收集应当进行控制，以使差错在第一时点就能得到预防。但无论何时发现错误，对数据的改动都必须仔细加以记录。

（四）分析、综合、阐明结果并展示结果与建议

该阶段就是要把收集到的数据进行归纳，并以便于决策者理解的形式展示出来。这一步骤通常被称作“数据分析”。但分析只是全部活动的1/4，其他3/4分别是“综合”“阐明结果”“展示”。综合是合成，将两个或多个事物放在一起以形成一个整体，接下来要制定具体的决策/行动的“建议”。最后，展示意味着将最重要的结果和建议归纳为一种易于理解的格式。

二、测量系统改进

测量系统是与组织所有层次上的功能整合在一起的，测量系统仅仅满足于跟上变化的步伐是不够的，它还必须预示出进行根本变革的必要性。因此，测量系统应该是最具有适应能力的，为此要不断改进测量系统。

以下是测量系统改进的建议。

（一）从现有的系统出发要比完全从头做起更好

所有组织都有着某种测量系统，即使刚开始运营的组织也会有一个初步的财务系统。根本的业务变化会要求新的测量类型，但废除掉所有已经建立的测量指标或测量方式的做法不可取。在发生巨大变化时，测量系统是一位靠得住的老朋友，它能够提供一定程度的安全性。

（二）对新的测量指标、分析方法以及展示方式进行试验

了解别人在做什么，并把最好的思想体现在你的系统中。

（三）试点

导入新的测量指标是很困难的。借助于试点有助于区分好主意和坏主意，能够获得一个有助于总结技术细节的环境，给人们时间学会如何使用新的测量指标。

（四）主动取消那些不再有用的测量指标

那些已经失去生命力的测量指标必须加以清除，尽管有时这项工作的开展会面临许多困难。

（五）预见到冲突

测量系统的整合并非十分充分，可能会出现矛盾。如果处理得当，它们会成为改良测量系统的一个很好的主意的源泉。

（六）培训

就新的测量指标及其含义、用法等对人们进行积极的培训。

第三节　质 量 成 本

在组织开展 TQM 活动中，质量成本应该是关注的测量指标，本节将对质量成本的含义、构成以及质量成本的作用等内容进行学习。

一、质量成本的含义

质量成本是指为保证满意的质量而导致的费用以及没有获得满意的质量而导致的有形和无形的损失。

过去几十年中，人们在质量成本方面的研究表明，与质量相关的成本要远远大于在会计报告上显示的成本。对大多数公司来说，这些成本占到了销售收入的 10%～30%，或占到了营业费用的 25%～40%。这些成本有的是显现的，有的则是隐藏的。质量成本不仅仅是生产运营部门的问题，支持部门同样也是质量成本的主要贡献者。

组织的成本中的很大部分都是由于不良质量所造成的，这些成本本来是可以避免的，但却被视为了正常。

二、质量成本的分类

比较被广为接受和应用的分类方式是将质量成本分为内部故障成本、外部故障成本、鉴定成本和预防成本四个类别。

(一) 内部故障成本

内部故障成本是交货前发现的与不良有关的成本。它们涉及的是未能满足内、外部顾客的明确或隐含需要的故障，其中在过程中发生了的损失和低效率是可以避免的。

内部故障成本包括以下几个：

(1) 废品损失。这是指制造的产品在经济上已不值得修复利用而发生的损失。如人工费、材料损失费。

(2) 返工费。这是指修复次品使之达到合格品而支出的费用。

(3) 复检和筛选费。这是指返修品的检修费、检测费，库存产品发生质量问题的检验费、实验费，抽检退回来的不合格品的筛选费等。

(4) 停工损失。这是指产品在制造过程中因质量缺陷而造成的停工损失。

(5) 不合格品处理费。这是指处理不合格品所花的人工、材料和设备费用。

(6) 其他。

(二) 外部故障成本

外部故障成本是产品到达顾客手中之后发现的与不良有关的成本。其中也包括失去销售收入的机会成本。

外部故障成本一般包括以下几个：

(1) 保修费。这是指根据订货合同规定和其他有关的协议、承诺，在保修期内对顾客提供技术服务的费用。

(2) 索赔费。这是指根据订货合同规定或其他有关的协议、承诺，赔偿顾客因产品质量问题而蒙受的经济损失所支出的费用。

(3) 诉讼费。这是指为了证明顾客向法院提出的产品质量申述是否确实是由于产品质量问题所致，企业派出专人调查和处理该项诉讼案所支出的费用。

(4) 退货费。这是指产品出厂后，因质量问题而造成的退货、换货所支出的费用。

(5) 降价费。这是指因产品质量问题而降价出售所造成的损失。

(6) 其他。

(三) 鉴定成本

鉴定成本是为了确定产品符合质量要求的程度而发生的成本。判断是否为鉴定成本的标准是所做工作的性质而非部门的名称。

鉴定成本通常包括以下几个：

(1) 进货测试费。这是指鉴定和评价外购原材料、半成品、工具、量具、配套件等的质量而发生的检验和试验费用。

(2) 工序和成品检验费。这是指产品在各道工序加工完毕和成品入库时的检验和实验费用。

（3）在库物资复检费。这是指对各种库存的材料、工装、半成品、成品等作定期检验、实验和维护保养的费用。

（4）对测试设备的评价费。这是指对在用的仪器、仪表、工具、量具、计量基准等进行的日常维护保养等，使之保持标准质量状态而支出的费用。

（5）质量评审费。这是指确定产品质量等级的评审费用。

（6）其他。

（四）预防成本

预防成本是指为了使故障成本和鉴定成本保持最低而发生的成本。要注意的是，预防成本特指对质量进行计划、评审和分析这些活动所支出的成本。预防成本中不包括诸如产品设计、过程设计、过程维护以及顾客服务这些基本的活动。对于预防成本的汇总非常重要，因为它凸显了在预防活动上的投资之小，并且表明了通过预防成本的提高来降低故障成本的可能。

它通常包括以下几个方面：

（1）质量计划编制费。这是指制订企业质量计划等方面的费用。

（2）质量管理培训教育费。这是指用于质量管理方面的一切培训教育活动费用。

（3）工序控制费。这是指为了确保产品质量而对工作能力进行调查、研究、评价以及制定工序质量分析表、建立控制点、使用控制图等方面的费用。

（4）产品评审费。这是指设计方案评价、试制产品质量评审等所发生的费用。

（5）质量信息费。这是指收集、整理、分析、保存全部质量信息的费用。

（6）质量管理实施费。这是指建立质量体系、召开各种质量会议、总结质量管理工作、奖励优秀的质量管理小组和个人等方面的费用。

（7）其他。

三、质量成本对质量改进的促进作用

组织的质量改进活动通常是以项目团队的方式进行的。在这一进程中，质量成本发挥着十分重要的作用，主要包括以下几点：

（1）确认某一问题造成的最大损失和需要消除的具体成本，这有助于将诊断活动的重点集中于问题的根源。

（2）为有关项目所采取的治疗措施的有效性提供测量的尺度，这样，质量改进项目团队应当能够衡量成本以确保治疗措施的有效性。

（3）评估公司的整体质量状况并确定未来的改进项目。

需要注意的是，质量成本分析的重点在于确立改进的方案并对改进团队的工作起到支持作用，而非编制冗长的成本报告。

第四节　知识管理和创造

一、知识管理的含义

组织的知识管理是指组织从整体上对知识的获取、储存、学习、共享和创新进行管理

的活动过程，目的是提高组织对外部环境的应变能力，增强企业持续创新能力和核心竞争能力。知识创造作为知识管理的重要环节和组成部分，是企业员工把创造出来的知识转化成产品和服务，或者转化为新的理念、组织结构和管理体系的活动过程。

组织知识创造中的知识有两个维度，即知识的存在维度和知识的认识维度。

知识的存在维度是指个人、团队、组织和组织间等四个层次。从严格意义上说，知识只能由个人创造，组织无法超越个人创造出知识来。组织在知识创造中扮演的角色是给那些具有丰富创造力的个人提供知识创造的良好条件。组织知识创造指的是个人创造的知识通过在团队内、团队间等相互作用扩展到整个组织并形成组织的知识网络的过程。

知识的认识维度是指知识包括内隐知识和外显知识两类。内隐知识是特定情况下的个人的主观的知识，包括认知和技术两个方面。认知方面是指心智模式，如世界观、看法和信念等，技术方面是指具体的技术诀窍、经验和技巧技能等。内隐知识很难向其他人传递转移。外显知识是可以客观描述的概念，如文件、程序和手册等。外显知识很容易通过文字语言等形式传递转移。知识创造的关键是把内隐知识转换为外显知识。

二、知识的四种转换模式

前面提到了知识创造的关键是把内隐知识转换为外显知识，共有四种转换模式，即共同化、外显化、组合化和内隐化，具体如表 6－2 所示。

表 6－2　知识的四种转换模式

内隐知识—内隐知识	共同化
内隐知识—外显知识	外显化
外显知识—外显知识	组合化
外显知识—内隐知识	内隐化

（一）共同化

共同化是通过共享经验，创造心智模式或者技能等内隐知识的过程。共同化的关键是共同体验。具体来说，就是通过团队活动把个人的内隐知识转换为团队的内隐知识。如佛教弟子不是通过语言而是通过观察、模仿和练习来修炼学习的。如果没有共有经验，了解他人的思考是十分困难的。再如日本的本田公司为了解决研发上的问题，采取了“合宿”的非正式会议方式，团队成员远离工作场所，在旅馆里边饮酒、边吃饭、边泡温泉，无论个人资历和职位如何，每个人均可自由地提出意见进行讨论。这种方式不仅是创造性的对话场所，而且使员工在共同体验中建立了相互信赖的关系。

（二）外显化

外显化是把内隐知识表现为概念的过程。知识创造的精髓是把内隐知识用比喻、概念、假设和模型等方式转换成外显知识。从典型的概念创造来看，外显化是由对话和共同思考引起的，通常使用演绎、归纳和其他方法，用语言的形式把内隐知识外显为新的概念。如爱因斯坦向一位青年人解释什么是相对论时采用了比喻方法：如果在火炉烘烤，一分钟感觉是一个小时，但是如果在漂亮的姑娘身边，一个小时感觉是一分钟。当然质量与能量的关系用数学公式表示为：$E=MC^2$。

（三）组合化

组合化是把各种概念组合起来创造新的知识体系的过程。通过书籍、会议、电话和网络来整理、分类、交换和组合外显知识，就能够创造出新的外显知识。创造性地使用计算机网络和大规模的数据库能够促进组合化。例如学校教育就采取了这种知识转换方式，以MBA教育尤为典型。

（四）内隐化

内隐化是把外显知识转换为内隐知识的过程。通过共同化、外显化和组合化，在做中学，把心智模式、技术诀窍等再转化为个人的内隐知识。书籍、文件、手册等有助于把外显知识转化为内隐知识并丰富内隐知识。

三、组织知识创造的条件

前面提到知识只能由个人创造，组织无法超越个人创造出知识来，组织在知识创造中扮演的角色是给那些具有丰富创造力的个人提供知识创造的良好条件。为了在组织层次上促进知识创造，组织需要具备五个条件，分别是意图、自主性、动荡和创造性混乱、冗长性、必要的多样性。

（一）意图

意图是指目的/干什么。判断知识真实性的最重要标准是组织意图，组织意图也必然受到组织价值观的影响。如果没有组织意图，组织就不能判断感知的信息和创造出的知识的价值。组织意图往往采取了组织的远景和战略等形式，对创造出来的知识加以评价和正当化。因此从组织知识创造的角度来看，战略最重要的方面是制定出知识创造的远景，并将之具体展开为管理系统，开发和形成获得、创造、蓄积和利用知识的能力。

组织为了创造知识，必须让组织成员明确了解组织的意图，从而培养组织成员的奉献精神，因为奉献是人类知识创造的基础。

（二）自主性

自主性是指允许组织成员在个人层次上的行动自由，从而有利于个人知识的创造。基于自主性，自主的个人就容易产生独自的想法，并在团队中扩大，最终变成组织全体的想法。从组织知识创造的角度看，由于在信息获得、解释等方面的自由度增加，组织知识创造的机会也随之增加了。

（三）动荡和创造性混乱

动荡和创造性混乱促进了组织和外部环境之间的互动。这里动荡不是完全的无秩序，而是带有不可逆特征的秩序。如果组织信息公开，内外部环境的信息中所包含的模糊性、冗长性等自然会在组织内带来某种动荡，从而会冲击组织成员的日常行动、习惯以及成员的认知结构，成员就会开始对其基本态度的妥当性提出疑问，因而会产生修正根本思考和见解的机会。

创造性混乱是组织面对危机时自然会发生的，创造性混乱提高了组织内的紧张程度，给予组织领导者和组织成员提出挑战性目标，由此重新创造出组织意图。可见，动荡和创造性混乱有助于组织知识的创造。

（四）冗长性

冗长性是指组织成员对没有必要的信息的重复和共有。信息过剩甚至超出组织信息处理能力时对组织是有害的。组织知识创造中的冗长性是指组织意图信息的冗长性。个人或者团队创造出来的概念，让不必要的其他人共享，这种信息重复和共有能够促进内隐知识的共有，其他成员就会深入其他人的职能领域，从其他角度提出新建议、提供新信息，并且通过其他成员的互动努力以言语文字的形式形成外显知识。可见，信息的冗长性加速了组织知识创造的过程。

例如，为了应对市场和技术的急剧变化，开发出新产品和服务，把冗长性加以制度化，如频繁的定期的和非定期的会议、正式和非正式的交流沟通网络等方法促进了内隐知识和外显知识的分享。

（五）必要的多样性

具备必要的多样性，组织成员才能对多样性的事情进行妥善处理，才能够对信息进行合理组合，平等地利用信息，才能保证以最快的速度尽可能地利用信息。图 6－2 是组织知识创造过程示意图。

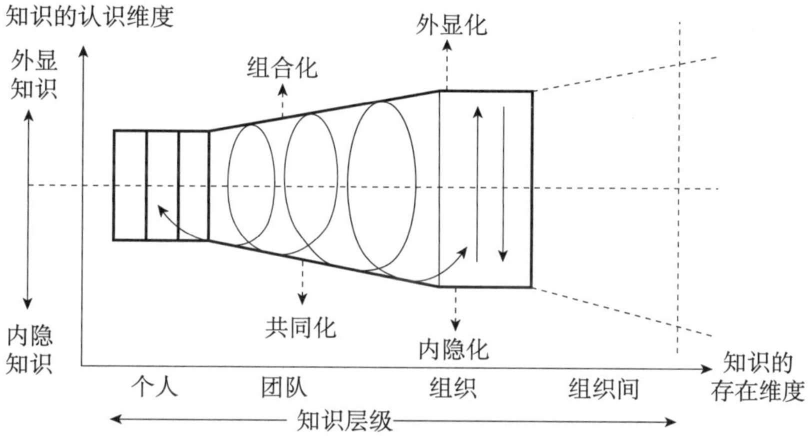

图 6－2　组织知识创造过程示意图

拓展区

阅读网络资源“背景资料”中的“知识管理”，了解与本章内容相关的知识。

本章小结

本章围绕质量管理原则之一——基于事实的决策方法进行学习。本章介绍了测量和信息管理的含义和重要性；描述了测量过程以及测量过程改进应注意的问题；介绍了质量成本的含义、类型；说明组织知识创造的含义、类型以及条件。

复习思考题

1. 传统测量指标有哪些问题？
2. 信息和数据的特点有哪些？
3. 测量过程包括哪些步骤？
4. 知识有哪四种转换模式？组织知识创造需要哪些条件？

复习思考题答案请参考网络资源相关栏目。请在40分钟内完成网络资源“即时练习”中的本章练习。网络资源的“关键概念”提供了相关概念的检索。

第七章　供应商关系管理

【学习导航】

请用3学时学习本章内容。

领会：

传统采购及其问题；现代采购与传统采购的区别；战略采购新理念下的供应商关系管理；供应链管理及优化；供应商关系管理应遵循的原则；供应策略模型；联合质量计划；供应商计划过程；供应商控制的要求；供应商控制的过程；供应商评价。

掌握：

供应商关系改进阶段的五个合作层次。

识记：

供应商关系的计划概念。

【引例】

云南玉溪地区素有“云烟之乡”之称，玉溪卷烟厂就坐落在该地区。20世纪80年代初，玉溪卷烟厂从国外引进了先进的卷包设备，进入20世纪90年代，玉溪卷烟厂成为全国设备最先进的卷烟厂，并开发出红塔山、玉溪等经典品牌。高起点引进先进卷包设备面临着很大的困难和风险，其中之一就是卷烟、包装等辅料与高速运转的卷包设备相匹配的问题。开始时卷包设备需要的几乎所有的辅料都依赖进口。从1980—1990年的十年中，玉溪卷烟厂对玉溪地区的辅料供应商给予了技术、资金、人员等支持，并与辅料供应商建立并保持了稳定良好的关系。辅料满足了先进设备的要求，逐步替代了进口。良好的供应商关系既保证了辅料按时、按质、按量供应给玉溪卷烟厂，也给辅料供应商带来了稳定的销路，形成了以玉溪卷烟厂为龙头的产业集群，带动了玉溪地区的经济发展。

第一节 供应商关系管理的含义

一、传统采购与现代采购

（一）传统采购及其问题

目前，采购活动在组织生产经营中扮演的角色已经发生了变化。过去采购被归类为一种参谋辅助角色，采购的使命就是确保供应商适时、适价、不中断地供应所要求的货品和服务。这里的“适价”通常被理解为“最低的价格”。采购人员在供应商谈判、投标评价与分析、文件管理及市场知识等方面建立起了相应的能力。供应商谈判被看作采购部门的主要增值性活动，这样产生的往往是一种对抗性的供应商关系，主要着眼于短期行为。评价供应商绩效的最重要的标准是可用性和低价格。着眼于价格和短期行为的供应商关系往往使得供应商频频更换，由此组织会付出很多代价，例如：

（1）因产品过时而造成的过多存货。

（2）因安装或操作要求而造成的生产中断。

（3）培训、维护、测试和处置之类的转换成本。

（4）试验之后才发现质量不良而引起的生产混乱。

（5）成品中变异性的增加。

（6）废品、缺陷或顾客不满的增加。

（二）现代采购与传统采购的区别

现在组织已经认识到采购活动是一种战略性职能，是组织获得竞争优势的重要手段。因此，我们必须接受有关采购的新理念，那就是采购已成为组织的一个关键的战略性过程，必须由训练有素的专业人员投身于与最终用户和供应商的共同工作当中，在一个合作性的、解决问题的环境当中推动质量提高和持续改进。

传统的采购观点与现代的战略采购观点的比较见表 7－1。

表 7－1　　传统采购观点与现代的战略采购观点的比较

采购过程中的各个方面	传统的观点	战略的观点
供应商/买主间的关系	对抗、竞争、没有信任	合作伙伴关系，以信任为基础
关系的时间长度	短期	长期
关于质量的标准	符合规格	适用性
质量保证	验收检查	不需要进厂检验
与供应商的沟通	很少，正式，注重采购订单、合同、法律观点	频繁，注重计划、意见和问题解决机会的交流
存货估价	一项资产	一项负债
供应商基数	多家供应商，成堆管理	较少供应商，谨慎选择和管理
供应商与最终用户间的界面	不赞成	必需的

续前表

采购过程中的各个方面	传统的观点	战略的观点
采购战略	管理交易，排除障碍	管理过程及关系
采购业务计划	独立于最终用户单位的经营计划	与最终用户单位的业务计划整合在一起
供应商的地理范围	有益于促进举债经营	有利于解决问题和持续改进
采购决策的着眼点	价格	总的占有成本
采购成功的关键	谈判的能力	识别机会和合作解决问题的能力

二、供应商关系管理与供应链

在战略采购的新理念下，供应商关系管理是指在采购活动中为实现供给方合作共赢所进行的计划、控制和改进等活动过程。

供应商关系观点的转变导致良好的结果。例如，美国克莱斯勒公司在新的供应商关系理念的指导下取得了以下结果：

（1）产品开发周期：开发新车型所需的时间从20世纪80年代的234周降到20世纪90年代的近160周。

（2）成本降低：从1990年开始，克莱斯勒公司实施了来自其供应商的5 000条以上的建议，产生了超过17亿美元的节约额。

（3）采购交易成本降低：从1988年开始，克莱斯勒公司已经减少了30%的采购人员，每一个采购人员所采购的金额有了巨大的提高。这主要是通过供应商基数的减少和竞争性出价过程的近乎消除来实现的。

（4）收入和利润提高：从1989年开始，克莱斯勒公司在美国的市场份额从12.2%上升到14.7%，每辆汽车的利润从250美元上升到2 110美元。

（5）持续改进：在整个供应链当中形成了一种持续改进的文化。

在战略采购的新理念下，采购人员的工作范围被大大扩展了。采购不再只是购得货品和服务，而是对供应商关系的前瞻性管理，以寻求在整个供应链中增加价值的机会。这里，供应链是指在特定货品和服务的开发、采购、生产、提供和消费过程中由所有的供应商和所有的最终用户所实施的任务、活动、事项、过程以及相互作用，供应链延伸到的企业包括某一产品或服务的最终用户、最初的供应商或分销商、最初的制造商以及给这些最初制造商和分销商提供货品和服务的多重供应商。

战略性采购职能的目标是促进供应链的绩效，在该过程中包括最终用户和供应商的参与。供应链优化是对于供应链绩效所进行的动态的管理和持续的可测量的改进，从而为有关各方，包括间接的供应商、制造商、分销商和最终用户等创造价值。

第二节　供应商关系管理的原则和方法

一、供应商关系管理应遵循的原则

在进行供应商关系管理时，应遵循以下原则：

（1）认识到采购职能是组织的一项战略性的、高增值的职能，必须配备训练有素的专业人员。采购所实现的增值并非发生在获得和管理交易当中，而是通过促进商业机构之间的关系形成一种持续增值的关系而实现的。

（2）采购部门的领导要把权力委授给那些富于想象并注重成果的人员，他们应得到公司高层的全力支持，同时也能够得到经营单位的信任。采购的管理人员必须建立起有关供应活动的愿景并进行有效的沟通，推动供应过程绩效的巨大突破，并消除障碍，确保供应过程绩效的持续改进。

（3）具有与经营单位战略协调一致的采购战略。只有当采购活动为更大的经营单位战略所驱动并最终贡献于该战略时，采购部门战略的价值才能得到承认和体现。

（4）经营单位的管理层对于供应战略的成功实施负有责任。采购战略的落实能够形成竞争优势。

（5）承担采购职能的管理层对供应过程的绩效和持续改进负责。经营单位对于采购战略的成果负责，而职能管理层则应对供应过程的实施负责。具体包括：坚持采用正确的过程，过程应反映行业的最佳惯行，人员要受到管理供应过程的充分培训，过程要保持测量、控制和改进。

（6）组建跨职能的团队来管理货品和服务的采购。采取跨职能团队的战略规划方式在建立和实施与整个经营单位目标一致的采购战略时，有助于推动顾客驱动和基于事实的工作方式。

（7）保持跨职能团队持续地关注整个供应链的绩效，包括总占有成本、增值机会的识别以及竞争优势的辨识和实现。

（8）通过尽可能地跨越战略经营单位的边界来合并和分配采购活动来实现采购战略的制定、实施和管理。如果要在整个企业范围内长期地优化所需货品和服务的总占有成本并最大限度地减少多余的采购活动，这条原则就是必不可少的。

（9）与最终用户及在最终用户之间保持公开、诚实和经常的沟通，这对于持续地确立和实施采购战略至关重要。要了解和明确顾客的需要，衡量顾客的满意状况以及识别和抓住持续改进的机会，都必须公开、诚实和经常地沟通。

（10）采购战略的制定和实施应建立在经营单位之间的合作与协作、以事实为依据的决策过程的基础之上，并要有一个测量系统，这个测量系统促使持续改进融入用户与供应商之间的持续关系当中。

二、供应策略模型

在处理供应商关系时，要对供应商进行分类，然后根据不同情况分别处理。首先是确定所购商品的以下两个因素：

（1）确定采购商品的重要性，这是对某种商品对于企业重要性的主观评价。

（2）确定每类商品的费用情况。

这样就形成四种情况，如图 7－1 所示。

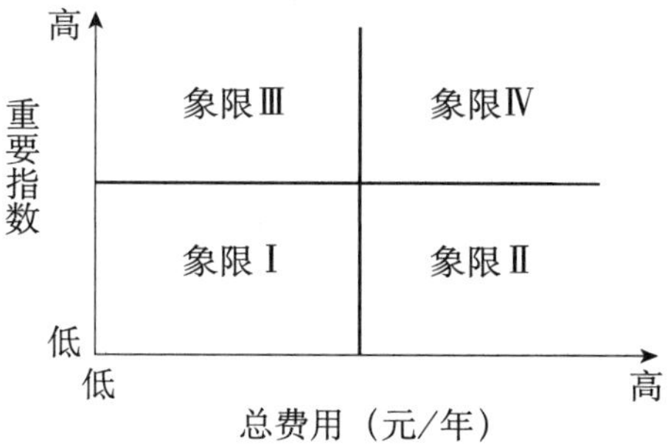

图 7-1 采购商品的分类

（一）象限Ⅰ（低重要性/低费用）

这类支出代表那些低战略价值和低成本的品目。其典型如办公用品、书籍杂志和饮食服务等。这类商品和服务的采购不会创造什么竞争优势，但会带来大量的非增值性交易。这一象限代表着辅助性的活动，而不是创造竞争优势的活动，因此是考虑外包的主要对象。通过某种自动系统或诸如采购卡这样的机制，这些交易能够而且也应当避免最终使用者的直接购买。

（二）象限Ⅱ（低重要性/高费用）

这类支出比象限Ⅰ具有较高的战略价值，同时也是传统采购职能中的主要交易活动组成。这一象限中典型的采购商品如导管、阀门、配套装置、各种混杂的电料或合同工人等。对于这类商品的总占有成本的分析常常会揭示出大宗的成本构成来自采购的非标准化、过量库存以及计划工作的不充分。这类商品是供应部门持续管理的主要对象。但是，这些商品的低复杂性和常规性决定了它作为供应链管理的焦点的局限性。为了最大限度地减少这类采购的交易活动，MRP（物资需求计划）信息系统、电子数据交换（EDI）、电子资金转账（EFT）、供应商基数缩减等手段都可以加以应用。

（三）象限Ⅲ（高重要性/低费用）

这一象限中典型的采购商品包括高级工程设备、某些加工材料或特别合同员工。这些品目就单个而言成本很高，但因其购买频次低，从而总量成本也比较低。对总占有成本的详尽分析常常会揭示出某些商品成本降低的机会，特别是当涉及那些过度专门化和非标准化的品目时，这类采购的低频次和低总值使得与这类商品的供应商联合的价值不大，组织即使转变为战略性的采购职能，这类交易活动也仍然会继续存在。

（四）象限Ⅳ（高重要性/高费用）

这一象限是战略性采购大有作为的象限。传统上，这类采购所采取的方式阻碍着供应商与最终使用者之间的交互作用，采购职能客观上成为妨碍合作的楔子。战略性采购通过促进供应商与终端使用者的关系来实现供应链管理的突破。针对这类商品应建立供应团队，鉴别和选择战略性供应商，应当通过由最终使用者、采购部门和供应商参与的持续的团队努力来管理这类商品的采购，重点关注在供应链上创造价值。

三、联合质量计划

在供应商关系管理中，应该保持供给双方的合作，而制订联合质量计划就是双方合作的一种形式。联合质量计划中一般包括经济、技术、管理等三个方面的内容。

（一）经济方面

这方面的内容包括：进行价值分析，以便协助买主从合同中取得最大的价值；对成本、质量和交货期等方面进行综合平衡，以便实现最佳成本；对使用费用进行审查，使产品整个寿命周期成本降到最低水平。在有些情况下，共同制订经济方面的计划可以修正合同中的担保条款或现场服务条款。

（二）技术方面

需要制订一系列的技术计划，这涉及买卖双方各自的职能，主要包括以下方面：

（1）产品设计。这方面的计划是搞清技术条件要求的含义，识别对产品的安全性和功能起重要作用的质量特性，拟定关于可靠性及其他有关的要求，必要时还要提供感官检验标准。

（2）工艺设计。这方面的计划是指在公司之间分配生产作业，共同使用高、精、尖设备，明确关键工序的参数及其含义，建立识别和追查的体系。当买方认为双方共同协商的工艺设计对它的独特需要是必不可少时，可以提出要求，没有得到买方的认可，事先不得擅自改变工艺设计和操作方法。

（3）生产。这方面的计划是指对人员培训和考核的要求，对工序装置的标准、加工控制程序表、设备维护保养表、资料和文件的要求。

（4）检验与测试。这方面的计划是指涉及计量、测试方法的标准化，测试设备的能力及定期检验，此外还涉及质量标准。

（三）管理方面

这方面的计划主要是识别必不可少的管理活动，并且建立明确的责任制来进行这些活动。此外，还要进行沟通买卖双方渠道的工作，建立迅速、灵敏的信息反馈系统，变单向交流沟通为双程式多线沟通。在复杂的合同中，各种程序和制度也相应地变得复杂起来，需要绘制流程图和规定特殊的条款，以保证沟通渠道畅通无阻。

第三节　供应商关系的计划与控制

供应商关系管理是通过辨识和满足顾客的需要来进行的，主要包括计划、控制和改进等活动。计划阶段涉及辨识、理解和实施满足顾客需要的供应策略；控制阶段涉及管理过程的绩效以及过程中的供应商的绩效；改进阶段则是要识别和把握供应链中的增加价值的机会。本节介绍供应商关系的计划和控制活动，供应商关系改进活动将在下一节讨论。

一、供应商关系的计划

供应商关系的计划是指有关识别顾客需要、分析和制定满足这些需要的供应策略方面的活动。计划过程的关键输出之一是形成一个详细描述对象商品的顾客总占有成本的初始的模型。因此，在整个计划过程中还会要求进行数据的收集和分析。

（一）识别和评估顾客需要

供应商计划过程的核心在于识别顾客和评估这些顾客对于目标商品的现时需要和未来需要，计划过程的输入与输出见表 7－2。此外，计划过程最终要提出一个供应过程的流向方案，因此对于该供应产业的结构、动态关系和变化趋势必须有一个透彻的理解。

表 7－2　计划过程的输入与输出

输入	输出
顾客需要	建议的供应策略
行业数据	统一的购买
支出数据	供应商基数的缩减
占有成本数据	总占有成本的模型

（二）供应商计划过程的要求与过程

在供应商关系的计划过程中有两个要求：一是顾客对于确定当前及未来的供应需要的尽早参与；二是针对满足这些需要可用的备选过程方案进行充分的研究与数据收集。

供应商关系的计划过程一般包括以下步骤：

（1）整理汇编有关组织过去的、当前的和未来的采购活动的各种文件资料。若没有对于供应商关系的计划活动，人们会想当然地认为，采购活动采取的是一种反应式的业务过程，满足的是迅即的、局部的业务需要。在跨越组织诸多经营单位的范围下，对于过去、现时和预期的采购活动加以文件化，这使得组织为实现采购活动的杠杆作用、组织业务单位间的协同配合迈出了必要的第一步。

（2）从采购活动中识别那些对于企业经营既具有高的重要性又有很高支出的商品。

（3）针对该商品组建跨职能的团队，团队中要包括顾客的代表，还要包括公司职能部门的代表，如技术部门、采购部门、质量部门、财务部门等。该团队的使命是明确顾客对该商品的供应需要并制定能够满足此需要的供应策略。

（4）通过数据收集、调查和其他的需要评估活动来确定顾客的供应需要。这是关键的一个步骤，如果做得不正确或不完全的话，会使任何意图良好的跨职能团队偏离轨道。想当然地认为顾客的需要显而易见常常会导致致命的错误。通过调查、顾客访问以及焦点小组的方式进行充分的数据收集活动，会在将来得到不菲的回报。

（5）分析供应行业的结构、能力和趋势。一旦顾客的需要得到了确认和证实，进行行业分析便成为必要。是供应链而非采购通过提供适用性和价值而使顾客最终得以悦服。因此，必须对各种可利用的供应链及其绩效与成本结构加以充分理解。这一活动在计划过程中是一个密集的研究阶段，可能会要求团队临时分成几个子团队来开展工作。

（6）分析商品的总占有成本的成本构成。这也要求进行充分的数据收集与分析甚至进行标高分析，以搞清楚别人是如何管理该商品的。在该商品管理团队的整个存续期内，总占有成本的模型将会不断地被重新定义、改进和完善。

（7）将顾客的需要转化为一个供应过程，该过程将使顾客满意并提供管理和优化总占有成本的机会。要将第（4）步识别出的顾客需要与第（5）步确认的各种备选供应过程详细地对应起来。通过优化总占有成本，即在第（6）步的基础上，就能够确定一个最佳的供应策略。这种转化要求广泛的对话和反馈以识别和评价供应策略的适当与否。

（8）获得管理当局的批准，将所制定的供应策略转入运作部门来加以实施。

现在应将此策略由跨职能团队转入运作管理部门以便加以实施。由于有关各方自始至终充分参与，从而大大减少了为促进变革而常常需要做的"推销工作"。该策略至少应包括下列内容：范围（如全球的、地区的、本地的）、协议的条款和条件、最终使用者采用的方法。应通过预演或小规模试点来证明其可行性。一旦进行了小规模试点且可行性得以证明，就应当通过逐点验收试验和实施的方式来执行修正后的过程。这会要求进行某些培训工作。

二、供应商关系的控制

控制在供应商关系中用于评价供应商的绩效和选择能够优化其绩效的关键的少数供应商。与计划一样，控制活动也必须以满足顾客需要为中心。然而，作为已完成的计划过程的结果，已经有了若干用于绩效评价和测量的准则。控制的目的是维持可接受的绩效水平。用在供应商关系中，控制的目的就是将顾客满意水准维持在计划过程所确定的水平上。

（一）供应商控制的要求

计划过程中所确定下来的供应商通常是那些有能力实施改造后的供应过程的那些供应商。由一个跨职能团队进行的周密持续的评估进一步缩小了供应商的基数，有助于选出那些的确能够降低商品的总占有成本的少数供应商。因此，正是在控制的实施中，开始了由传统的采购方式向供应链管理的进化。

对于供应商关系的控制过程要求有：

（1）明确定义的供应链质量目标，这些目标是通过计划活动确立的。

（2）对照这些供应链质量目标对供应商绩效的充分、持续的数据收集和评价。

（3）必要时的纠正措施。

（二）供应商控制的过程

供应商关系的控制过程一般包括以下步骤：

（1）创建一个跨职能的团队。这个跨职能的团队包括顾客、采购部门以及运作部门的人员。其使命是对由计划团队在计划阶段确立的供应链过程的绩效进行持续的管理、测量和评价。跨职能团队首先需要确定质量目标和关键的绩效指标。该团队的活动应当有充分的顾客参与。

（2）确定关键的绩效测量指标。绩效测量指标应当在计划阶段就有所考虑。但是，控制团队还需要明确和建立获取和报告这些信息的过程。这一步应当有广泛的供应商参与。

（3）确定最起码的绩效标准。除了关键的绩效指标之外，在考虑对供应商做进一步的战略发展之前，团队要建立起最起码的供应商绩效标准。这些标准将会包括一些财务方面的、法律方面的和环境方面的考虑。还会提出一些最起码可接受的质量标准，如缺陷率、保证情况以及交货期等。这些最起码标准与第（2）步确定的关键绩效测量指标一道，都要与顾客和供应商进行沟通。

（4）减少供应商的基数。团队要去掉那些不能达到最起码绩效标准的供应商，将活动集中到那些符合标准的供应商身上。通过实施最起码标准，控制过程提供了减少供应商基数的另一个机会。

（5）评价供应商的绩效。根据实际的供应商绩效，开始对保留下来的供应商的绩效实施持续的评估和评价，这通常会涉及评估供应商的现行质量体系、供应商的产能和过程能力以及所提供商品的适用性。

（三）供应商评价

供应商评价由跨职能团队来实施，其内容由三类相互关联的不同的评价组成。这些评价确保了对于质量标准和绩效标准的符合，并建立了改进过程的基线。

（1）供应商质量体系评价。这是对供应商现有的质量体系进行评价。它要求派出一个评估小组或由能够对质量体系进行认证的第三方对供应商进行实地访问。

（2）供应商经营管理。这是评价供应商作为一个持续的经营实体满足其最终用户的当前和未来的业务需要的能力。它包括对于供应商当前和未来的财务和运营绩效的评估。

（3）供应商产品的适用性。这是评价供应商所提供的商品或服务的适用性。评价的焦点在于质量、交货期和服务。需要指出的是，这一评价应考察对顾客要求的符合程度、过程能力、关键绩效指标等。

第四节 供应商关系的改进

供应商关系改进活动一般包括两项基本内容：一是供应过程的管理、测评和持续改进；二是把控制扩展到整个供应链以及供应链的持续改进，确保价值创造。

改进活动建立在计划和控制阶段已经奠定了的质量、总占有成本和供应链管理的基础之上。在供应链上，从供应商到最终使用者的所有各方之间建立起信任，这对于整个供应链的绩效改进有着至关重要的意义。改进阶段的目标是将供应链建成犹如一个有机的整体一般行事的供应链，建立共同的目标，进行实时的决策，依据一套统一的关键绩效指标来测量绩效，共同对最终用户的需要作出反应。供应商关系改进阶段一般沿着五个合作层次向前推进，即组成联合团队、降低成本、提升价值、信息共享、资源共享。

第一层次：组成联合团队。

改进阶段始于一个联合团队的建立。尽管该团队可以有多个目标，但其最初的焦点应汇聚在以下方面：目标的整合；供应链业务过程的分析；慢性问题的识别和治疗。

目标的整合保证了供应链中的每一环节的目标和举措能够与最终顾客的需要相一致。此外，目标的整合以及与其相关的活动是建立促进供应链进一步发展所必需的协同和信任的当然起点。

在进行供应链业务过程分析时，团队首先要识别供应链的要素并收集数据用以测量其绩效。数据的收集应当将注意力集中于供应链上最有可能产生质量问题的领域，例如过长的运转周期、返工、废品或容易导致顾客不满的方面。

供应链业务过程分析体现了收集反映该供应链绩效数据的初始步骤。数据的收集应重点关注质量问题的高发区域，如运转周期、返工、废品或顾客不满等。

慢性问题的识别与治疗提供了在这种联合团队的环境中协作解决问题的初始机会。这为由供应链各方成员所组成的质量改进团队提供了绝好的机会。该团队的努力将很容易带来迅速的过程改进和顾客满意的提高，从而提供了在供应链上进一步建立协作和信任关系的机会。

第二层次：降低成本。

第一层次上的活动，特别是联合解决问题团队的成果，有助于在供应商与最终用户之间创造一种信任和协作的文化。这些团队的建立是为了识别和摘取“挂在低处的果子”，也就是说，是为了减少那些在其联合业务过程中已经识别出且相对容易解决的慢性问题的发生。第二层次要求一种更为深入的过程改进的方式，常常会涉及供应商的供应商，或作为最终使用者的顾客。在这一时点上，主动的供应链管理开始取代了最终用户与供应商之间的双边关系。

当活动进入一个更高的层次时，低层次的活动也仍在继续。例如，当供应链进入第二层次，开始测定和管理成本降低的机会时，第一层次的工具和活动仍在持续。这种累积效应持续贯穿了所有五个层次。

第三层次：提升价值。

当联合团队开始降低不良质量成本时，供应链自身开始作为一个统一的业务过程而非一系列单独的过程运行了起来。此时，联合团队需要编制供应链中的活动的流程图并评估供应链上每一环节所增加的价值。在这个阶段要提出两个问题：“这一步骤是否增加价值?”和“若跳过这一步骤又会怎样?”这样便可识别和删除掉不增值的步骤。

第四层次：信息共享。

在供应链改进进展这一点上，传统上被作为机密情报对待的东西得到了常规的分享以及在整个供应链上的广泛发布。诸如 EDI、互联网和内联网应用软件等电子商务工具正在推动着信息的传输、思想的合作以及实时的决策。

第五层次：资源共享。

在供应链管理和改进的后几个阶段，传统上分隔机构、部门和公司的“墙”已经被拆除。没有多少人还工作在公司的“碉堡”当中。供应链开始像一个单个的过程一样运行，参与的人员涉及供应链上的不同供应商，涉及顾客组织以及用户组织。供应链上的人员常规地就思想和改进机会进行着合作，其绩效持续地得到测量。来自供应链内各供应商的人员常常配置在他们的顾客所在地，以进一步推动这种合作。

在供应商关系管理的最高层次上，数据、资源的共享和风险共担的程度已经提升到一个相当的水准，不仅人员与顾客同地配置，而且技术计划、风险创意与投资在整个供应链上也是共享的，收益和损失也一同承担的。一个无缝隙的供应链流程开始呈现，既为顾客也为供应商创造着价值。

戴尔公司的供应链管理

1984 年，凭借 1 000 美元创业资本，迈克尔·戴尔，一个 19 岁的得克萨斯大学学生登记了戴尔电脑公司（Dell Computer Coporation）。当时戴尔公司毫不起眼，但它意气风发，借助直销模式与当时的 IBM、康柏等巨头相争。

戴尔公司取得成功的关键在于其所创造的供应链管理模式——直销模式：公司直接通过网站和电话接受客户订单，然后按单生产，并以最快的速度直接将产品寄送到客户手中。按单装配、产品直销、低成本、高效率，戴尔公司在个人计算机行业掀起的这场供应链管理的革命，让戴尔公司保持了低成本经营的同时，创造了极高的顾客满意度和忠诚度。

戴尔公司是全球最主要的电脑相关产品及服务供应商，有雇员近 14 万人，年总收入超过 700 亿美元，2017 年在《财富》美国 500 强中排第 41 位。

本章小结

本章围绕质量管理原则之一——与供应商的互利关系进行学习。本章介绍了在现代采购观念下的供应商关系管理的含义与要求、原则与方法；介绍了供应商关系管理的计划与控制；描述供应商关系改进的递进过程。

复习思考题

1. 供应商关系管理的含义是什么？
2. 简述供应商管理的原则。
3. 供应商关系有哪些类型？
4. 简述供应商关系的控制过程的步骤。
5. 供应商关系改进有哪些合作层次？

复习思考题答案请参考网络资源相关栏目。请在 40 分钟内完成网络资源“即时练习”中的本章练习。网络资源的“关键概念”提供了相关概念的检索。

第八章　质量改进

【学习导航】

请用 6 学时学习本章内容。

领会：

质量改进的特点；质量改进的一般做法；戴明环；朱兰质量改进程序；克劳斯比质量改进程序；质量管理小组的特点；质量管理小组成果报告的编写；成果报告的发表；质量管理小组成果的评价与表彰；六西格玛管理的起源；实施六西格玛管理应遵循的原则。

掌握：

质量改进活动中应注意的关键问题；质量改进的工作流程；质量管理小组活动的步骤；六西格玛项目活动的六个阶段；六西格玛项目实施的步骤。

识记：

质量改进的定义；质量管理小组的概念；六西格玛质量的定义。

【引例】

中国航天人一直是中国质量工作最早的探索者和实践者。中国航天发展的进程并非一帆风顺，20 世纪 90 年代初期，航天发射出现了多次重大失利。1992 年 3 月 22 日，长征二号捆绑式运载火箭发射澳大利亚 B1 卫星失利，故障分析结果是由于点火控制电路的程序配电器上有微量铝质多余物。中国航天人面对重大挫折，卧薪尝胆，深刻反思，把 3 月 22 日定为中国航天人的“质量日”。在吸收世界各国质量管理理论和实践、总结中国航天质量管理的经验基础上，形成了质量问题在技术和管理方面“双归零”的管理方法。

所谓“技术归零”，就是针对发生的质量问题，从技术上按“定位准确、机理清楚、问题复现、措施有效、举一反三”的五条要求逐项落实，并形成归零报告或技术文件的活动；所谓“管理归零”则是针对质量问题，从管理上按“过程清楚、责任明确、措施落实、严肃处理、完善规章”的五条要求逐项落实，形成管理归零报告和相关文件的活动。

2013 年 12 月 16 日，首届中国质量奖颁奖仪式在北京航天城举行，中国航天科技集团公司基于质量问题“双归零”的系统管理方法获得中国质量奖。

第一节　质量改进的含义

一、质量改进及其特点

国际标准 ISO9000－2000《质量管理体系基础和术语》对质量改进的定义为：“质量管理的一部分，致力于增强满足质量要求的能力。”该标准还对定义中的“要求”进行了解释，即“要求可以是有关任何方面的，如有效性、效率或可追溯性”。我们可以从质量改进的以下特点进一步理解质量改进的含义。

（一）质量改进不同于质量控制

质量控制是致力于满足质量要求的活动，强调的是维持；质量改进强调的是突破，见图 8－1。

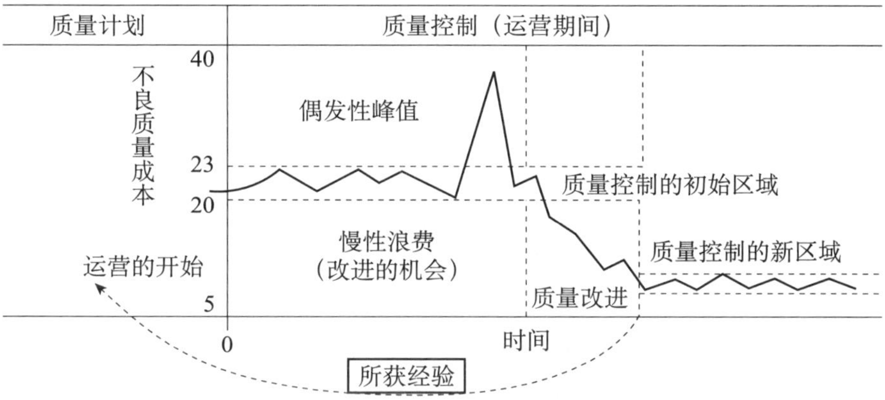

图 8－1　质量改进与质量控制

从图 8－1 可以看出，当出现由于意外原因导致的“偶发性峰值”（40%）时，一般都会引起组织格外的关注，从而通过“排除故障”或采取“纠正行动”使其恢复到原有的水平（23%）。这样的行动就是质量控制。

由于系统性的原因，固化在过程中的慢性浪费往往被人们所忽视，因为“设计便是如此”。但是如果能够解决这样的慢性问题，组织就能够实现较大的突破。从图 8－1 上可以看到，该组织通过一个质量改进项目将慢性浪费减少到了 5%，从而使组织达到了前所未有的绩效水平，实现了突破。

（二）质量改进是以项目的方式实施的

在确定质量改进项目时，通常先通过对组织中存在的问题进行分析，找出应该予以解决的慢性、系统性问题，确定改进的优先顺序，纳入质量改进项目计划中。

一旦启动某一改进项目，就需要组建团队，给予资源的支持，依据合理的工作流程，运用适宜的改进工具和技术实施改进。当改进项目结束时，该项目予以解决的慢性问题应该得到了解决，组织满足质量要求的能力有了一定程度的突破。为了在竞争的压力下生存和成功，组织需要不断地改进，持续推动质量改进项目的开展。

（三）质量改进是普遍适用的

尽管质量改进最初是在制造领域开展的，20 世纪八九十年代实施的大量项目表明质量改进是普遍适用的。质量改进不仅适用于制造业，而且适用于服务业；不仅适用于生产过程，而且适用于其他业务活动；不仅适用于硬件，而且适用于软件。

到目前为止，质量改进不仅成功地应用于营利性组织，而且被应用到包括教育和医疗等非营利性组织和政府组织。

（四）质量改进是无止境的

质量改进无止境的原因在于：首先，顾客的需求是无止境的。为了不断满足顾客的需求，组织就需要不断地开发新的产品，开展新的计划活动。这一过程在“孵化”出新的更好的产品和新的计划的同时也带来了新的问题、新的浪费，需要通过不断地改进予以解决。其次，人的创造性是没有极限的，人总是能够找到更好的方法将事情做得更好。

（五）质量改进是有成本的

质量改进成果的取得需要付出多方面的努力，因此需要成本。这些努力包括以下方面：

（1）在组织内建立基本的制度以实现持续改进，包括设立具体目标、项目选择、责任分配、项目进展情况的追踪等。

（2）通过培训使人们能够了解如何在改进团队中工作以及如何使用改进工具等。

（3）进行诊断，找出慢性浪费的原因并进行“治疗”，消除原因。

需要注意的是，质量改进成本本身不能作为否定该项工作必要性的理由。事实上，尽管质量改进需要投入，但是相对于其取得的成果来看，投资回报率很高。

（六）质量改进的成果主要来自关键的少数项目

实践证明，大部分可衡量的成果都来自小部分质量改进项目，即那些“关键的少数”项目。这样的项目通常是跨部门的项目，需要跨部门的团队来实施。与之相对的则是“次要的多数”项目。尽管这些项目在数量上占绝大多数，但是从改进的效果来看，往往要比关键的少数项目差若干个数量级。这些项目通常都是由部门内的团队实施的。

二、质量改进的一般做法

越来越多的组织开展了质量改进活动，在实践中总结出了许多有价值的经验。这些组织普遍采取了以下对策：

（1）所有层次的经营计划中都设立了质量改进目标。

（2）建立了实施改进的过程，并且设立了专门的实施机构。

（3）树立了广义质量的概念，改进过程不仅应用于制造过程，也应用于其他业务过程中。

（4）包括高层经理在内的所有层次的人员就如何履行各自的质量责任接受培训。

（5）对普通员工进行充分的授权，促进他们参与质量改进活动。

（6）建立评价指标，以衡量实现质量改进目标的进展情况。

(7) 包括高层经理在内的各级管理人员对于实现改进目标的进展情况进行评审。

(8) 对于卓越的质量绩效广泛应用奖励手段。

(9) 修改薪酬制度以鼓励和表彰取得的成绩。

三、质量改进活动中应注意的关键问题

(一) 克服质量改进的阻力

在质量改进的推进过程中往往会遇到各种各样的阻力。有的阻力来源于错误的观点和认识，有的阻力来源于既得利益集团的抵制，有的阻力来源于员工的习惯和惰性。准确识别存在的阻力并采取相应对策是取得质量改进成功的重要前提。

(二) 高层管理者的赞同与参与

众多组织质量改进的成功和失败的经验教训表明，高层管理者亲自参与对于实现持续质量改进不可或缺。在那些质量领先者的组织中，高层管理者在质量改进中承担着一系列的角色，具体包括：

(1) 参加质量委员会。

(2) 批准质量愿景和质量方针。

(3) 批准主要的质量目标。

(4) 建立质量改进的基本框架。

(5) 提供资源，包括项目活动必需的人力、资金、物质、时间等方面的资源，也包括对项目成员进行培训所需的资源。

(6) 评审进展情况。高层管理者要对质量改进的进展状况进行定期评审。

(7) 表彰认可。表彰可以通过举办一些隆重的活动来进行。这是表明高层管理者重视质量改进的一个重要的展示机会。

(8) 修改薪酬制度。即在薪酬制度中反映质量改进的绩效等。

(三) 质量改进的正规化和制度化

20 世纪 80 年代以后，质量改进活动日益成为一种有组织的正规化活动，主要包括建立正规化的质量改进推进机构和质量改进的制度化。

建立正规化的质量改进组织包括两个层次：第一个层次是由质量委员会负责动员组织资源，综合安排质量改进项目；第二个层次是项目团队。

组织还必须通过制度化的方式来推进质量改进活动，具体包括：

(1) 把质量改进的目标纳入每年的经营计划中。

(2) 使质量改进成为职位说明书中的一个组成部分。

(3) 将对质量改进进展情况的评审纳入最高管理层的审核制度中。

(4) 修改考核和薪酬制度，其中要包括质量改进绩效的指标，并要给予一定的权重。

(5) 营造鼓励质量改进的文化氛围，如在非常隆重的场合表彰改进的成就等。

第二节　质量改进方法和程序

一、质量专家的质量改进方法

质量革命的领导者——戴明、朱兰和克劳斯比等都为质量改进提供了专门的方法。每一种方法都有其独特性，但是又具有很多共同的主题。

（一）戴明环

戴明环是影响最为广泛的质量改进工具之一，它最初是由统计质量管理的先驱——休哈特博士所提出的，戴明博士在 20 世纪 50 年代将之介绍到了日本，被日本人称为戴明环，也被称为 PDCA 循环。这一循环包括四个阶段，即计划（plan）、实施（do）、检查（check）和行动（action），如图 8－2 所示。

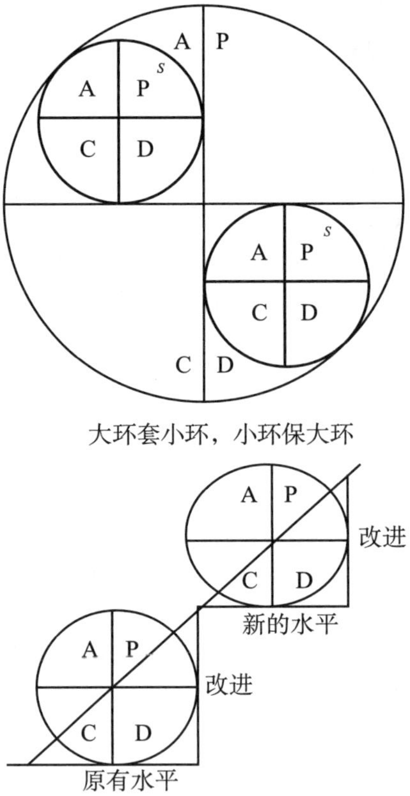

图 8－2　戴明环

（二）朱兰质量改进程序

朱兰提出了质量管理三部曲，即质量计划、质量控制和质量改进。朱兰把质量改进称为“突破”，是指组织通过改进实现前所未有的绩效水平。突破减少了慢性浪费。朱兰认为质量改进是通过具有普遍意义的一系列活动来实现的，包括发现问题、进行组织、诊断、纠正措施以及控制。

（三）克劳斯比质量改进程序

克劳斯比提出了质量改进的14个步骤，分别是：

（1）管理承诺。管理层的承诺能够提升质量改进项目的可见度，从而促进人们的合作。

（2）设立质量改进团队。质量改进团队是由来自各个部门的代表所组成的。团队是为了完成项目内容并实现项目目标而设立的。

（3）质量测量。每一项活动的测量必须能够被再次检查。

（4）质量评价的成本。质量成本的准确数据能够显示在哪儿采取纠正措施更有收益。

（5）质量意识。将有关质量欠缺导致高成本的测量数据和员工分享。这一步能够让基层管理者和员工养成对质量问题采取积极行动的习惯，也有利于当前态度的改变。

（6）纠正措施。鼓励人们讨论问题，改进的机会就能显现，问题要引起管理层的注意并予以解决。当员工看到问题正在得到解决时，就会养成习惯去发现新的问题。

（7）建立零缺陷项目特别委员会。选择3～4人的团队去调查“零缺陷”的概念和项目实施的途径。

（8）管理者培训。所有的管理者都必须很好地理解每一个步骤并向员工进行解释。因此首先管理者需要接受培训，增强对项目的理解，并认识到项目的价值。

（9）零缺陷日。管理者确定零缺陷日，把零缺陷确立为公司的绩效标准，并作出承诺。

（10）设定目标。管理者应该设立特定的目标并确保其能够被测量。

（11）消除错误的原因。每个人都被要求用一页的简单表格说明怎样做能够达到零缺陷。员工们反映出来的问题应该尽快得到重视。当员工们发现管理层确实倾听了问题，就会提高对管理层的信任度。

（12）认可。建立奖励项目对于达到目标的人或者优异的表现进行奖励。

（13）质量委员会。质量专家和团队的主席应该定期开会讨论，并在必要时决定采取措施对质量项目进行改进。

（14）重新开始。管理层重新确定改进项目并成立改进团队等，重复前面的步骤。

二、质量改进的工作流程

组织通常有重大战略性改进项目和对现有过程进行渐进的持续改进项目，尽管这两种类型的质量改进项目有所不同，但通常都遵循着以下基本相同的工作流程。

（一）项目提案与选择

组织的大多数项目都是通过提案与选择过程来确定的。它包括以下几个步骤：项目的提案、项目的审查和选择、项目使命陈述的编写和公布。

（1）项目的提案。项目的提案可以来自组织的所有层次。在较高的层次上，提案往往规模很大，范围涉及多个部门。在较低层次上，提案通常较小，往往局限在一个部门的范围之内。提案有许多来源，如正式的数据系统、专题研究、顾客反馈、现场报告、质量对社会的影响、管理层、普通员工等。为了激发员工进行质量改进的积极性，增加提案的数量，可以采用一些激励性的措施，如奖励员工提出改进建议、进行专访、开展头脑风暴会议等。

（2）项目的审查和选择。当提案的数量较多时，就需要对项目进行筛选并识别出最具有收益的提案。项目的选择在很大程度上决定了项目的顺利程度和效果，因此需要予以足够的重视，并应该以有组织的方式进行。在筛选工作中，要综合考虑并形成系统的评价准则，评价准则应包括：项目的必要性、可行性、可能的改进效果、成果的可衡量性、变革的可能阻力。筛选过程的最终结果是提出一个排出优先次序的推荐项目清单。

（3）项目使命陈述的编写和分布。被选定的项目应当有一个书面的使命陈述来规定项目的最终成果。经过批准之后，该使命陈述便成为项目承担团队的责任。

（二）建立项目团队

每一个选定的项目都需要由一个相应的团队来负责实现。团队的成员一般由发起者与有关主管协商后选定。团队通常由 6～8 人组成。人数太多不利于协调，难以控制，同时花费也比较高。为了确保项目团队具备完成项目的能力，还需要进行专门的培训，包括团队建立，解决冲突、沟通和变革管理的技能，质量改进工作流程、工具和技巧等。

（三）诊断过程

诊断过程是指分析症状、推测原因、验证推测并确定原因的过程。

（1）分析症状。诊断过程始于分析慢性质量问题的症状。为了能够准确地把握现实情况，一般需要进行实地考察，以便获得大量关于“症状”的客观信息。通过实地考察和大量的调查研究，识别过程存在的问题，并找到主要问题。

（2）推测原因。诊断是通过推测来进行的，是对推测进行确认或否定的过程。推测的获得应当采取系统的方式，要尽可能让所有了解情况并可能知道原因的人作出推测。

（3）验证推测并确定原因。推测原因的数目一般会很多，但是大多数都可能是重复或者无效的。因此，项目团队需要就等待验证的推测的优先次序进行讨论并形成共识。验证方法有许多，如事实验证、流程图、过程能力分析、过程分解、关联研究、实验设计等。

（四）治疗过程

原因确定后，诊断过程即告结束，治疗过程开始启动。所谓治疗过程，是指从原因到治疗的过程，具体包括制定和选择治疗措施，在实际条件下测试和验证措施，消除变革的阻力，建立控制标准，巩固成果。

（1）备选方案的选择。大多数项目都有多种治疗的方案。可以按照一些准则选择治疗方案，通常有三个基本准则：第一，能够消除问题的原因。第二，有利于优化成本。第三，能为最终决策者所接受。

（2）在实际条件下测试和验证。在采纳治疗方案前通常要进行实际条件下的验证。如果治疗方案涉及的是产品改进，通常都要求进行实验室验证；如果治疗方案涉及的是对过程或管理方法的变革，需要进行必要的研究讨论，必要时还需要通过小范围试运行来进行验证。

（3）克服阻力实施变革。测试和验证之后，就可以开始实施治疗方案了。实施过程中可能会遇到来自各方面的“变革的阻力”。采取一些有效而适宜的方法可以克服和减少变革的阻力，如提供参与的机会、从小规模开始、促进文化的变革、获得高层管理者的支持等。

（五）建立控制，巩固成果

为了保证每一次改进都能够切实提高组织的水平，实现质量突破，并且能够使改进的成果得到巩固，在实施治疗方案后，还需要做好效果评价和在新水平上控制等两项工作。

（1）效果评价。质量改进的目的是解决慢性问题，实现项目使命陈述中的目标。治疗方案的实施是否达到了预期的目标呢？这就需要对治疗方案进行效果评价。效果评价主要包括两方面：第一，问题及其根源是否已经消除或其影响已经减少；第二，是否改进的目标已经实现。

（2）在新水平上控制。如果效果评价的结果显示新的方法取得了积极的效果，组织就需要通过有效的方法来系统地保持所获得的成果。通过将新的方法确立为新的控制标准，或者通过制度化和规范化的方法等，使组织达到了一个更高的水平。

第三节　质量管理小组活动

质量管理小组（又称 QC 小组）是员工参与全面质量管理特别是质量改进活动的一种非常重要的组织形式。开展质量管理小组能够体现现代管理以人为本的精神，调动全体员工参与质量管理、质量改进活动的积极性和创造性，可为组织提高质量、降低成本、创造效益；通过小组成员的共同学习、相互切磋，有助于提高员工的素质，塑造充满生机和活力的组织文化。

一、质量管理小组的含义

质量管理小组活动最先出现在日本，开始只是着眼于解决常见的、容易被人们忽视的质量问题，后来发展到解决较难的质量问题。继日本之后，世界上共有 70 多个国家和地区开展了 QC 小组活动，形成了国际性浪潮。1978 年 9 月，北京内燃机总厂在学习日本全面质量管理经验时，诞生了我国第一个 QC 小组，并于当年 12 月召开了第一次 QC 小组成果发表会。从此，QC 小组活动开始在我国企业推广展开，不断取得新的成绩。

1997 年 3 月 20 日，《关于推进企业质量管理小组活动的意见》发布，其中对质量管理小组作出以下定义：

质量管理小组是“在生产或工作岗位上从事各种劳动的职工，围绕企业的经营战略、方针目标和现场存在的问题，以改进质量、降低消耗、提高人的素质和经济效益为目的组织起来，运用质量管理的理论和方法开展活动的小组”。

进一步展开来看，该定义有以下四个方面的含义：

（1）参加 QC 小组的人员是企业的全体职工，不管是高层管理者，还是一般管理者、技术人员、工人、服务人员等，都可以组织 QC 小组。

（2）QC 小组活动可以围绕企业的经营战略、方针目标和现场的问题来选题，活动内容广泛。

（3）QC 小组活动的目的是提高人的素质，发挥人的积极性和创造性，改进质量，降低消耗，提高经济效益。

（4）QC 小组活动强调运用质量管理的理论和方法开展活动。

二、质量管理小组的特点

QC 小组活动具有以下几个主要特点。

（一）自主性

QC 小组以职工自愿参与为基础，实行自主管理，自我教育，互相启发，共同提高，充分发挥小组成员的聪明才智和积极性、创造性。

（二）群众性

QC 小组是吸引广大职工经济参与质量管理活动的有效组织形式，不仅包括管理人员、技术人员，而且注重吸引在生产、服务第一线的操作人员参与。广大职工在 QC 小组活动中学技术、学管理，群策群力分析问题、解决问题。

（三）民主性

QC 小组的组长可以民主推选，QC 小组成员可以轮流担任课题小组长，人人都有发挥才智和锻炼成长的机会；内部讨论问题、解决问题时，小组成员不分职位与技术等级高低，各抒己见，互相启发，集思广益，以确保目标的实现。

（四）科学性

QC 小组活动遵循科学的工作程序，步步深入地分析问题、解决问题；在活动中坚持用数据说话，而不是“想当然”和“拍脑袋”。

三、质量管理小组活动的步骤

QC 小组活动的课题有现场型、攻关型、服务型、管理型和创新等，基本步骤是相同的，主要包括以下步骤。

（一）选定课题

QC 小组活动要取得成功，选题非常重要。为此，要注意以下几个方面：

（1）选题要有依据，注意来源。

（2）选题要具体明确，避免空洞模糊。

（3）选题要小而实，避免大而笼统。

（4）选题要先易后难，避免久攻不下。

（二）调查现状

选题确定后，活动应从调查现状开始。通过调查现状，掌握必要的材料和数据，进一步发现问题的关键和主攻方向，同时也为确定目标打下基础。为掌握第一手资料和保证资料的准确可靠，应注意调查的客观性和时间性。

（三）设定目标值

目标值能够为 QC 小组指出明确的方向和具体目标，也为小组活动效果的检查提供依据。

设定目标值时应注意以下方面：

(1) 目标值应与课题一致。

(2) 目标值应明确集中。

(3) 目标值应切实可行。

(四) 分析原因

QC 小组在调查现状并初步找到主要质量问题后，可以按照人、机、料、法、环、测等因素进行分析，从中找到问题的原因。

分析原因时要注意以下方面：

(1) 要针对存在的问题寻找原因。

(2) 分析原因要展示问题的全貌。

(3) 分析原因要彻底。

(五) 确定主要原因

在原因分析阶段可能会发现影响问题的原因很多。本阶段就是要从中找出影响问题的少数的主要原因。确认要因是 QC 小组活动的一个重要环节，如果忽视该环节，往往导致所采取的对策没有针对问题的主要原因，从而难以取得好的效果。因此要运用统计学的方法，坚持用数据说话。

(六) 制定对策

分析原因并确定主要原因后，要针对不同原因采取不同的对策，要针对目标值采取相应的措施达到预期目标。

制定对策时要注意以下方面：

(1) 对策要与项目相对应，针对原因制定对策，具体措施解决具体问题。

(2) 对策应能够实施和检查，不要罗列口号，而使执行者无所适从。

(3) 对策要由不同的组员提出和承担，做到全员参与，共同做贡献，共同完成目标值。

(七) 实施对策

实施对策是 QC 小组活动实质性的具体步骤，该环节做得好，才能够使小组活动有意义。

实施对策时要注意以下方面：

(1) 严格按照对策计划行事。

(2) 保持经常性和全员性。

(3) 必要时修改对策。

(4) 注意记录和检查。

(八) 检查效果

检查的目的是确认实施的效果，为此要注意以下几个方面：

(1) 以事实和数据为依据。

(2) 对于技术性目标，应邀请技术主管部门有关人员和领导参加。

(3) 对于经济性指标，应邀请财务部门相关人员参加。

(4) 检查项目应与目标值一致，针对活动的目标值进行检查。

（九）巩固措施

把活动中有效的实施措施纳入有关技术和管理文件中，目的是防止问题再次出现，为此要注意以下方面：

（1）必须是被活动证明是行之有效的措施，才能纳入有关文件中。

（2）任何文件的修改都必须通过文件控制程序进行，不得随意进行文件的修改。

（3）巩固措施要具体可行，不能抽象空洞。

（十）总结回顾与今后打算

QC 小组活动一个周期后，要认真进行总结。总结可以从活动程序、活动成果和遗留问题等方面进行。

QC 小组活动中，有些课题可能是一次性解决问题，解决后可以再寻找新的课题。有些课题一次很难全部解决，对于这类课题，需要在完成一次 PDCA 循环后考虑下一步的计划，制定新目标，进行新的 PDCA 循环。

四、质量管理小组活动的成果发表与表彰

QC 小组活动经过小组成员的共同努力，会取得有形的和无形的成果。成果报告编写、成果发表以及对成果的评价与表彰等是保持质量管理活动持续有效的重要环节。

QC 小组成果报告应该是 QC 小组活动全过程的总结和真实写照，为编好成果报告，QC 小组成员要了解小组成果报告的主要内容、编写的一般要求和技巧。成果报告是 QC 小组活动的结晶，发表成果是展现 QC 小组活动成就的机会，不仅便于交流，而且更能够促进小组活动的健康发展。QC 小组成果发表的形式多种多样，可以现场发表、大会发表，也可以以文娱形式发表。QC 小组成果发表后，评委和与会代表都可以进行简短提问，这样不仅有利于了解发表人对成果的掌握程度，而且可以确认成果的科学性和可靠性，更重要的是，可以通过双向交流和研讨，达到相互学习和交流的目的。

对 QC 小组成果的评价与表彰，主要是为了肯定成绩，找出不足，促进 QC 小组活动水平的提高和深入开展。为了保证 QC 小组活动的持续有效性，还需要一定的激励和表彰，如企业可以采取荣誉激励、物质激励、关怀与支持激励、培训激励、组织激励等手段调动员工参与 QC 小组的积极性。

第四节　六西格玛管理

一、六西格玛管理的起源

六西格玛管理作为一种持续改进产品和服务质量的方法，最早起源于美国摩托罗拉公司。20 世纪 70 年代后期，在日本企业的强大攻势下，几乎所有的美国产业都面临着巨大的竞争压力。在这种形势下，摩托罗拉公司从 1980 年开始了其“质量振兴计划”，内容包

括加快产品开发、大幅度提高产品质量以及通过调整生产过程来降低成本等，希望以此来提升企业的竞争力，从而能够同竞争对手抗衡。1986 年，摩托罗拉公司的 Mike Harry 博士首次提出六西格玛质量的概念，并率先在全公司推行六西格玛管理，使公司生产率每年提高 12.7%，质量缺陷减少了 99.7%，因质量缺陷造成的损失减少了 84%。摩托罗拉由此获得了巨大的成功，股票价格上涨了 4 倍。

让六西格玛管理名声大噪的是美国通用电气公司（GE）。GE 公司自 1995 年推行六西格玛管理以来，由此产生的经济效益每年呈加速递增之势。1997 年节省的成本为 3 亿美元，1998 年为 7.5 亿美元，1999 年为 15 亿美元。时任公司总裁韦尔奇在总结 GE 成功经验之一的六西格玛管理时说："六西格玛管理是 GE 公司从来没有经历过的最重要的发展战略。六西格玛管理是 GE 公司历史上最重要、最有价值、最赢利的事业。我们的目标是成为一家六西格玛公司，这意味着公司的产品、服务、交易零缺陷。"六西格玛管理被看作企业在 21 世纪生存和可持续发展的重要战略。

对于大多数中国企业而言，六西格玛管理还停留在理论认知阶段，只有少数企业在引进和推行六西格玛管理。原因是我国企业管理基础相对薄弱，多数企业达不到六西格玛水平。因此六西格玛质量应该是我国优秀企业追求的一个重要目标。

二、六西格玛质量的含义

西格玛即 σ，是统计学上的一个参数，代表的是对正态分布平均值的偏离程度。当正态分布中心与实际的规格中心重合时，此时不合格品率如表 8－1 所示。但是，分布中心与规格中心完全重合在现实中是难以实现的，通常允许过程漂移 1.5σ。此时不合格品率如表 8－2 所示。在这样的情况下，6σ 时的不合格品率为百万分之 3.4。

表 8－1　　不合格品分布率

规格限	合格率（%）	不合格品率（ppm）
$\pm 1\sigma$	68.27	317 300
$\pm 2\sigma$	95.45	45 500
$\pm 3\sigma$	99.73	2 700
$\pm 4\sigma$	99.993 7	63
$\pm 5\sigma$	99.999 943	0.57
$\pm 6\sigma$	99.999 999 8	0.002

表 8－2　　不合格品分布率

规格限	合格率（%）	不合格品率（ppm）
$\pm 1\sigma$	30.85	691 500
$\pm 2\sigma$	69.15	308 537
$\pm 3\sigma$	93.32	66 807
$\pm 4\sigma$	99.38	6 210
$\pm 5\sigma$	99.977	233
$\pm 6\sigma$	99.999 66	3.4

由此，引出六西格玛质量，即百万次出错机会中允许有 3.4 次出错。

三、六西格玛项目活动阶段

六西格玛项目活动可以分为以下六个阶段，分别是：

（1）项目的识别与选择。在该阶段，管理层将评价一系列潜在的六西格玛项目，挑选最希望被团队解决的项目。挑选项目要基于两点，即项目是有意义的和项目是可以管理的。

（2）形成团队。该阶段的关键问题是取得团队的共识和选择团队的领导。

（3）确定具体的任务书。任务书是提供关于项目书面指南的重要文件，包括进行该项目的理由、目标、项目实施计划范围和其他考虑以及角色职责的评价等。

（4）培训团队。培训是六西格玛中最优先的事项。培训的焦点是项目实施的过程和工具。

（5）按照六西格玛项目步骤（DMAIC）执行方案，具体见后面的六西格玛项目实施步骤。

（6）交接解决方案。DMAIC 团队解散，成员回到“正常”工作中或转移到下一个项目中。

四、六西格玛项目实施的步骤（DMAIC）

六西格玛项目实施通常用 DMAIC 加以说明，是指定义、测量、分析、改进和控制。

定义阶段具体包括明确顾客的需要、界定改进问题的范围、确定项目目标、设计项目任务书等内容；测量阶段包括明确测量的目的和具体的测量工作等；分析阶段主要包括分析数据、验证因果关系以及确定关键因素等三项工作；改进阶段主要包括提出改进意见、选择改进方案、实施改进方案、验证评估改进效果等工作；控制阶段是指在改进后的新的水平上控制。在每个阶段都要运用许多质量改进的工具和方法，有些是统计学的、有些是非统计学的，我们将在后面的章节中深入学习。

拓展区

阅读网络资源“背景资料”中的“QC 小组”和“GE 模式——通用电气如何能一直走在最前面”，了解与本章内容相关的知识。

本章小结

本章围绕质量管理原则之一——持续改进进行学习，主要介绍了质量改进的含义、特点，描述了质量改进的一般工作流程，介绍了质量管理小组在我国的实践以及六西格玛管理的含义与内容等。

复习思考题

1. 什么是质量改进，有哪些方法？

2. 质量管理小组有哪些特点，活动包括哪些步骤？
3. 简述六西格玛项目实施的步骤（DMAIC）。

复习思考题答案请参考网络资源相关栏目。请在40分钟内完成网络资源“即时练习”中的本章练习。网络资源的“关键概念”提供了相关概念的检索。

第九章　统计思想及其应用

【学习导航】

请用 5 学时学习本章内容。

领会：

数据类型、总体和样本；概率与随机变量；常用统计参数；变异的含义；变异的类型；统计思想与两类管理错误；统计思想在组织管理中运用的领域；统计技术和方法；描述性统计；参数估计；假设检验；实验设计；两种预测性统计；各种抽样方法；抽样检验的特点；抽样检验的类型；抽样特性曲线；两类错误和风险；过程能力研究的程序；控制图的用途。

掌握：

过程能力指数的各种计算；过程能力评级；提高过程能力的途径；控制图的类型；控制图的应用程序；判稳准则和判异准则；控制图应用中常见的错误。

识记：

5M1E；抽样的概念；过程能力的概念；过程能力指数的概念；控制图的定义。

【引例】

在质量管理过程中，经常会遇到如下需要解决的问题：某螺栓直径的设计要求为 10±0.023mm，从某车床加工的螺栓中，随机抽取样本 100 件，其直径平均值 9.997mm，标准偏差为 0.007mm，分析该过程能力及过程能力指数，并根据过程能力指数的取值，说明提高过程能力的措施。这就需要用到统计学的知识。

从质量管理理论与实践的发展历程来看，统计思想、统计技术和方法的应用，为质量管理理论研究提供了有力的工具，使质量管理实践进入了一个崭新的阶段。统计技术和方法可以帮助人们更好地理解变异的性质、程度和原因。通过对变异进行测量、描述、分析、解释和建立模型可以帮助组织持续改进和解决问题，提高过程的有效性和效率，统计技术和方法也有助于更好地利用可获得的数据进行决策。新的功能强大的电子表格软件和统计技术软件的发展，使统计技术的深度应用变得方便、高效，使统计技术的应用越来越普及。

第一节　统计学基础知识

统计学是一门关于收集、组织、分析、解释和展现数据的科学。了解统计学的基本知识，是学习和应用统计技术和方法的前提。本节介绍的相关统计学基本知识有：数据的类型、样本与总体、统计特征数、随机变量与概率分布等。

一、数据的类型、总体和样本

（一）数据

数据即对象的观测值。

质量数据即质量特性的观测值，如生产线上生产出来的螺栓的直径、订货部门每天发生的订单差错数、机场每天延误的航班数量等。数据通常可分为两个基本类型：计量数据和计数数据。

计量数据是指可以连续取值的，或者说可以用测量工具测量出小数点以下数值的数据。取计量数据的变量为连续变量，如长度、容积、重量、化学成分、温度、产量、职工工资总额等。

计数数据是指不能连续取值的，只能得到 0 或者 1，2，3……自然数的数据。取计数数据的变量为离散变量，如不合格品数、疵点数、缺陷数等。

（二）总体和样本

我们不可能为了掌握一批产品的质量信息而对整批产品全部检查。同样，多数情况下也不可能为了了解某道工序的产品质量，而把该工序加工出来的产品逐一加以测试。通常的做法是从中抽取一定数量的产品进行测试，从样品的测试结果来推断整批产品的质量。这就产生了总体和样本的概念。

总体是指在某一次统计分析中研究对象的全体，有时又称“母体”。总体可以是有限的，也可以是无限的。例如生产一批电子元件 10 万件，尽管数量很大，但可以数得清，因此这批被研究的电子元件是有限总体。然而对于这个电子元件工厂的某道工序来说，过去、现在都生产着这种电子元件，而且以后仍将继续生产这种电子元件，它的数量就无法数清了，因此可将工序的过去、现在和将来的全部产量视为无限总体。

组成总体的每个单元（产品）称作个体，总体中所含的个体数称作总体容量（总体大小），常用符号 N 表示总体。

样本也称“子样”，它是从总体中随机抽取出来并且要对它进行详细研究分析的一部分个体（样品）。样本中所含的样品数目一般称样本大小或样本量，常用符号 n 表示。比如从一批数量为 1 000 件的产品中随机抽取出 20 件产品，批量 1 000 件为 N，被取出的 20 件产品就组成一个样本，即 $n=20$。

二、概率与随机变量

为了研究随机试验结果，揭示客观存在的统计规律，人们引入了随机变量这个概念来表示随机事件。随机事件发生可能性的大小为其概率，这种概率呈现一定的分布规律。

（一）随机现象和随机事件

在一定条件下，并不总是出现相同结果的现象称为随机现象。随机现象的结果不少于两个；至于哪种结果会出现，事先并不知道。认识随机现象的首要问题是罗列出它的一切可能发生的基本结果，即样本点，随机现象的所有的可能的样本点称为样本空间。随机现象的某些样本点的集合称为随机事件。一个随机现象的两个随机事件存在三种可能的关系：包含、互不相容和相等。

（二）概率

随机事件发生的可能性有大小之别，是可以度量的。例如，一个随机事件A发生可能性的大小称为该事件的概率，通常用P（A）表示，概率是介于0到1之间的数。概率越大，事件发生的可能性越大；概率越小，事件发生的可能性也越小。不可能事件ϕ的概率为0，即P（ϕ）$=0$。必然发生的事件Ω的概率为1，即P（Ω）$=1$。

在统计意义上，如果与事件A相关的随机现象是可以大量重复试验的，如果在n次重复试验中，事件A发生k次，则事件A发生的频率为：f_n（A）$=k/n$。这里频率f_n（A）能反映事件A发生的可能性大小。频率f_n（A）将会随着重复试验次数的增加而趋于稳定，这个频率的稳定值即为事件A的概率。在实际中，人们无法把一个试验无限次地重复下去，只能用重复试验次数n较大时的频率来近似地表示概率。

（三）随机变量

表示随机现象结果的变量称为随机变量。常用大写字母X，Y，Z等表示随机变量，它们的取值用相应的小写字母x，y，z等表示。假如，一个随机变量仅取数轴上有限个点或可列个点，则称此随机变量为离散随机变量；假如一个随机变量的所有可能取值充满数轴上一个区间（a，b），则称此随机变量为连续随机变量。

（四）随机变量的分布

随机变量的取值是随机的，但有其内在的规律，可以用概率分布来加以描述。概率分布是指随机变量在总体中（样本空间中）的取值与其发生概率二者关系的数据模型，或称概率分布函数，它可以完整地描述随机变量的统计规律性。

离散随机变量的分布可以用分布列来表示，比如随机变量X取n个值：x_1，x_2，…，x_n，X取x_1的概率为p_1，X取x_2的概率为p_2，…，X取x_n的概率为p_n。这些可以用表9-1来表示。

表9-1　　离散随机变量分布表

X	x_1	x_2	…	x_n
P	p_1	p_2	…	p_n

也可经用公式表示：$P(X=x_i)=p_i\ (i=1,2,\cdots,n)$

作为一个分布，p_i满足以下两个条件：

$$\begin{cases} p_i \geqslant 0; \\ p_1+p_2+\cdots+p_n=1。\end{cases}$$

满足这两个条件的分布称为离散分布，这一组 p_i称为分布的概率函数。掷骰子时的取值及概率构成一个典型的离散分布。

连续随机变量的分布可用概率密度函数 $\varphi(x)$ 表示，也记为 $f(x)$。

如图 9-1 所示，概率密度曲线位于 x 轴上方（$\varphi(x)\geqslant 0$），并且与 x 轴所夹的面积恰好为 1。而 X 在区间 (a,b) 上取值的概率 $P(a<X<b)$ 为概率密度曲线区间 (a,b) 上的面积。

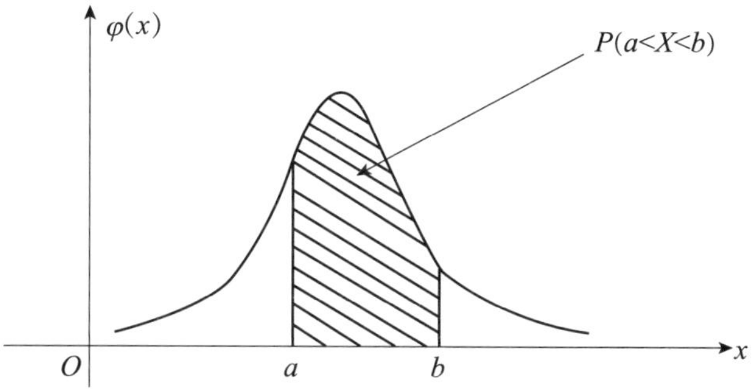

图 9-1　$P(a<X<b)$ =阴影区域面积

（五）常用随机变量的分布

常用的离散随机变量的分布有二项分布、泊松公布和超几何分布。常用的连续随机变量的分布有均匀分布、正态分布、对数正态分布等。这里主要介绍最常用的正态分布。

如果一个随机变量 X 的概率分布呈正态分布，则其概率密度函数可以表示为：

$$f(x)=\frac{1}{\sqrt{2\pi\sigma^2}}e^{-(x-\mu)^2/2\sigma^2}\ (-\infty<x<+\infty)$$

式中：

μ—— 随机变量 x 的均值；

σ——x 的标准偏差；

$e=2.718\ 28\cdots$—— 自然对数体系中的底数；

$\pi=3.141\ 59\cdots$—— 圆周率。

正态分布的特点是：

（1）正态分布概率密度函数曲线是对称的、单峰的钟形曲线。图 9-2 所示的为三个不同参数的分布函数曲线。

（2）任何一个正态分布由均值 μ 和标准偏差 σ 这两个参数完全确定；μ 确定中心位置，称为位置参数，σ 决定分布曲线的形状，称为形状参数；σ 越小，曲线越陡，数据离散程度越小，σ 越大，曲线越扁平，数据离散程度越大。

（3）正态分布曲线下面的面积，是随机变量在相应区间取值的概率。如图 9-3 所示，总体中有 68.26%的个体落于 $\mu\pm 1\sigma$ 范围内；总体中有 95.44%的个体落于 $\mu\pm 2\sigma$ 范围内；

总体中有 99.73%的个体落于 $\mu\pm3\sigma$ 范围内……总体中有 99.999 999 8%的个体落于 $\mu\pm6\sigma$ 范围内。

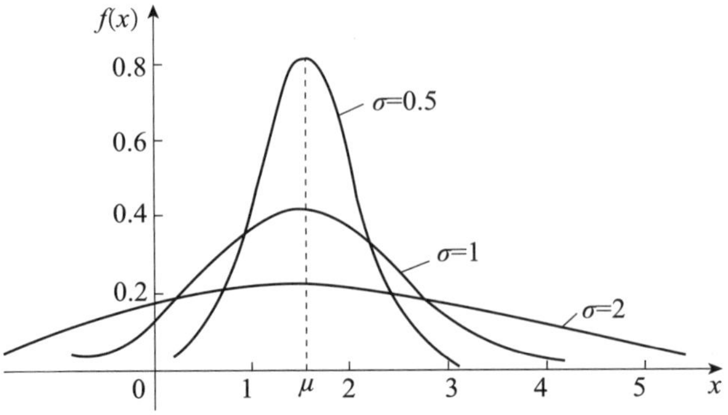

图 9－2　三条形状不同的正态曲线

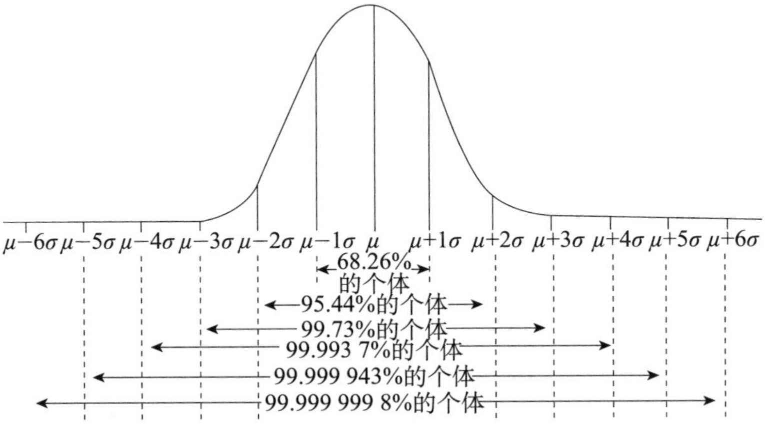

图 9－3　正态分布曲线下不同面积所包含的概率

相应的，对于任意实数 c_1 和 c_2，随机变量 x 取值落于 c_1 与 c_2 之间的概率为：

$$P\{c_1 < x \leqslant c_2\} = F(c_1 < x \leqslant c_2) = \int_{c_1}^{c_2} f(x)\mathrm{d}(x)$$

$$= \int_{c_1}^{c_2} \frac{1}{\sigma\sqrt{2\pi}} \mathrm{e}^{-\frac{1}{2}(\frac{x-\mu}{\sigma})^2} \mathrm{d}(x)$$

如果随机变量的均值 $\mu=0$，且标准偏差 $\sigma=1$，则称这时的正态分布为标准正态分布。

三、常用统计参数

样本来自总体，样本中包含了有关总体的丰富信息。未经加工的信息是零散的，为了将零散的信息综合起来反映总体的特征，需要对样本进行加工。加工信息的一种方法是构造样本函数，不同的函数反映总体的不同特征。其中不含求知参数的样本函数称为统计参数，也称为统计特征。

在统计学中，数据的统计参数有两类：一类是表示数据总体状态和集中位置的，如均值、中位数；另一类是表示数据散布范围或离散程度的，如极差、标准偏差。表 9－2 中列出了几个主要的统计参数的符号和计算公式。

表 9-2　统计参数举例

数据 统计参数	总体	样本	随机变量
均值	$\mu=\frac{1}{N}\sum_{i=1}^{N} x_i$	$\bar{x}=\frac{1}{n}\sum_{i=1}^{N} x_i$	$E(X)=\sum_i x_i p_i$（离散分布） $E(X)=\int_a^b x(x)\mathrm{d}x$（连续分布）
中位数	N 个 x 值按大小排列，当 N 为奇数时，取位于中间的 x 值；当 N 为偶数时，取位于中间两个 x 值的平均值	一个样本中 N 个 x 值按大小排列，当 N 为奇数时，取位于中间的 x 值；当 N 为偶数时，取位于中间两个 x 值的平均值	
标准偏差	$\sigma=\sqrt{\frac{\sum_{i=1}^{N}(x_i-\mu)^2}{N}}$	$S=\sqrt{\frac{\sum_{i=1}^{N}(x_i-\bar{x})^2}{n-1}}$	方差： $Var(X)=\sum_i[x_i-E(X)]^2 P_i$（离散分布） $Var(X)=\int_a^b[x-E(X)]^2 p(x)\mathrm{d}x$（连续分布） 标准差： $\sigma=\sigma(x)=\sqrt{Var(X)}$
极差	$R=X_{最大值}-X_{最小值}$	$R=X_{最大值}-X_{最小值}$	
说明	这里，x_i 是第 i 个观察对象的值，N 是总体的单体个数	这里，n 是样本的单体个数	这里 x 为随机变量；P_i 为第 i 个离散随机变量的概率；$p(x)$ 为连续随机变量的概率密度

第二节　统计思想与变异理论

一、变异及其来源

变异是指在过程运行中，结果与目标或规范要求不一致的变化，也称为波动。如生产过程都包含许多变异来源，通常概括为 5M1E 过程，输出结果的变异来源于过程，如图 9-4 所示，在原材料、工具、机器、操作者、环境和测量各个方面引起的变异，存在着复杂的相互作用，并不容易了解到。由于任何单个来源产生的变异呈现随机性，难以识别和解释单个原因，但它们的综合影响是稳定的。

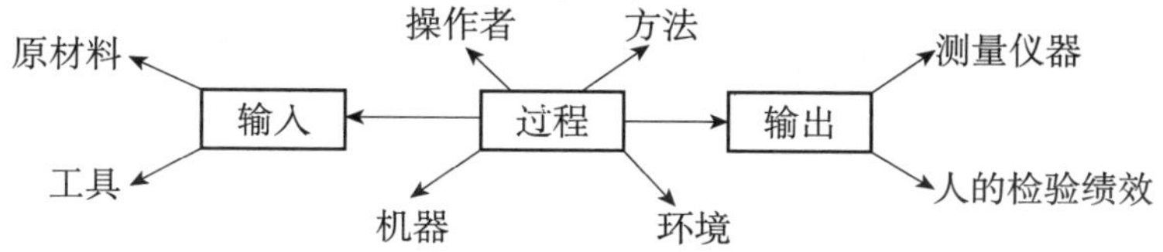

图 9-4　生产过程中的变异来源

二、变异的类型

休哈特从变异的角度将过程分为两类：伴有“不可避免的随机变异”的稳定过程和伴有“可确定原因引起的变异”的不稳定过程。当过程的变异能够以一定的置信度进行预测时，称该过程处于统计控制状态，此时，尽管很难确切预测每一个具体的值，但可以预测它将落入某个范围。而对于不稳定的过程，无法预测有多少产品（如果有的话）落入容差限内。

戴明认同休哈特的变异来源，把过程变异的原因分为一般原因（随机变异）和特殊原因（可确定原因引起的变异）。

一般原因是一个过程中始终存在的、非人力可控的、成为过程的固有的组成部分的变异因素。由一般原因支配的系统称为稳定系统，而当一个过程仅受到一般原因影响时，该过程处于受控状态。在生产过程中，一般原因产生的变异通常占全部所观察到的变异的80％～95％。一般原因由系统设计所导致，而系统是由管理人员设计和维持的。

特殊原因是除一般原因以外引起过程变异的因素。特殊原因产生于外部来源，不是某个过程中固有的。通常是孤立的偶发因素，它们打破一般原因的随机模式。因此，特殊原因更易于利用统计方法进行探测，并且通常可以迅速纠正。

三、统计思想与两类管理错误

变异无处不在，许多管理者不了解一般原因与特殊原因的区别，可能导致干预稳定系统而增加变异，或者失去消除变异的具体原因的机会。这就是管理者可能会犯的两类管理错误。

（1）将实际上是由一般原因引起的瑕疵、抱怨、差错、故障、事故或短缺等质量问题当成特殊原因引起的并进行处理。这样，干预一个稳定的系统会增加系统的变异，从而形成长期针对一般原因进行“瞎调整”。

（2）将实际上是由特殊原因引起的瑕疵、抱怨、差错、故障、事故或短缺等质量问题归因于一般原因。由此，假设变异不可控而失去了减少变异的机会。

朱兰在一般原因变异与特殊原因变异的基础上，为质量改进项目区分出了主要由特殊原因支配的偶发问题和由一般原因支配的长期问题。质量改进项目首先通过消除偶发问题达到可控的变异。之后，质量改进项目就应该通过消除长期问题来缩小可控变异的范围，使质量得到突破性的提高。

第三节　常用统计技术和方法

一、统计技术和方法的含义

统计方法是关于收集、整理、分析、解释和展现统计数据，并对数据所反映的问题作出一定结论的方法，是统计技术的具体运用和专门化。统计技术分为两种基本类型：描述性统计和统计推断。

本节从实用的角度分别介绍描述性统计、统计推断和推测统计。图 9－5 对各种方法做了简要的归纳、汇总。基本统计方法与质量管理实践相结合，形成了许多更加简易和方便的质量管理工具和方法，具体如表 9－3 所示，其中一些方法将在后面的章节中介绍。

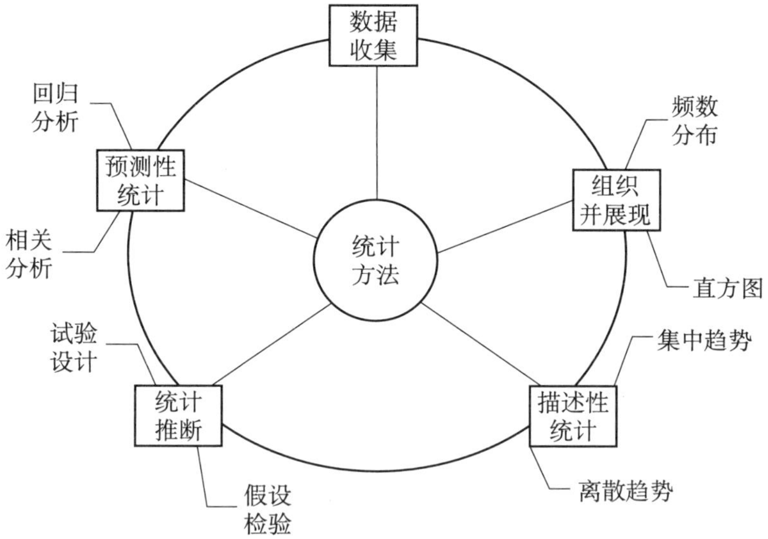

图 9－5 质量保证中的统计方法

表 9－3　　常用统计技术和方法

提供表示事物特征的数据	在质量改进活动中收集到的数据大都是杂乱无章的，这就需要运用统计方法计算其特征值，以显示出事物的规律性，如平均值、中位数、标准偏差、方差等
比较两事物的差异	在质量改进活动中，应用新材料、新工艺均需要判断所取得的结果同改进的状态有无差异，这就需要用到假设检验、显著性检验、方差分析和标杆管理法等
分析影响事物变化的因素	为了对症下药，有效地解决质量问题，在质量改进活动中可以应用各种方法，分析影响事物变化的各种原因，如因果图、调查表、散布图、排列图、分层法、树图、方差分析等
分析事物之间的相互关系	在质量改进的活动过程中，常常会遇到两个甚至两个以上的变量，虽然它们之间没有确定的函数关系，但往往存在一定的相关关系。运用统计方法确定这种关系的性质和程度，对于质量改进活动的有效性十分重要。这时就可以运用散布图、实验设计法、排列图、树图和头脑风暴法
研究取样和试验方法，确定合理的试验方案	用于这方面的方法有：抽样方法、抽样检验、试验设计、可靠性实验

二、描述性统计

描述性统计是有效地收集、组织和描述数据的统计方法。它是统计方法的主要组成部分。如直方图用于组织和展示当前的数据。集中趋势测量指标（均值、中位数、比例）和离散测量指标（极值、标准偏差、偏差）可以提供自然原始数据的重要的定量信息。

例如，一家航空公司检查行李方面问题发生的频数时可能会发现：行李丢失或损坏问题可能占50%，错误行李占30%，传送路线错误占20%。显然，这些信息在识别质量问题和确定改进项目方面十分有用。

三、统计推断

统计推断是指通过从总体中抽取的数据推断总体的未知特征。通常所使用的统计推断有参数估计、假设检验和实验设计。

（一）参数估计

参数估计即根据从总体中抽取的样本估计总体分布中包含的未知参数的方法。它是统计推断的一种基本形式，是数据统计学的一个重要分支，分为点估计和区间估计两部分。

（1）点估计是依据样本估计总体分布中所含的未知参数或未知参数的函数。通常它们是总体的某个参数值，如均值、方差和相关系数等。点估计常用的方法有：矩估计法、最大似然估计法、最小二乘法、贝叶斯估计法等。

（2）区间估计是依据抽取的样本，根据一定的正确度与精确度的要求，构造出适当的区间，作为总体分布的未知参数或参数的函数的真值所在范围的估计。区间估计常用的方法有：利用已知的抽样分布、利用区间估计与假设检验的联系、利用大样本理论等。

（二）假设检验

假设检验是一种基本的统计推断形式，又称统计假设检验。假设是指关于总体分布的一项命题。例如，有一批产品，其废品率为 p，则“废品率 $p\leqslant 0.03$”这个命题就是一个假设。假设是否正确要用从总体中抽出的样本进行检验，与此有关的理论和方法构成假设检验的内容。

设 A 是关于总体分布的一项命题，所有使命题 A 成立的总体分布构成一个集合 H_0，称为原假设（常简称假设）。使命题 A 不成立的所有总体分布构成另一个集合 H_1，称为备择假设。对假设进行检验，首先要制定一个规则。样本获得后，根据规则决定是接受它（承认命题 A 正确），还是拒绝它（否认命题 A 正确）。这样，所有可能的样本所组成的空间 Ω（称为样本空间）被划分为两部分：Ω_A和 Ω_R（Ω_A的补集），当样本 $x\in\Omega_R$时，接受假设 H_0；当 $x\in\Omega_R$时，拒绝 H_0。集合 Ω_R常称为检验的拒绝域，Ω_A称为接受域。

在检验一个假设 H_0时可能犯两类错误：第一类错误是真实情况为 H_0成立，但判断 H_0不成立，犯了“以真为假”的错误。第二类错误是 H_0实际不成立，但判断它成立，犯了“以假为真”的错误。通常人们不希望轻易拒绝 H_0。即犯第一类错误的概率不能太大，于是在限定犯第一类错误的概率不超过某个指定值 α（称为检验水平）的条件下，寻求犯第二类错误尽可能小的检验方法。

（三）试验设计

试验设计（DOE）就是在预先“设计”好的某种条件下有计划地进行试验，从而能够更迅速、更经济、更有效地获得预测某种现象的统计资料，并通过分析试验结果，从中归纳出具有普遍性和可重复性规律的一种方法，是科学和合理地制订试验方案及分析试验结果的一种数理统计工具，也称正交设计或实验设计。

试验设计的基本思想是减少偶然性因素的影响，使试验数据有一个合适的数学模型，以便使用方差分析的方法对数据进行分析。DOE 是了解大量过程变量的影响以及改进质量的强有力的工具。

四、预测性统计

预测性统计是指基于过去的数据来预测未来的统计过程。相关分析和回归分析是两种有用的预测性统计技术。

相关分析是研究随机变量之间的相关关系的一种统计方法，相关关系是一种非确定性的关系。

回归分析研究一个或多个随机变量 Y_1，Y_2，…，Y_i 与另一些变量 X_1，X_2，…，X_k 之间的关系的统计方法，又称多重回归分析。通常称 Y_1，Y_2，…，Y_i 为因变量，X_1，X_2，…，X_k 为自变量。回归分析的主要内容包括：

（1）从一组数据出发确定某些变量之间的定量关系式，即建立数学模型并估计其中的未知参数。估计参数的常用方法是最小二乘法。

（2）对这些关系式的可信程度进行检验。

（3）在许多自变量共同影响着一个因变量的关系中，判断哪个（或哪些）自变量的影响是显著的，哪些自变量的影响是不显著的，将影响显著的自变量选入模型中，而剔除影响不显著的变量。

（4）利用所求的关系式对某一过程进行预测或控制。

第四节　抽样技术与抽样检验

一、抽样和随机抽样

抽样是指从总体中抽取样品组成样本的过程。抽样的目的在于从样本所包含的信息中获得关于总体特征的知识。诸如均值 μ、标准偏差 σ 或比例 π 等这些总体的特征通常称为总体参数。抽样有多种方式或技术，其中广泛应用的抽样是随机抽样。统计抽样技术形成了质量检验中最常用的抽样检验技术和方法。

随机抽样是指从总体中随机抽取一定数目的个体单位作为样本进行观察，使每个个体单位都有一定的概率被选入样本，根据样本所得出的结论对总体具有充分的代表性。

抽样研究的目标是以最低的成本，按照事先为该项研究确定的精度和可靠性，抽取最大可能代表总体的样本。最常用的抽样方法有简单随机抽样、分层随机抽样、等距随机抽样、整群随机抽样。

（一）简单随机抽样

简单随机抽样是最基本的一种概率抽样，即指总体中的每一个个体被抽到的机会是相同的。在简单随机样本中，X_1，X_2，…，X_n是相互独立的随机变量，并且与总体有相同的概率分布。简单随机变量可以通过重复从总体中随机抽取得到，显然，有放回地随机抽样得到的样本是简单随机抽样；无放回地随机抽取只要样本量 n 相对于总体 N 来说很小，就可以近似地看作一个简单随机抽样。

简单随机抽样的特点是方法简单直观，由于总体中每个个体抽取的概率相等，计算抽样误差及对总体参数加以推断时比较方便。其缺点是程序比较复杂，在实际工作中做到总体中每个个体都被抽到的机会完全一样是不容易的。

（二）分层随机抽样

分层随机抽样也称分类随机抽样，即先将总体按某些重要的标志分成互不交叉重叠的若干层，然后在各层中采用简单随机抽样或其他抽样方式抽取若干个样本单体，由各层的样本单体组成一个样本。例如，甲、乙、丙三个车间都生产同一种产品，若甲车间的生产量是全部的 30%，乙车间占 50%，丙车间占 20%，需要抽取 100 件的样本。采用分层随机抽样时则应从甲车间随机抽取 30 件，从乙车间随机抽取 50 件，从丙车间随机抽取 20 件，合起来共 100 件，组成样本。

分层随机抽样会提供与简单随机抽样类似的结果，但使用的样本量更少。它比相同样本量的简单随机抽样产生更小的估计误差。

分层随机抽样的优点是样本代表性好、抽样误差小；缺点是抽样手续较烦琐。

（三）等距随机抽样

等距随机抽样也称系统随机抽样或机械随机抽样，即将总体单体按某一标志（如时间）排序，然后按一定间隔来随机抽取样本单位。

等距随机抽样的优点是：实施方便，同时能够保证样本对总体的代表性，适合大批量生产的流水线上产品的抽查。其缺点是：若总体单位排序后呈现一定的规律性甚至周期性，而抽样间隔的周期正好与之吻合，依赖于这样排列的等距抽样就会产生系统性的偏差。

（四）整群随机抽样

整群随机抽样也称集团随机抽样，即在总体中不是抽取个别样品，而是随机抽取整群的产品。这种方法是先将总体按某个标志（企业、车间、班组、工序或一段时间内生产的一批零件等）分成若干群，然后随机地抽取若干群，并由抽中的群中的所有个体组成样本。比如，对某产品抽取 5%进行抽样检查，每隔 20 小时抽取 1 小时的产量组成样本，然而对这些抽出来的样本进行质量检查并推断总体的质量状况。

整群随机抽样的优点是：比较方便；当群内的要素不相像（不均一）时，整群抽样可以产生不错的结果。在这种情况下，每个群都代表整个总体。其缺点是：由于样本只是来自个别几个群体，而不能均匀地分布在总体中，因而代表性较差，抽样误差较大。这种抽样方法多用于过程控制中。

二、抽样误差及其原因

抽样中的误差通常由抽样误差和系统误差两类原因引起。抽样误差是指无论如何精心抽取样本，抽样误差总会产生。减少抽样误差的唯一方法是扩大从总体中抽取的样本。

系统误差是指由非抽样误差引起的误差。系统误差的来源包括：

（1）偏向，即从自己的观点看问题或解决方案的倾向。

（2）非可比的数据，即数据来自两个总体却被误认为来自一个总体。

（3）不加鉴别的趋势估计，即认为过去发生的未来仍然会发生的假设。

（4）因果关系，即由于两个变量有关系，而认为其中一个发生变化必然引起另一个变化的假设。

（5）不恰当的抽样，即因使用了有误差的数据收集方法，而导致产生偏向（如利用电子邮件从拥有电子邮件服务的单体组成的少数总体中获取意见）。通过了解抽样技术，精心设计抽样方案，能够克服这些误差来源。

三、抽样检验

抽样检验是指按照一定的方案（规则、程序），从一批产品中随机抽取样本进行检验，根据样本的检验结果判断该批产品是否合格，并由此判定该批产品是接收还是拒收的检查验收方法。

一个抽样检验方案通常包含三个参数：交验批量 N、样本量 n、合格判定数或接受数 A，通常用（N，n，A）表示。产品批质量的判断原则是：从产品批中随机抽取数量为 n 的样本，检验样本中的全部产品，其中不合格品数为 d，如果 $d \leqslant A$，则该批产品合格，予以接收；如果 $d > A$，则该批产品不合格，予以拒收。关于抽样方案中所采用的具体样本量和判定准则，是根据产品批量和质量保证水平并适当考虑了供方和买方的利益、要求和风险后确定的。

抽样检验作为一种以统计理论为基础的抽样检验方式，已有 80 多年的历史。适应生产发展的需要，抽样检验方法得到了不断发展和完善，并且日趋标准化。国际标准化组织于 1974 年将美国军用标准 MIL-STD-105D 推荐为国际标准 ISO2859。我国于 1981 年发布了国家标准“逐批检查计数抽样程序及抽样表”，2003 年经过修订并重新发布了这项标准，即 GB/T2828.1－2003。

与全数检验（100%检验）相比，抽样检验的优点在于：节约了检验费用；适用于破坏性测试；所需检验人员较少；由于拒收的是整批产品，而不是仅仅退回不合格品，更有力地促进了产品质量的提高等。

抽样检验也有缺点：存在接受“劣质”批和拒收“优质”批的风险；增加了计划的工作量；样本所提供的产品信息一般少于全数检验。

四、抽样检验的类型和特性曲线

根据所测量产品质量特性数据的性质，抽样检验分为计数抽样检验和计量抽样检验。计数抽样检验是根据规定要求，把检验结果分为合格品和不合格品或者计算缺陷数的抽样检验。计量抽样检验是对用连续量表示其质量特征（如长度、厚度、重量、纯度等）的产品的抽样检验。两类抽样检验各有特点。究竟选用哪种抽样检验主要取决于产品批的质量保证形式以及质量特性值所取数据的性质。

根据抽样检验方案中样本量的获得方法，抽样可以分为一次抽样、二次抽样、多次抽样、序贯型抽样等。

抽样特性曲线（OC曲线）是指当一个抽样检验方案（N，n，A）确定后，产品批的接收（确定产品批为合格）概率 L（p）与产品批的实际质量水平（合格率 p）间的关系曲线。不同的抽样检验方案有着不同的抽样检验特性函数，也就是有不同的OC曲线。抽样特性曲线反映了抽样检验方案对各种质量水平的产品批的辨别能力，是制订和评价抽样检验方案的基本工具。典型的OC曲线如图9-6所示。在抽样检验中，对于一个抽样检验方案（N，n，A），任何规定的产品批接收概率 L（p）或拒收概率 $1-L$（p），对应着一定的产品质量水平 p；而要保证规定的产品质量水平 p 时，产品批的接收概率为 L（p），而拒收概率为 $1-L$（p）。

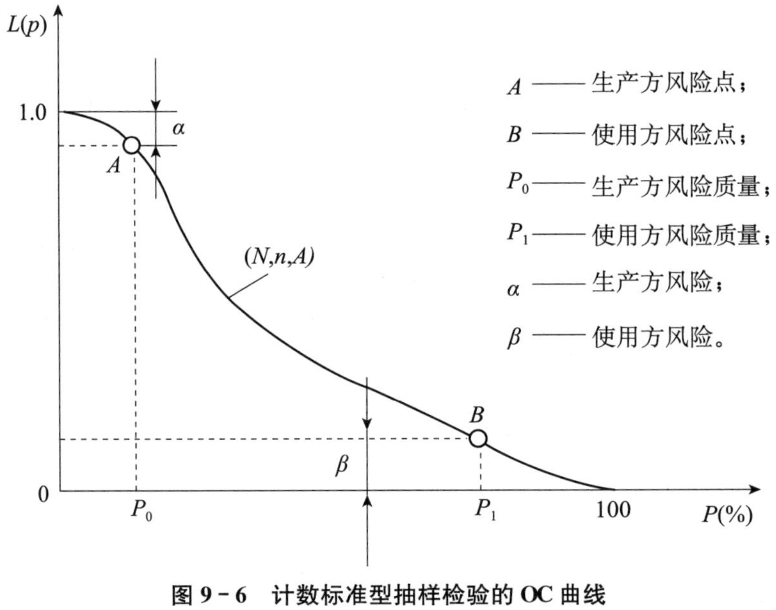

图9-6 计数标准型抽样检验的OC曲线

通过随机抽取样本，检测、研究该样本特征，以此来推测判断整批成品的质量好坏，然后作出接收或是拒收决定。这种做法可能发生四种情况，具体见表9-4，同样会产生两类错误。

表9-4 批成品质量与“接收—拒收”之间的关系

		批成品质量	
		好	坏
样本质量	好	（1）接收	（4）接收（第Ⅱ类错误）
	坏	（2）拒收（第Ⅰ类错误）	（3）拒收

第五节　过 程 能 力

一、过程能力的含义

过程能力是指一个过程处于稳定的状态时，也就是当操作者、机器、设备、原材料、方法和环境等因素在标准条件下，过程所具有的加工精度和加工能力。从定量的角度看，过程能力是在诸因素受控的情况下，过程加工产品的质量特性的波动幅度，通常用标准偏差 σ 的 6 倍来表示，即过程能力：$B=6\sigma$。

过程往往受到来自操作者、机器、设备、原材料、方法、测量方法和环境等方面变异因素的影响，我们关心的主要问题是过程当前的波动水平如何？是否处于受控或稳定状态？过程输出能否满足规范的要求？应该如何改进过程，确保产品接近于零缺陷？统计学为过程变异定量化研究提供了基础，过程能力是研究过程变异的一个重要统计参数。

过程能力研究通常包括以下步骤：

（1）选择一个有代表性的机器或过程环节（工序）。

（2）确定过程的相关条件。

（3）选择一个有代表性的操作者。

（4）提供达到标准等级的原材料。

（5）指定所用的计量与测量方法。

（6）提供记录测量值和条件的方法。

为了获得有用的信息，样本量应该比较大，通常至少为 100 个。

二、过程能力指数

随机原因变异与规范确定的容差范围之间的关系可以用过程能力指数来量化。过程能力指数 C_P（有时称为过程潜力指数或工序能力指数）定义为容差与过程标准偏差的比值。

$$C_P = T/6\sigma \approx T/6S$$

其中：T——产品规范确定的容差范围；

σ——过程标准偏差；

S——样本标准偏差。

过程能力指数 C_P表示过程能力对产品设计规范的保证程度。它更准确地表示了过程能力满足要求的程度。过程能力指数 C_P的具体计算方法和例题如表 9－5 所示。根据 C_P值的大小，可以定量计算出该过程的不合格品率，如表 9－6 所示。而当分布中心与规范中心有偏移量时，过程能力指数 C_{Pk}的值的大小与该过程的不合格品率对应关系也可以先求出 C_P和 k，根据 C_P和 k 即可找出相对应的不合格品率，结果如表 9－7 所示。

表 9-5　过程能力指数的计算

<table>
<tr><th></th><th>图例</th><th>计算公式</th><th>例题</th></tr>
<tr><td rowspan="2">双向容差</td><td>（1）$\bar{x}$ 与 M 重合时
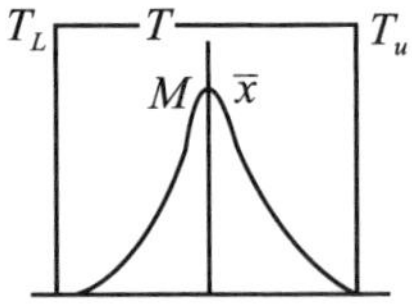</td><td>$C_P=\frac{T}{6S}=\frac{T_u-T_L}{6S}$</td><td>某零件质量要求为 20±0.15，抽样 100 件，测得：
$\bar{x}=20.00$mm
$S=0.05$mm
$C_P=\frac{T_u-T_L}{6S}=\frac{20.15-19.85}{6\times0.05}=1$</td></tr>
<tr><td>（2）$\bar{x}$ 与 M 不重合时
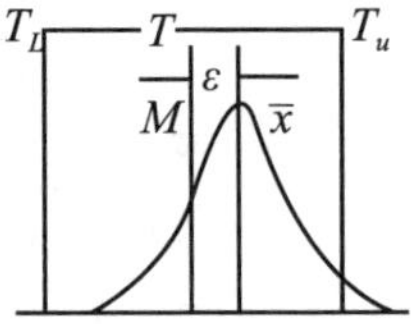</td><td>$C_{Pk}=\frac{T-2\varepsilon}{6S}=(1-K)C_P$
其中，K 为相对偏移量，$k=\frac{2\varepsilon}{T}$；
ε 为中心偏移量，$\varepsilon=\lvert M-\bar{X}\rvert$</td><td>某零件质量要求为 20±0.15，抽样 100 件，测得：
$\bar{x}=20.05$mm
$S=0.05$mm
则 $M=20.00$mm
$\varepsilon=\lvert M-\bar{X}\rvert=\lvert 20.00-20.05\rvert=0.05$
$C_{Pk}=\frac{T-2\varepsilon}{6S}=\frac{0.3-2\times0.05}{6\times0.05}\approx0.67$</td></tr>
<tr><td rowspan="2">单向容差</td><td>（3）给定容差上限时
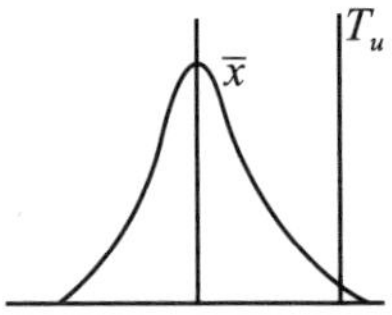</td><td>$C_{Pu}=\frac{T_u-\bar{X}}{3S}$</td><td>某部件清洁度的要求不大于 96mg，抽样结果得：
$\bar{x}=48$mg
$S=12$mg
$C_{Pu}=\frac{T_u-\bar{X}}{3S}=\frac{96-48}{3\times12}\approx1.33$</td></tr>
<tr><td>（4）给定公差下限时
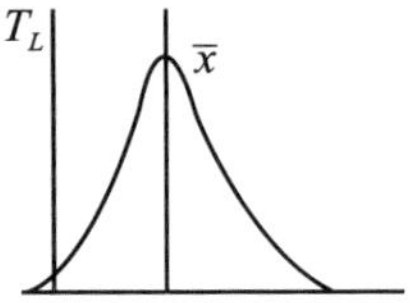</td><td>$C_{PL}=\frac{\bar{X}-T_L}{3S}$</td><td>某金属材料抗拉强度的要求不得少于 32kg/cm^2，抽样后测得：
$\bar{x}=38\text{kg/cm}^2$
$S=1.8\text{kg/cm}^2$
$C_{PL}=\frac{\bar{X}-T_L}{3S}=\frac{38-32}{3\times1.8}\approx1.11$</td></tr>
</table>

表 9-6　过程能力指数值对应的不合格品率表

C_P	不合格品率	C_P	不合格品率
2	2/10 亿	1.1	1/1 000
1.67	6/1 000 万	1	2.7/1 000
1.5	7/100 万	0.67	4.55/100
1.33	6/10 万	0.33	31.75/100
1.2	3/1 万		

表 9-7　　根据过程能力指数 C_P 和相对偏移量求总体不合格品率的数值表

C_P \ $P\%$ \ k	0.04	0.12	0.20	0.28	0.40
0.50	13.43	13.90	15.10	16.75	20.19
0.60	7.26	7.85	9.03	10.81	14.59
0.70	3.64	4.16	5.24	6.89	10.55
0.80	1.69	2.09	2.94	4.31	7.53
0.90	0.73	1.00	1.60	2.62	5.27
1.00	0.29	0.45	0.84	1.55	3.59
1.10	0.11	0.20	0.42	0.84	2.39
1.20	0.04	0.08	0.20	0.48	1.54
1.30	0.01	0.03	0.09	0.25	0.96
1.40	0.00	0.01	0.04	0.13	0.59

三、过程能力评级

在生产实践中，经常可以根据过程能力指数大小对相应的过程能力进行评价并确定相应的后续措施，如表 9-8 所示。

表 9-8　　过程能力等级评定表

范　围	等级	过程能力判定	措　施
$C_P>1.67$	特级	过高	对于关键或主要项目再次缩小容差范围，以提高产品质量；或者放宽波动幅度、降低设备精度等级，以提高效率，降低成本
$1.33<C_P\leqslant1.67$	1 级	充分	当不是关键或主要项目时，放宽波动幅度；降低对原材料的要求；简化质量检验，采用抽样检验或减少检验频次
$1<C_P\leqslant1.33$	2 级	尚可	必须用控制图或其他方法对过程进行控制和监督，以便及时发现异常波动；对产品按正常规定进行检验
$0.67\leqslant C_P\leqslant1$	3 级	不充分	分析分散程度大的原因，制定措施加以改进，在不影响产品质量的情况下放宽容差范围；加强质量检验，进行全数检验或增加检验频次
$C_P<0.67$	4 级	不足	一般应停止继续加工，找出原因，改进工艺，提高 C_P 值，否则全数检验，挑出不合格品

需要注意的问题是：

(1) 如果过程不处于受控状态，对 C_P 的计算没有意义。

(2) C_P 值为 1.00 时，要求过程准确地集中在容差分布范围的均值，以防止所生产出的一些单位超出界限。在 C_P 值为 1.33 时，生产的所有单元处于规范限内的目标更容易实现，当 C_P 值为 2.00 时则更容易。根据许多实践者的经验，他们所建议的 C_P 的“安全”下限为 1.5。高于这个水平的值才能确实保证一个受控过程所生产的所有单元处于规范之内。许多公司要求其供应商的 C_P 值为 1.66 或更高。

四、提高过程能力的途径

过程能力指数反映了过程能力，由过程能力指数的计算公式可见，影响过程能力指数的变量有三个，即产品容差范围（T）、过程加工的分布中心（$\overline{X}$）与容差中心（M）的偏移量、过程的质量特性值的分散程度，即标准偏差（S）。因此提高过程能力的途径有三个，即减少中心偏移量、减少标准偏差 S、增大容差范围 T。

（一）调整过程加工的分布中心，减少中心的偏移量

减少过程中心偏移量有如下措施：

（1）通过收集数据，进行统计分析，找出大量连续生产过程中由于工具磨损、加工条件随时间变化而产生偏移的规律，及时进行中心调整。

（2）根据中心偏移量，通过首件检验，可调整设备、刀具等加工定位装置。

（3）改变操作者的倾向性加工习惯，以容差中心值为加工依据。

（4）配置更为精确的量规，或采用更高等级的量具检验。

（二）提高过程能力，降低分散程度

提高过程能力的措施一般有：

（1）修订过程，改进工艺方法，修订操作规程，优化工艺参数，补充增添中间工序，推广应用新材料、新工艺、新技术。

（2）检修、改造或更新设备，改造、增添与容差要求相适应的精度较高的设备。

（3）增添工具、工装，提高工具、工装的精度。

（4）改变材料进货周期，尽可能减少由于材料进货批次不同造成的质量波动。

（5）改造现有的现场环境条件，满足产品对现场环境的特殊要求。

（6）对关键工序、特种工艺的操作者进行技术培训。

（7）加强现场的质量控制，如设置过程质量控制点、开展 QC 小组活动、加强质检工作。

（三）修订容差范围

修订容差范围的前提条件是必须保证放宽容差范围不会影响产品质量。在这个前提下，可以对不切实际的过高的容差要求进行修订，提高过程能力。

第六节　控　制　图

一、控制图的含义

20 世纪二三十年代，美国的统计技术与质量管理专家休哈特提出了统计过程控制

(SPC）的理论和方法，其基本工具是控制图。

控制图又称管理图，是通过对过程或工序的质量特性进行测定、记录，对过程进行监测和控制的一种质量管理工具，被用来区分一般原因引起的变异和特殊原因引起的变异。典型的控制图如图 9－7 所示，纵轴为样本统计量数值，横轴为时间或样本序列号，以及标有根据统计数据确立的中心控制限（*CL*）、上控制限（*UCL*）和下控制限（*LCL*）。

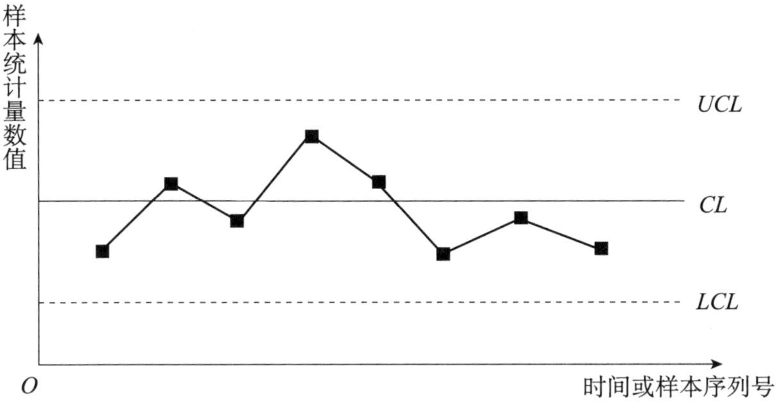

图 9－7　控制图示例

如图 9－8 所示，根据统计学的变异理论，当一个过程中的某个质量特性（以连续随机变量为例）只受到一般原因变异影响时，其量值范围（或这个随机变量的取值）呈正态分布，而正态分布随机变量取值落在 $\mu\pm3\sigma$ 之间的概率为 99.73％，落在 $\mu\pm3\sigma$ 之外的概率为 0.27％。显然，0.27％是小概率事件，根据概率统计原理，小概率事件可以认为是不发生的，如果发生，则认为存在特殊原因的变异。控制图中心线为样本的平均值，上控制限和下控制限是根据所控制质量特性的分布规律，按照类似 3σ 原理设计的。

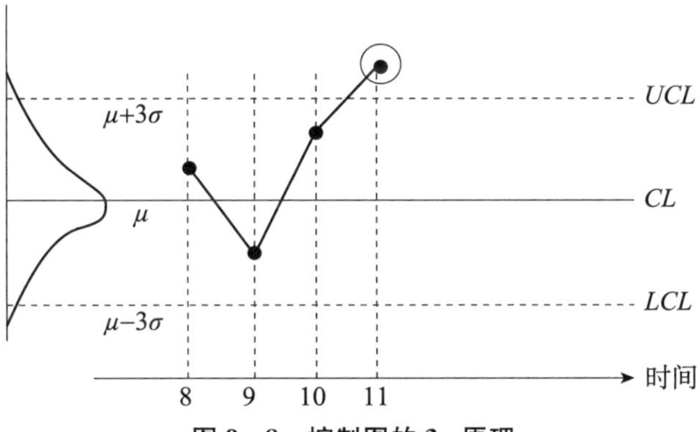

图 9－8　控制图的 3σ 原理

控制图与其他质量改进工具一样，使用起来比较简单。控制图的基本用途有以下三个：

(1）确立统计控制状态。根据描点的位置和分布状况监视过程状态。

(2）监视过程并在过程超出控制限时提供报警信号，即发现异常变异时，启动必要的调查程序和采取纠正措施。

(3）确定过程能力。在一个较长的时期里，比较控制图所显示的是过程的统计控制状态或比较不同过程的控制图，显示和提供关于过程能力、过程稳定性的证据。

二、控制图的类型和适用情况

控制图的具体应用如表 9－9 所示。根据建立控制图统计量的性质，可以分为计量值控制图和计数值控制图。计量值控制图包括平均值-极差控制图 $\overline{X}-R$ 图、中位数-极差控制图（$\widetilde{X}-R$ 图）、单值-移动极差控制图（$X-R_S$图）；计数值控制图包括不合格品数控制图（P_n图）、不合格品率控制图（P 图）、缺陷数控制图（c 图）、单位缺陷数控制图（u 图）。

表 9－9　控制图的种类及适用场合

类别	名称	控制图符号	特点	适用场合
计量值控制图	平均值-极差控制图	$\overline{X}-R$	最常用，判断过程是否正常的效果好，但工作量大	适用于产品批量较大且稳定、正常的过程
	中位数-极差控制图	$\widetilde{X}-R$	计算简便，但效果较差	适用于产品批量较大且稳定、正常的过程
	单值-移动极差控制图	$X-R_S$	简便省事，并能及时判断过程是否处于稳定状态。缺点是不易发现过程分布中心的变化	因各种原因（时间、费用等）每次只能得到一个数据或希望尽快发现并消除异常因素
计数值控制图	不合格品数控制图	P_n	较常用，计算简单，操作工人易于理解	样本数量相等
	不合格品率控制图	P	计算量大，控制线凹凸不平	样本数量可以不等
	缺陷数控制图	c	较常用，计算简单，操作工人易于理解	样本数量相等
	单位缺陷数控制图	u	计算量大，控制线凹凸不平	样本数量不等

三、控制图的应用程序

建立和应用控制图的一个完整过程通常包括以下几个步骤：

（1）选取控制图拟控制的质量特性，如重量、不合格品数等。

（2）选用合适的控制图种类。

（3）确定样本组、样本大小和抽样间隔。在样本组内，假定波动只由偶然原因所引起。

（4）收集并记录至少 20～25 个样本组的数据，或使用以前所记录的数据。

（5）计算各组样本的统计量，如样本平均值、样本极差和样本标准差等。

（6）计算各统计量的控制界限。

（7）画控制图并标出各组的统计量。

（8）研究在控制界限以外的点和在控制界限内排列有缺陷的点，并标明异常（特殊）

原因的状态。

（9）决定下一步要采取的措施。

下面具体说明控制图应用的实例：某公司新安装一台产品装填机。该机器每次可将5 000克的产品装入固定容器。规范要求每次不得装入多于50克产品。

使用控制图的程序如下：

（1）将多装量（克）看成应当加以研究并由控制图加以控制的重要质量特性。

（2）由于要控制的装入量是计量特性值，因此选用了 $\overline{X}-R$ 控制图。

（3）以5个连续装填的容器为一个样本组，于是样本大小 $n=5$。每小时抽取一个样本。

（4）收集25个样本组数据，即组数（k）为25，并按观测顺序将其记录于表9－10中。

表9－10　　多装量（克）和样本统计量

组号	X_1	X_2	X_3	X_4	X_5	X	$\overline{X}$	R
1	47	32	44	35	20	178	35.6	27
2	19	37	31	25	34	146	29.2	18
3	19	11	15	12	44	101	20.2	33
4	29	29	42	59	38	197	39.4	30
5	28	12	45	36	25	146	29.2	33
6	40	35	11	38	33	157	31.4	29
7	15	30	12	33	26	116	23.2	21
8	35	44	32	11	38	160	32.0	33
9	27	37	26	20	35	145	29.0	17
10	23	45	26	37	32	163	32.6	22
11	28	44	40	31	18	161	32.2	26
12	31	25	24	32	22	134	26.8	10
13	22	37	19	47	14	139	27.8	33
14	37	32	12	38	30	149	29.8	26
15	25	40	24	50	19	158	31.6	31
16	7	31	23	18	32	111	22.2	25
17	38	0	41	40	37	156	31.2	41
18	35	12	29	48	20	144	28.8	36
19	31	20	35	24	47	157	31.4	27
20	12	27	38	40	31	148	29.6	28
21	52	42	52	24	25	195	39.0	28
22	20	31	15	3	28	97	19.4	28
23	29	47	41	32	22	171	34.2	25
24	28	27	22	32	54	163	32.6	32
25	42	34	15	29	21	141	28.2	27
累计							746.6	686
平均							$\overline{\overline{X}}=29.86$	$\overline{R}=27.44$

（5）计算每组的样本统计量 $\overline{X}$（5个观测值的平均值）和 R（5个观测值的极差）。

如：第一组：$\overline{X}_1=\dfrac{47+32+44+35+20}{5}=35.6$（克）

$R_1=47-20=27$（克）

其余的可类推。

（6）计算各统计量的控制界限，由表 9－11 中，可查出计算统计量 X 和 R 的控制界限计算公式。

表 9－11　　控制图控制界限线的计算公式表

图别		中心线（CL）	上控制界限线（UCL）	下控制界限线（LCL）
$\overline{X}$-R	$\overline{X}$	$\overline{\overline{X}}$	$\overline{\overline{X}}+A_2\overline{R}$	$\overline{\overline{X}}-A_2\overline{R}$
	R	$\overline{R}$	$D_4\overline{R}$	$D_3\overline{R}$
$\overline{X}$-R	$\tilde{X}$	$\tilde{X}$	$\tilde{X}+m_3A_2\overline{R}$	$\tilde{X}-m_3A_2\overline{R}$
	R	$\overline{R}$	$D_4\overline{R}$	$D_2\overline{R}$
X-R_S	X	$\tilde{X}$	$\overline{X}+2.659\overline{R}_S$	$\overline{X}-2.659\overline{R}_S$
	R_S	$\overline{R}_S$	$3.267\overline{R}_S$	不考虑
P	$\overline{P}$	$\overline{P}+3\sqrt{\frac{\overline{P}(1-\overline{P})}{n}}$	$\overline{P}-3\sqrt{\frac{\overline{P}(1-\overline{P})}{n}}$	
P_n	$\overline{P}_n$	$\overline{P}_n+3\sqrt{\overline{P}_n(1-\overline{P})}$	$\overline{P}_n-3\sqrt{\overline{P}_n(1-\overline{P})}$	
U	$\overline{u}$	$\overline{u}+3\sqrt{\frac{\overline{u}}{n}}$	$\overline{u}-3\sqrt{\frac{\overline{u}}{n}}$	
C	$\overline{c}$	$\overline{c}+3\sqrt{\overline{c}}$	$\overline{c}-3\sqrt{\overline{c}}$	

$$\overline{\overline{X}}=\sum\overline{X}/k=746.6/25\approx29.86(\text{克})$$

$$\overline{R}=\sum R/k=686/25=27.44(\text{克})$$

计算各统计量的中心值和控制界限：

X 图：

中心值 $CL=\overline{\overline{X}}=29.86$（克）

$UCL=\overline{\overline{X}}+A_2\overline{R}$，$A_2$ 为随样本 n 大小而变化的系数，可由表 9－12 选取。本例中，$n=5$，查表得 $A_2=0.577$。

表 9－12　　控制图系数选用表

系数 n	2	3	4	5	6	7	8	9	10
A_2	1.880	1.023	0.729	0.577	0.483	0.419	0.373	0.337	0.308
D_4	3.267	2.575	2.282	2.115	2.004	1.924	1.864	1.81	1.777
E_2	2.660	1.772	1.457	1.290	1.134	1.109	1.054	1.010	0.975
m_3A_2	1.880	1.187	0.796	0.691	0.549	0.509	0.43	0.41	0.36
D_3	—	—	—	—	—	0.076	0.136	0.184	0.223
d_2	1.128	1.693	2.059	2.326	2.534	2.704	2.847	2.970	3.087

$UCL=29.86+0.577\times27.44\approx45.69$（克）

$LCL=29.86-0.577\times27.44\approx14.03$（克）

R 图：

$CL=\overline{R}=27.44$（克）

$UCL=D_4\bar{R}=2.115\times27.44\approx58.04$（克）

$LCL=D_3\bar{R}$，由于 $n=5$，D_3为负值，所以 LCL 取 0。

（7）画控制图。用坐标纸或控制图专用纸来画。一般在上方位置安排 $\bar{X}$ 图，对应的下方位置安排 R 图，横轴表示组号，纵轴表示质量特性值（平均值或极差）。中心线用实线，上下控制线用虚线绘制，并在各条线的右端分别标出对应的 UCL、CL、LCL 符号和数值，在图上控制线的左上方标记 n 的数值。本例见图 9－9。

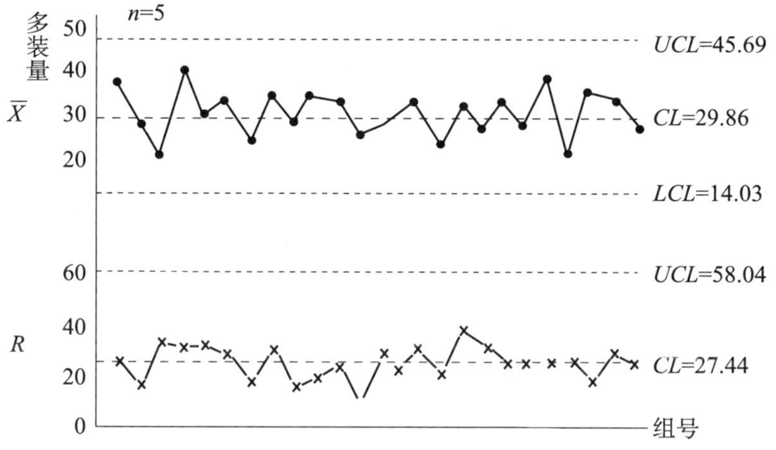

图 9－9　多装量的 $\bar{X}$ 图和 R 图

把各样本组的平均值 $\bar{X}$ 和极差 R 在已经画有控制界线的控制图上打点，一般在 $\bar{X}$ 图和 R 图上分别用“·”和“×”表示，并连接各点。当确认生产过程处于稳定状态时，就可以将此图用于控制工序质量的变化。如果发现点排列有缺陷，则用大圈把异常部分圈起来以便观察分析，借此进行工序过程的动态质量控制。

（8）控制图没有出现越出控制界线的点，也未出现点排列有缺陷（即非随机的迹象或异常原因），可以认为该过程是按预计的要求进行，即处于统计控制状态（受控状态）。

（9）在不对该过程做任何调整的同时，继续用同样的方法对多装量抽样、观测和描点。如果在继续观测时，控制图显示出存在异常原因，则应对过程进行调整。

四、控制图的观察和分析

控制图上的点及其排列状况反映出生产过程的稳定程度，可借以决定是否采取措施。观察分析控制图有以下两类基本的判定原则，同时在应用中需要避免经常发生的错误。

（一）判稳准则

控制图上的点没有超出控制线（在控制线上的点按超出处理），控制界线内的点排列无缺陷，反映过程处于控制状态，生产过程稳定，不必采取措施。

（二）判异准则

控制图上的点出现超出，或者处于控制线上，或控制界限内的点的排列出现非随机状态，即判断过程出现异常，需要分析原因，有针对性地采取措施。国标 GB/T4091－2001《常规控制图》中规定了八种典型的差异准则，为了应用这些准则，将控制图等分为六个区域，每个区宽为 1σ，分别标记为 A、B、C、C、B、A，其中两个 A 区、两个 B 区和两个 C 区相对于控制图中心线 CL 对称。如图 9－10 所示。

准则一：1 点落在 A 区之外［如图 9－10（1）所示］。

准则二：连续 9 点落在中心线的同一侧［如图 9－10（2）所示］。

准则三：连续 6 点递增或递减［如图 9－10（3）所示］。

准则四：连续 14 点相邻点上下交替［如图 9－10（4）所示］。

准则五：连续 3 点中有 2 点落在中心线同一侧的 B 区之外［如图 9－10（5）所示］。

准则六：连续 5 点中有 4 点落在中心线 C 区以外［如图 9－10（6）所示］。

准则七：连续 15 点落在 C 区中心线上下［如图 9－10（7）所示］。

准则八：连续 8 点落在中心线两侧，但无一点在 C 区中［如图 9－10（8）所示］。

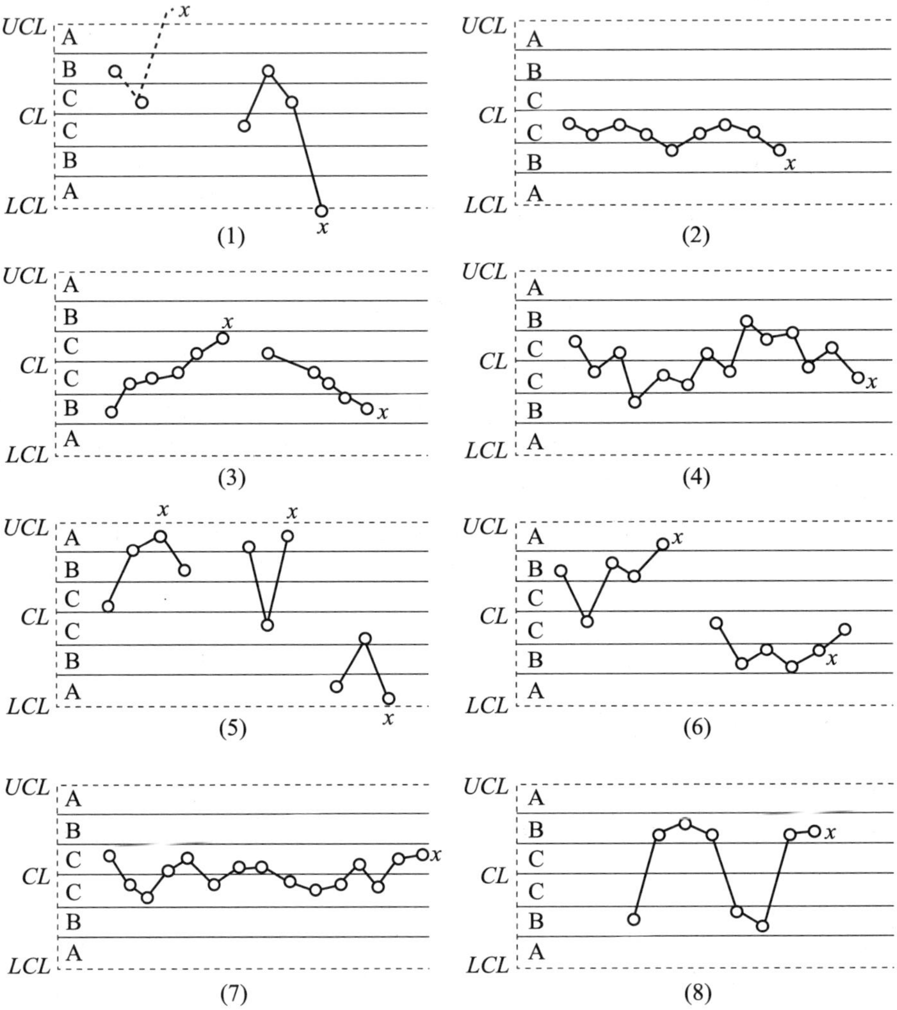

图 9－10　控制图判异准则示意图

在应用控制图时经常发生的以下错误，在实际工作中应注意加以避免：

（1）在 5M1E 因素未加控制、过程处于不稳定状态时就使用控制图管理过程。

（2）在过程能力不足，即在 $C_P<1$ 的情况下就使用控制图。

（3）用公差线代替控制线，或用压缩的公差线代替控制线。

（4）仅打“点”而不做分析判断，失去控制图的报警作用。

（5）不及时打“点”，因而不能及时发现过程异常。

（6）当5M1E发生变化时未及时调整控制线。

（7）画法不规范或不完整。

（8）在研究分析用控制图时，对已弄清有异常原因的异常点，在原因消除后未剔除异常点数据。

本章小结

本章主要介绍了统计学的基础知识；常用的统计技术和方法；简要说明了变异理论和统计过程控制的关键概念和工具——过程能力与控制图。

复习思考题

1. 简述过程变异的原因以及两类管理错误。
2. 简述抽样检验的优缺点。
3. 如何提高过程能力？

复习思考题答案请参考网络资源相关栏目。请在40分钟内完成网络资源“即时练习”中的本章练习。网络资源的“关键概念”提供了相关概念的检索。

第十章　质量管理工具和方法

【学习导航】

请用 5 学时学习本章内容。

掌握：

老七种工具的用途和应用程序；新七种工具的用途和应用程序。

识记：

老七种工具的定义；新七种工具的定义。

【引例】

在质量管理实践中，常常会遇到这样的问题：某纺织厂漂染车间 QC 小组针对一年中出现的染色疵点进行统计分析。现收集到如下一些数据，这时就需要用到质量控制工具和方法，画出排列图并指出主要的质量问题。

项目	色花	色渍	蜡花	色差	其他
数量（个）	280	50	17	120	33

在质量管理实践中，人们以统计技术或者以数据处理理论为基础，开发出许多有用的工具和方法，有的工具和方法用于数据处理，有的工具和方法用于过程控制和改进，还有的工具和方法用于策划、收集创意和解决问题。有些属于单一的工具和方法，有些属于综合性的、系统化的工具和方法。

第一节　质量控制工具和方法

常用的现场质量控制的收集、处理和评价数据的工具和方法是日本在 20 世纪五六十年代开展质量管理活动中开发和总结出来的七种工具和方法，现在通常称为“老七种工具”，它们对应现在开发出来的“新七种工具”。本节将介绍“老七种工具”，即调查表、分层法、因果图、排列图、直方图、散布图以及流程图。关于“新七种工具”将在下一节说明。

一、调查表

调查表（data-collection form）又称检查表、核对表、统计分析表，是用来系统地收集和积累数据，确认事实，并对数据进行粗略整理和分析的统计图表。

在现场质量管理中，可根据收集数据的目的和数据类型等自行设计所用的表格，常用的调查表有不合格品项目调查表、缺陷位置调查表、质量特性分布调查表、矩阵调查表。

不合格品项目调查表主要用于调查生产现场不合格品中不合格项目的频数和不合格品率，以便进一步利用排列图等分析研究。如表 10－1 是某 QC 小组对中继线插头焊接缺陷的调查表。

表 10－1　　插头焊接缺陷调查表（N=4 870）

序号	项目	频数	累计	累计百分比（%）
A	插头槽径大	3 367	3 367	69.14
B	插头假焊	521	3 888	79.84
C	插头焊化	382	4 270	87.68
D	插头内有焊锡	201	4 471	91.81
E	绝缘不良	156	4 627	95.01
F	芯线未露	120	4 747	97.47
G	其他	123	4 870	100.00

调查者：×××　　　　________年________月________日

地点：某公司插头焊接小组

缺陷位置调查表用来记录、统计、分析不同类型的外观质量缺陷所发生的部件、部位和密集程度，找出规律性，为调查或找出解决问题的方法提供依据。图 10－1 是反映汽车车身喷漆质量的缺陷位置调查图。从图 10－1 中可见，色斑发生在多处，而车门处最容易发生色斑缺陷，是应该首先采取措施的地方。

车　型		检查处	车　身
工　序		检查表	××××年 ××月××日
调查目的	喷漆缺陷	调查台数	2 139

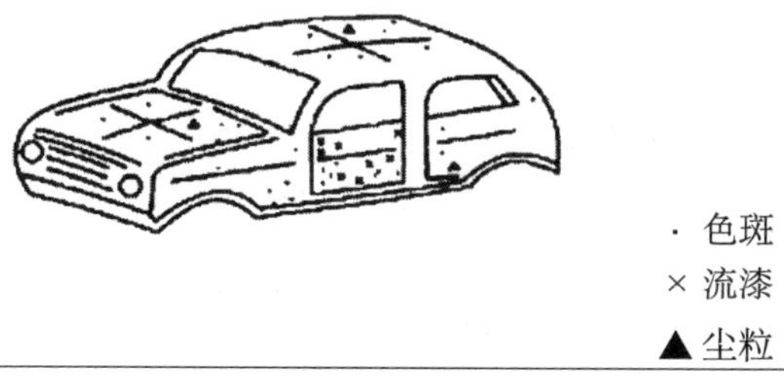

图 10－1　汽车车身喷漆质量的缺陷位置调查图

质量分布调查表是使用计量值数据进行现场调查的有效工具。它根据以往资料，将某一质量特性项目的数据分布范围分成若干区间而制成表格，用来记录和统计每一质量特性数据落在某一区间的频数，如表 10－2 所示。

表 10－2　　某产品重量实测值分布调查表

调查人________　　调查数（N）________　　调查日期____年____月____日

频数	1	3	6	14	26	32	23	10	4	2		
35												
30						丅						
25					一	正						
20					正	正	正					
15					正	正	正					
10				正	正	正	正					
5			一	正	正	正	正	正				
0	一	正	正	正	正	正	正	正	正	正		

0.5　5.5　10.5　15.5　20.5　25.5　30.5　35.5　40.5　45.5　50.5（克）

从表格形式看，质量分布调查表与直方图的频数分布表相似。两者的不同之处是，质量分布调查表的区间范围是根据以往资料，首先划分区间范围，然后制成表格，以供现场调查记录数据；频数分布表则是首先收集数据，再适当划分区间，然后制成图表，以供分析现场质量分布状况之用。

矩阵调查表是一种多因素调查表，它要求把产生问题的对应因素分别排列成行和列，在其交叉点上标出调查到的各种缺陷和问题以及数量。表 10－3 是两台注塑机生产的塑料制品的外观质量的调查表，从表 10－3 中可以看出：2# 机发生的外观质量缺陷较多，进一步分析原因发现是由于对注塑机（2#）的维护保养差所致，2 月 8 日，两台注塑机所生产的产品的外观质量缺陷都比较多，而且气孔缺陷尤为严重。经调查分析发现是当天的原材料温度较高所致。

表 10－3　　塑料制品外观质量调查表

机号	2 月 5 日		2 月 6 日		2 月 7 日		2 月 8 日		2 月 9 日		2 月 10 日	
	上午	下午	上午	下午	上午	下午	上午	下午	上午	下午	上午	下午
1#	○●×○	●□	○○	×□×	△○△×	○	○○○○●○○○	○○●△○○○△	□○	○△	○×	××●
2#	△○□	○○○●×	○×××●	●●△△×	○●●△△	○○×××	○○○●△○○○○	○○○●○×○○○○	×●○○	×○△□	○○×	○□

注：缺陷符号：○—气孔；△—塌坑；●—疵点；×—变形；□—其他。

调查表的应用程序通常包括以下五个步骤：

（1）明确收集资料的目的。

（2）明确为达到目的所需的资料及所用的分析方法。

（3）要根据目的不同设计调查表格式，包括：调查者、调查时间、地点和方式等项目。

（4）对收集和记录的资料进行预先检查，确定调查表格式设计的合理性并作出评价。

（5）必要时应评审和修改调查表格式。

二、分层法

我们知道，引起质量波动（变异）的原因多种多样，因此收集到的质量数据和意见往往带有综合性。为了能够真实反映产品质量波动的真实原因和变化规律，必须对质量数据、意见等进行适当地归类和整理，这种方法被称为分层法（stratification）。分层法又称分类法、分组法，是指按照一定标志，把收集到的大量有关某一特定主题的统计数据、意见等加以归类、整理和汇总。分层的目的在于把杂乱无章和错综复杂的数据和意见加以归类汇总，使之更能确切地反映客观事实。分层的目的不同，分层的标志也不一样。

分层的原则是：同一层次内的数据波动（意见和观点差别）幅度尽可能小，层与层之间的差别尽可能大。这样才能达到归类汇总的目的。基于不同的分层标志，有多种分层方法，常用的分层标志有5M1E、时间、意见和观点等，可根据具体情况灵活选用和细分，也可以在质量管理活动中不断开发出新的分层标志。

分层法常用于归纳整理所收集到的统计数据，或归纳汇总由头脑风暴法所产生的意见和想法。分层法常与其他方法结合起来应用，如分层直方图法、分层排列图法、分层控制图法、分层散布图法、分层因果图法和分层调查表法等。

分层法的应用包括以下步骤：

（1）收集数据和意见。

（2）将采集到的数据或意见根据不同目的选择分层标志。

（3）分层。

（4）按层归类。

（5）画分层归类图。

三、因果图

因果图（cause and effect diagram）又称石川图、特性要因分析图、树枝图、鱼刺图等，它是表示质量特性波动与其潜在原因的关系，即表达和分析因果关系的一种图表，如图10-2所示。运用因果图便于找到问题的原因，对症下药，解决质量问题。因果图在质量管理活动中（如QC小组活动中）的质量分析方面有着广泛用途。

应用因果图包括以下步骤：

（1）简明扼要地规定结果，即规定需要解决的质量问题。

（2）规定可能发生的原因的主要类别。

（3）把结果画在右边矩形框中，把各类主要原因放在左边矩形框中，作为结果的

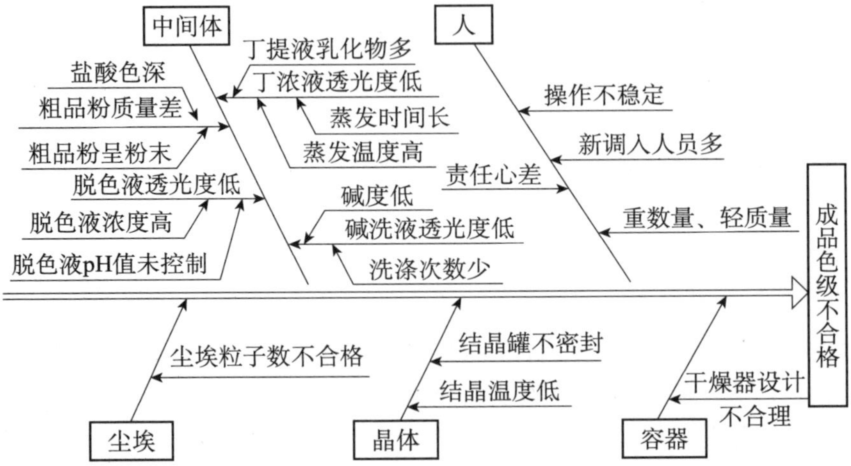

图 10-2 盐酸林可霉素成品色级不合格的因果图

输入。

(4) 寻求次一级的原因，画在相应的主（因）枝上，并继续层层地展开下去。

(5) 从最高层（最末一层）的原因（末端因素）中选取和识别少量对结果影响大的原因（称为重要因素或要因），必要时做进一步验证。

应用因果图时注意的问题有：

(1) 建立因果图时必须通过有效的方法，比如头脑风暴法，充分发扬民主，畅所欲言，集思广益，把每个人的意见都记录下来。

(2) 确定需要分析的质量问题（特性）不能笼统，要具体，一张因果图分析一个主要质量问题。因果图只能用于单一目标研究。

(3) 因果图的层次要分明。最高层次的原因应追溯到可以采取措施为止。

(4) 要因一定是在末端（最高层次）因素上，而不是在中间层次上。

(5) 因果图本身只能用于分析原因或建立假设，是否是真正原因需要进行验证。

(6) 因果图与排列图、对策表结合起来应用，即我国企业所谓的“两图一表”会收到很好的效果。

四、排列图

排列图（Pareto analysis）又称帕累托图，它是将质量改进项目从重要到次要进行排序的一种图示技术。排列图由一个横坐标、两个纵坐标、几个按高低顺序排列的矩形和一条累计百分比折线组成，如图 10-3 所示。

排列图建立在帕累托原理的基础上。意大利经济学家帕累托研究社会财富分布状况时发现：在社会中，拥有财富最大部分者只占总体人口的较小百分比，而大多数的人只拥有财富的较小部分，即“关键的少数和次要的多数”原理。美国质量管理学家朱兰最先把这一原理运用到质量改进活动之中，同社会财富的分布状况类似，在质量改进的项目中，其中的少数部分起着主要的、决定性的作用，通过区分“关键的少数和次要的多数”，就可找到最具改进潜力的问题，从而用最小的努力获得最大的改进。

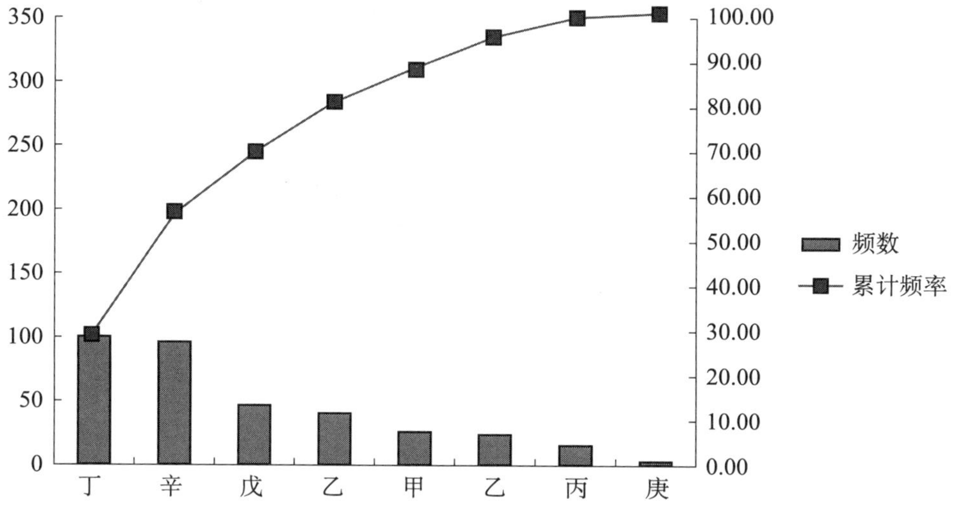

图 10－3　排列图示例

排列图有两个主要作用：一是按重要顺序显示出每个质量改进项目对整个质量问题的影响和作用；二是找出“关键的少数”，抓住关键问题，识别质量的机会。

应用排列图有以下步骤：

（1）确定质量分析的问题（如产品缺陷）。

（2）收集影响问题的项目数据，并将相同项目（如缺陷原因、缺陷发生的部位或单位）归类，统计各类项目的出现频数。

（3）按频数大小由高到低把各类项目排序，以长方形表示在横轴上，高度即为频数。

（4）计算每个项目占总项目的百分比。

（5）计算累计比率（即累计频率），画出累计频数曲线，即帕累托曲线，用来表示各项目的累计作用，便完成了帕累托图的绘制。

（6）找到关键的少数（累计占 80％左右的项目），确定对质量改进最重要的项目。

表 10－4 是某卷烟车间第四季度对成品抽样检验时得到的外观质量不合格的统计数据（本例中已经进行了相关计算和排序）。

表 10－4　缺陷项目统计表

序号	项目	频数（支）	累计频数（支）	累计百分比（％）
1	空松	458	458	46.3
2	贴口	297	755	76.3
3	切口	80	835	84.3
4	表面	55	890	89.9
5	短烟	35	925	93.4
6	过紧	28	953	96.3
7	其他	37	990	100

根据这些数据作出排列图，如图 10－4 所示。从图 10－4 上可以看出，空松和贴口这

两个项目质量缺陷占全体质量缺陷的 76.3%，因此，只要把这两项作为“质量改进”的主要对象，就能取得显著的改进效果。

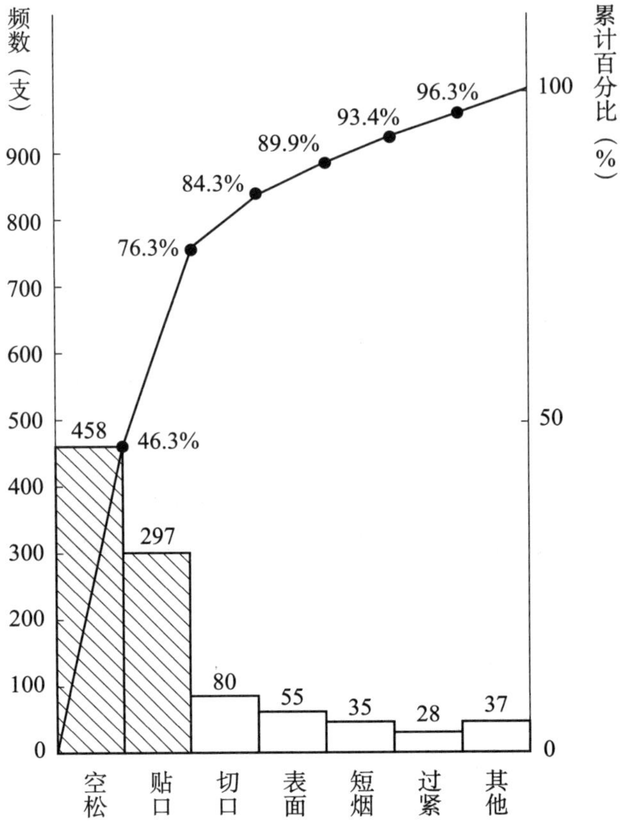

图 10－4　卷烟外观质量不合格排列图

五、直方图

直方图（histogram）是频数直方图的简称，它是把加工过程中测试得到的数据按一定的组距加以分组归类作出直方图，然后与设计规格的公差范围对比，判断生产过程是否稳定。直方图用一系列宽度相等（表示数据范围的间隔）、高度不等（表示在给定间隔内的数据数）的长方形表示，如图 10－5 所示。

直方图的目的和用途表现在以下方面：

（1）直观地显示了质量波动的状态。

（2）较直观地传递有关过程质量状况的信息。

（3）当人们根据直方图的图形研究质量数据波动状况之后，就能掌握过程的状况，从而确定在什么地方进行质量改进工作。

现在以某厂生产的产品重量为例，对直方图的应用程序加以说明。该产品的重量规范要求为（1 000＋50）克。

（1）收集数据。

作直方图的数据一般应大于 50 个。本例在生产过程中收集了 100 个数据，列于表 10－5 中。

表 10－5 数据表

测量值（单位：克）									
43	28	27	26	33	29	18	24	32	14
34	22	30	29	22	24	22	28	48	1
24	29	35	36	30	34	14	42	38	6
28	32	22	25	36	39	24	18	28	16
38	36	21	20	26	20	18	8	12	37
40	28	28	12	30	31	30	26	28	47
42	32	34	20	28	34	20	24	27	24
29	18	21	46	14	10	21	22	34	22
28	28	20	38	12	32	19	30	28	19
30	20	24	35	20	28	24	24	32	40

（2）确定数据的极差（R）。

用数据的最大值减去最小值求得。本例最大值 $X_{max}=48$ 克，最小值 $X_{min}=1$ 克，所以极差 $R=48-1=47$（克）。

（3）确定组距（h）。

先确定直方图的组数，然后以此组数去除极差，可得直方图每组的宽度，即组距。组数的确定要适当。组数太少会引起较大的计算误差，组数太多很难显示出数据分布的规律性，且计算工作量加大。组数 k 的确定可参考组数选用表，见表 10－6。

表 10－6 组数选用表

数据数目	组数 k	常用分组数 k
50～100	5～10	10
100～250	7～12	
250 以上	10～20	

本例取 $k=10$，将数据分为 10 组。于是，组距（h）为 $R/k=47\div10=4.7$（克）≈5（克）。组距一般取测量单位的整数倍，这样便于分组。

（4）确定各组的界限值。

为避免出现数据值与组界限值重合造成频数计算困难，组的界限值单位应取最小测量单位的 1/2。本例最小测量单位是个位，其界限值应取 0.5。分组时应把数据表中最大值和最小值包括在内。

第一组下限值为：$1-0.5=0.5$。

第一组上限值为：第一组下限值加组距，即 $0.5+5=5.5$。

第二组下限值就是第一组的上限值，即 5.5。

第二组上限值就是第二组的下限值加组距，即 $5.5+5=10.5$。

第三组以后，依次类推出各组的组界。

（5）编制频数分布表。

把各个组上下界限分别填入频数分布表内，并把数据表中的各个数据列入相应的组，统计各组频数，见表 10－7。

表 10－7　　频数分布表

记录编号：＿＿＿＿＿＿　　＿＿年＿＿月＿＿日

组号	组界	频数统计	频数
1	0.5～5.5	/	1
2	5.5～10.5	///	3
3	10.5～15.5	//////	6
4	15.5～20.5	//////////////	14
5	20.5～25.5	///////////////////	19
6	25.5～30.5	///////////////////////////	27
7	30.5～35.5	//////////////	14
8	35.5～40.5	//////////	10
9	40.5～45.5	///	3
10	45.5～50.5	///	3
其他	$h=5$ $N=100$ $\overline{X}=26.6$ $s=\sqrt{\frac{\sum_{i=1}^{n}(x_i-\overline{x})^2}{n-1}}=9.14$		

制表：＿＿＿＿

（6）按数据值比例画横坐标，见图 10－5。

（7）按频数值比例画纵坐标（以观测值数目或百分数表示），见图 10－5。

（8）画直方图。

按纵坐标画出每个长方形的高度，它代表了落在此长方形中的点数。注意：每个长方形的宽度都是相等的。在直方图上应标注出公差范围（T）、样本大小（N）、样本平均值（$\overline{X}$）、样本标准偏差值（S）和 $\overline{X}$ 的位置，见图 10－5。

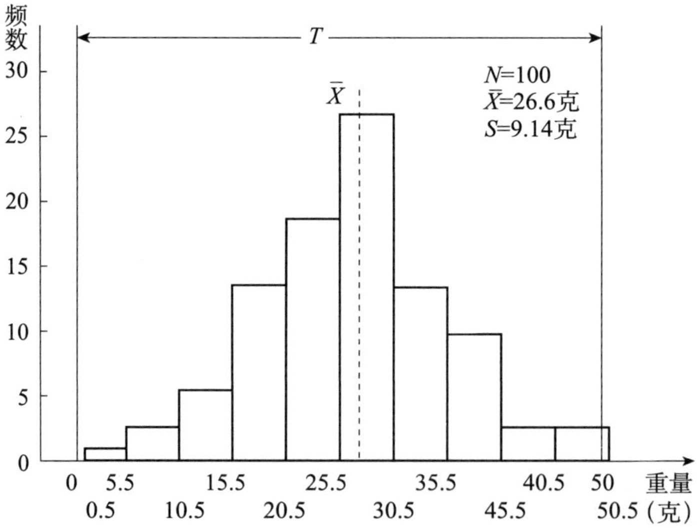

图 10－5　某产品重量分布的直方图

需要说明的是，运用现有的电子表格和统计软件，可以很方便地自动生成直方图。本例只是说明其中的原理和过程。

直方图的观察分析。通过分析直方图的形状以及对照规范要求进行分析，可以了解过程能力和所处的状态，并可以发现原因，以进一步采取改进措施。观察直方图应着眼于整个图形的形态，对于个别的参差不齐的不必计较。常见的直方图形状如图 10－6 所示。

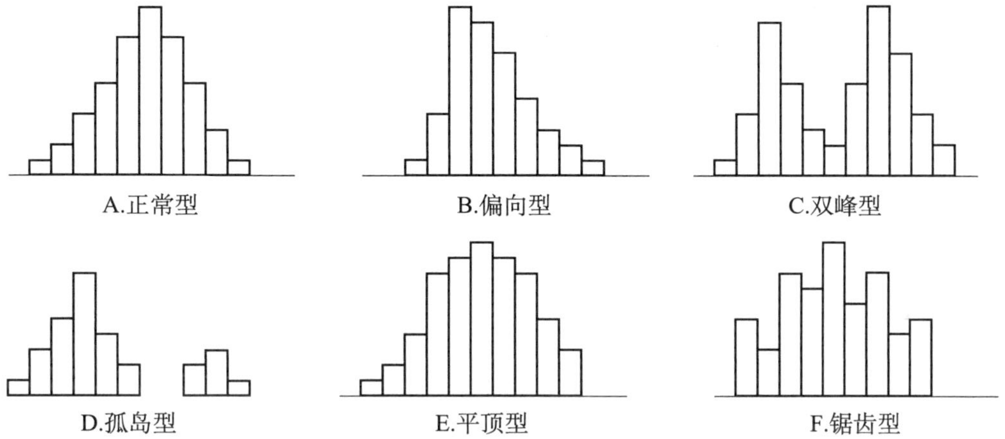

图 10－6　常见的直方图形态

A 图为正常型，图形对称分布，且两边有一定的余量，数据频数集中在中心值，是正常状态，说明过程处于统计控制状态（稳定状态）。

B 图为偏向型，数据的平均值位于中间值左侧（或右侧），形状不对称，数据分布的频数突然增加或减少；这可能是由单向公差要求（形位偏差）或加工习惯或心理因素引起的。

C 图为双峰型，直方图的中间值频数少，两侧出现峰值；表明数据来自两个平均值不同的总体，如来自两个工人或两种设备加工的产品混为一批。

D 图为孤岛型，在正常型直方图一侧出现“小岛”；表明过程可能发生原材料混杂、操作疏忽、短时间内有不熟练操作人员替岗、测量工具有较大误差等。

E 图为平顶型，表明加工过程中缓变因素（如刀具磨损）的影响，或几种平均值不同的分布混杂在一起。

F 图为锯齿型，可能由于分组过多或测量数据不准确引起。

对照规范要求进行分析比较。当直方图图形为正常型时，还需要对照标准进行比较，以判定工序满足标准要求的程度。典型的直方图分布与规范相比较时的分布关系如图 10－7所示，相应的过程调整措施见表 10－8。

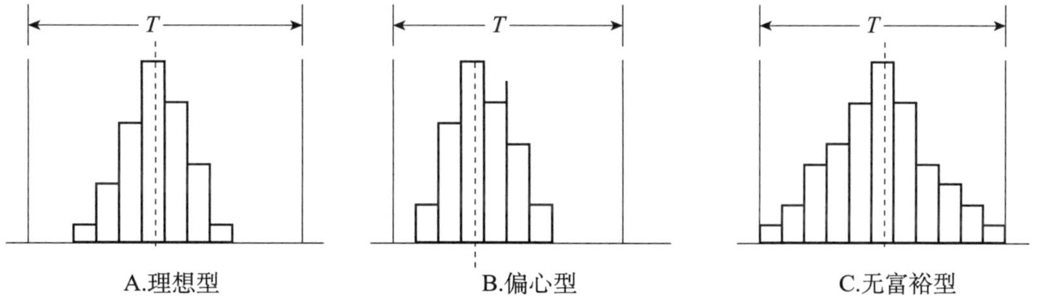

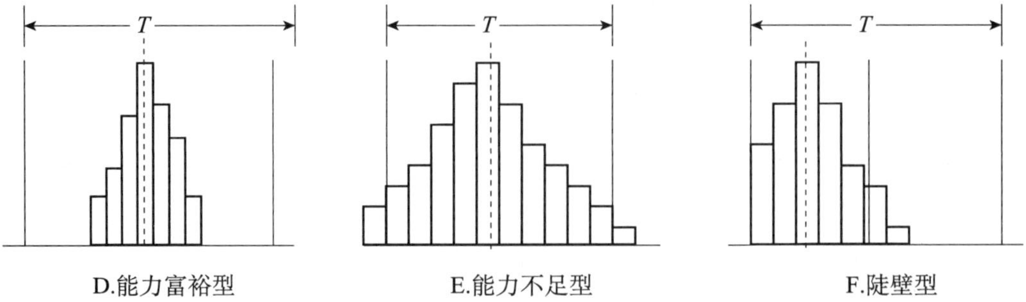

图 10－7 与规范相比较时直方图的典型分布

表 10－8 不同直方图对应的工序调整措施

图例	工序调整措施
A. 理想型	图形对称分布，且两边有一定余量，是理想状态，此时，应采取控制和监督办法
B. 偏心型	调整分布中心 $\overline{X}$，使分布中心 $\overline{X}$ 与公差中心 M 重合
C. 无富余型	采取措施，减少标准偏差 S
D. 能力富余型	工序能力出现过剩，经济性差，可考虑改变工艺，放宽加工精度或减少检验频次，以降低成本
E. 能力不足型	已出现不合格品，应多方面采取措施，减少标准偏差 S 或放宽过严的公差范围
F. 陡壁型	已造成不合格品，应采取措施，使分布中心与公差中心重合

六、散布图

散布图（scatter diagram）是研究两个变量之间相互关系的图示方法，是一种简单的回归分析技术。在质量管理中，常常需要研究两个或多个变量之间的关系，其中有些是确定的函数关系，有些则是有关但不完全确定的关系，这些关系即为散布图的研究对象。

在散布图中，成对的数据形成点子云，研究点子云的分布状态，即可推出数据间的相关程度。比如，研究成对出现的（X，Y）变量时，当 Y 值随 X 值的增加而增加，则称二者为正相关关系；反之，当 Y 值随 X 值的增加而减少时，则称二者为负相关关系。常见的点子云形状如图 10－8 所示。

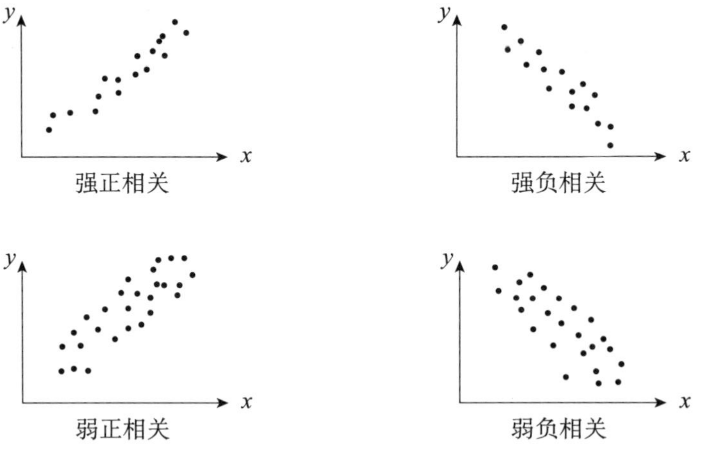

图 10－8　散布图中的点子云形状

应用散布图包括以下步骤：

（1）确定要研究的数据组，成对数据（X，Y）。

（2）收集二者的成对数据，一般不少于 30 对。

（3）标明 x 轴与 y 轴。

（4）描点作图（当两对的数据值相同时，即数据点重合时，可围绕数据点画同心圆表示，或在该点最近处画点）。

（5）分析变量的相关程度。

利用散布图进行简单分析的方法有：一是对照典型图例（如图 10－8 所示）作为判断；二是利用简单象限法，即分别作 x 轴平行线，将点子云的点数上下基本平分，作 y 轴的平行线，将点子云左右基本平分，然后根据对角象限的点子数判断相关关系。如果需要进一步精确分析变量之间的相关关系，则还需要建立回归方程，进行相应的回归分析和计算。

应用散布图应注意的事项如下：

（1）应将不同性质的数据分层作图，否则将会导致不真实的判断结论。

（2）散布图相关性规律的应用范围一般局限于观测值数据的范围内，不能任意扩大相关判断范围。

（3）散布图中出现的个别偏离分布趋势的异常点，应在查明原因后予以剔除。

七、流程图

流程图（flow chart）就是用一些简单、容易识别的标识符号表示一个过程（如加工过程、检验过程、改进过程等）的步骤（活动）的图示技术。流程图的基本标识符号有四种，如图 10－9 所示。

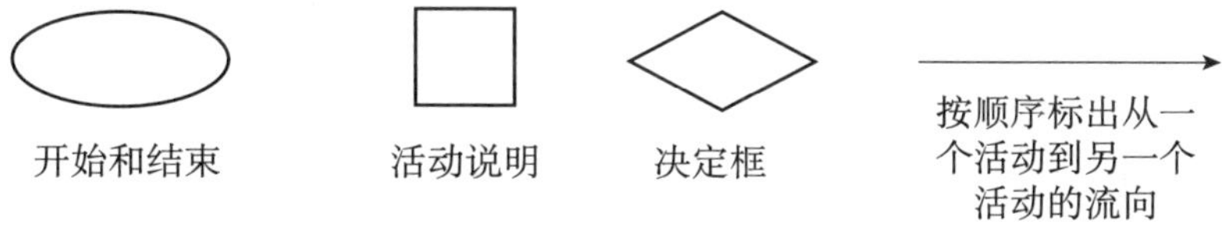

图 10－9　流程图标识

流程图可用于描述现有的过程，也可用于设计一个新过程。通过在建立流程图时对过程各步骤的研究，可以发现潜在的失效原因和改进区域。图 10－10 是一张简单的使用复印机复印文件的流程图。

应用流程图包括以下步骤：

（1）识别过程的开始和结束。

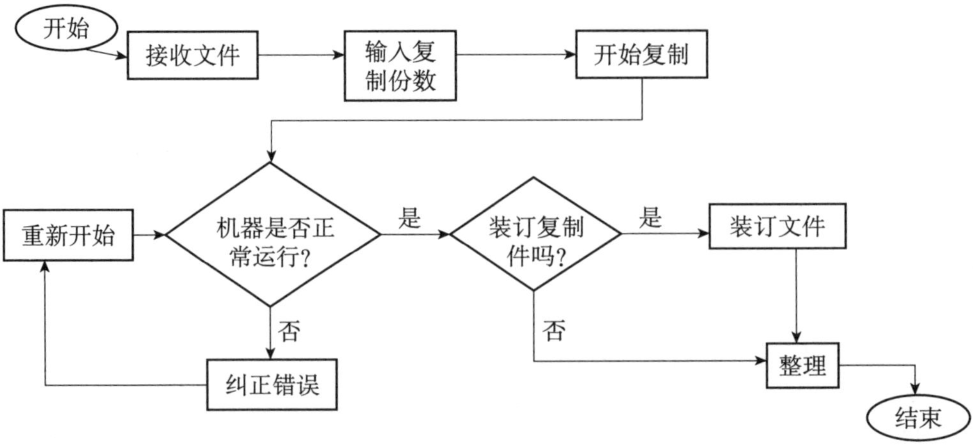

图 10－10　　文件复印流程图

（2）观察从开始到结束的整个过程。

（3）规定在该过程中的步骤（输入、活动、判断、决定、输出）。

（4）画出表示该过程的一张流程图草图。

（5）与该过程中所涉及的有关人员共同评审该草图。

（6）根据评审结果改进流程图草图。

（7）与实际过程比较，验证改进后的流程图。

（8）注明正式流程图的形成日期，以备将来使用和参考（它可用作过程实际运行的记录，也可用来判别质量改进的程度和机会）。

设计新过程流程图包括以下步骤：

（1）识别该过程的开始和结束。

（2）使此新过程中将要形成的步骤（输入、活动、判断、决定、输出）形象化（符号化）。

（3）确定该过程中的步骤（输入、活动、判断，决定、输出）。

（4）画出表示该过程的流程图草图。

第二节　计划与管理的工具

20 世纪 70 年代以后，日本的质量实践者又提出了以关系图、KJ 法、树图、矩阵图、矩阵数据分析法、过程决策程序图、矢线图为主要内容的工具和方法，被称为“新七种工具”。这些工具和方法以解决思考性的、定性的问题为主，着重于对于语言信息的分析处理，主张先行一步提出问题，强调预见性。

一、关系图

关系图（relationship diagram）是用箭头线表示事物之间因果关系的一种连线图，也称关联图。关系图法是以群体方式来解决问题。在确定了所要解决的问题后，若干成员组成一个团队，团队成员充分发挥创造性思维，利用关系图明确各种复杂的因素之间的因果关系，形成共识，最终找到解决问题的对策。

关系图既可解决多目的型问题，也可解决单一目的型问题。前者涉及具有内在有机联系的多部门的协作。关系图不仅能找出这种联系，还能找出重点；后者则是要协调不同立场的人员所提出的各种意见。

关系图法在质量管理中主要应用于以下几个方面：

（1）制订开展质量管理活动的计划。

（2）质量方针的设定与展开。

（3）制造过程中的质量改进，特别是提出解决潜在质量问题的对策。

（4）推动 QC 小组活动。

（5）解决顾客投诉的问题。

（6）改进企业的业务活动。

（7）解决在交货期管理、过程管理方面存在的问题。

关系图一般有以下四种类型：

（1）中央集权型关系图。把重要的项目、要解决的问题或要达到的目标放在图的中央，与之有关的原因或手段按其关系的远近排列于其周围，如图 10－11（A）所示。

（2）单向集约型关系图。将重要项目、要解决的问题或要达成的目标置于图的一侧（右侧或左侧），各要因则由左向右（或由右向左）排列，如图 10－11（B）所示。

（3）关系表示型关系图。这是一种较为自由的排列，表示各活动项目或各要因间的因果关系，如图 10－11（C）所示。

（4）应用型关系图。它以上述三种形式为基础组合而成。

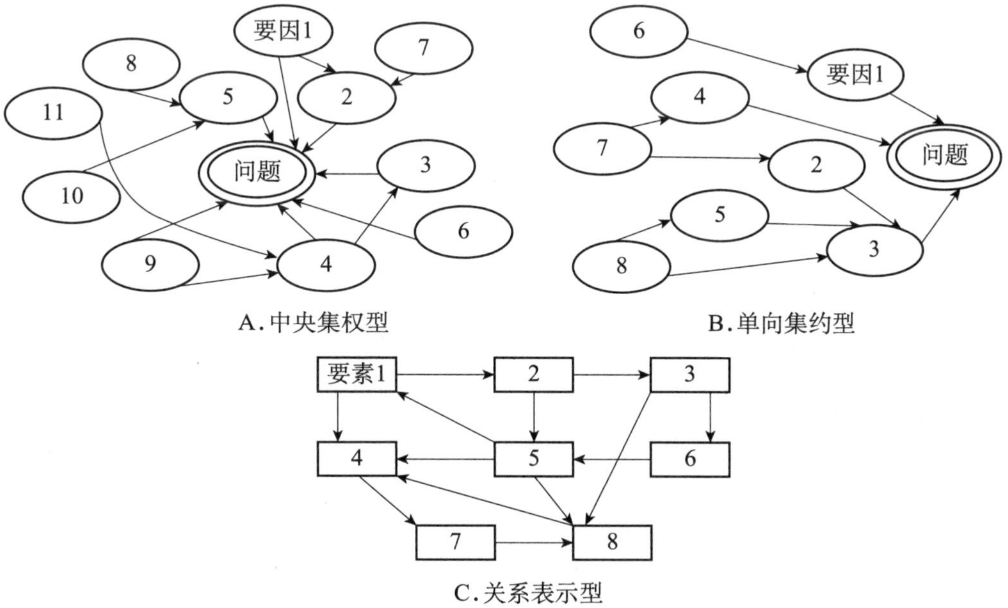

图 10－11　关系图的形式

应用关系图法的一般步骤包括：

（1）提出要达到的目标及所要解决的问题，用双椭圆圈◎表示。

（2）提出认为与问题有关的一切主要原因（或达到目标的手段），并用简明而通俗的语言表示出来，用○圈起。

（3）用箭头表示出问题与原因之间、各主要原因之间、目标与手段之间的逻辑关系。箭头方向通常是由原因指向结果，目标指向手段（根据问题的不同，允许箭头做相反的指向，因此，建立关系图时，有必要预先规定好箭头的方向和定义）。

（4）掌握全貌。

（5）进一步归纳出重点项目，在图上可画上阴影线表示强调。

在作图时要尽可能多地搜集情报，集思广益，重视各方面的意见。尽可能用生动的语言表述原因。要由小组成员共同作图。要反复修改，以便归纳出重点项目。对于原因—结果型课题，以"为什么……"为题容易作图，分析不下去时，多问一个"为什么"。能够采取的措施务必立即采取，一旦发现新的事项或原因，立即调查或改变行动。若存在相互关联的环状因素关系，可考虑在某处断开。

二、KJ 法

KJ 法（K J method）也称亲和图法，是由日本的川喜田二郎开发出的一种创造性的问题解决法，KJ 取自其姓氏的字头。KJ 法是针对那些未来要解决的问题或未知、未接触过的领域的问题，收集与之有关的想法、意见等语言文字资料，并根据其内在的相互关系（亲和性）作成归类合并图，从中找出应解决的问题和明确问题的形态。

KJ 法具有与统计方法不同的鲜明特点，它属于问题发现型，而非假设查证型。该方法对收集到的语言文字资料侧重于综合分析和分层，主要用感情、灵感等来归纳问题，无须量化，这是 KJ 法与其他几种工具的不同之处。

KJ 法的目的和用途表现在以下方面：

（1）掌握处于不清楚状态的事实的资料，用以认识事实，比如处理面对从未进入过的市场领域的问题。

（2）把一些零散状态的事实资料、意见、设想等归纳起来，使之系统化。

（3）突破现状，旧有的概念体系一旦破坏、崩溃，思路观念又会处于混乱状态，则用 KJ 法再次归纳，使之系统化。

（4）计划，把持有不同意见而能相互理解的人员组成计划小组，每个成员都为共同的目的提出自己的意见，然后把资料编成卡片，各自通过亲和图整理出自己的看法，这也是将个人想法系统化的过程。

（5）有效地贯彻方针，即通过亲和图由上级到下级，再由下级反馈给上级，上级修正后再向下，再反馈。这样一个循环过程使得管理方针得以彻底贯彻。

应用 KJ 法主要分为以下几个步骤：

（1）决定作图的题目，应当注意的是，亲和图适合于解决那些比较复杂的棘手问题以及那些需要花费时间慢慢才能掌握其本质的问题，对于那些需要速战速决的或是比较简单的问题则不大适合。

（2）收集语言文字资料，可采用直接观察、面谈、阅览、个人思考等方法，该步骤的目的在于把握事实，应防止主观臆断、先入为主，避免掺杂个人成见。

(3) 卡片化，即将语言文字资料作成卡片。

(4) 整理卡片。阅读每张卡片，把感觉到内容有相连的（有亲近感的）卡片集中，即根据语言文字的亲和性，凭“感觉”来整理，而并非依据道理分析、成见、已有的标准来进行。

(5) 把归为一组的卡片内容用简单语言进行归纳并加以记录，作为标题卡。

(6) 作图。把全部内容作成易于理解的图解形式，按确定的位置排列卡片，再以适当符号画出卡片间的相互关系。

(7) 以口头或书面的形式发表。即把亲和图的梗概内容以口头或书面的形式表达出来。图 10－12 所示的是探索我国某溶剂三醪液浓度与蒸气用量关系的亲和图。

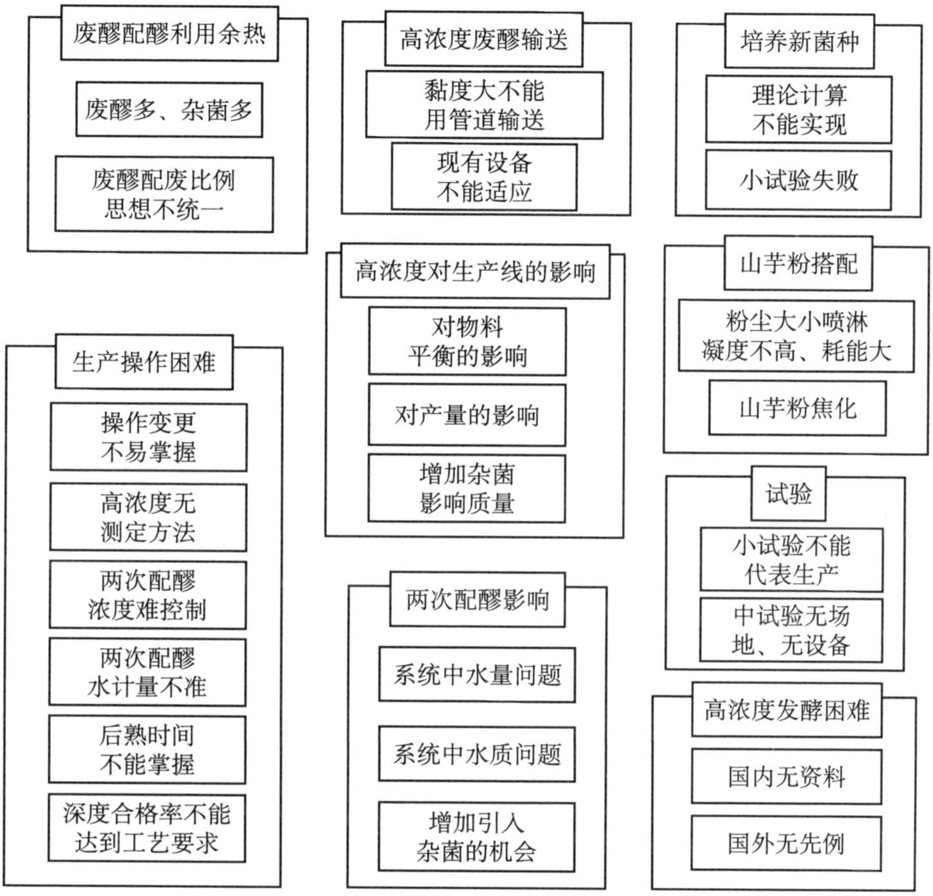

图 10－12　亲和图示例

三、树图

树图（tree diagram）也称系统图，是一种通过对目的和手段系统地展开，寻求解决问题、实现目的的最佳手段和措施的分析方法。树图可以分为两类：一是以构成要素的展开为目的-手段关系的“构成要素展开型”；二是把解决问题时所采用的手段和对策进行系统性展开的“措施展开型”或“因果展开型”。

树图主要应用于以下几个方面：

（1）在战略计划活动中，将目标逐层分解，逐层落实。

（2）新产品研制过程中设计质量的展开，明确要达到设计目标需要哪些质量特性。

（3）在质量保证活动中，展开各部门的质量保证。

（4）解决企业内部质量、成本、产量等方面的问题。

（5）企业内质量责任制的明确等。

制作树图的一般步骤如下：

（1）明确所要达到的目标，把最终目标简洁地表示出来，并记录在卡片上。

（2）提出实现目标的方法和手段，既可从高到低展开，也可以相反，或根本不考虑级次而直接记录。总之，此阶段应注重发挥群体的智慧，集思广益，语言要简洁明了。

（3）对方法、手段进行评价。以“〇”表示可以实施的；以“△”表示未经调查不知是否可行的，对这类方法、手段应立即调查，尽快明确；以“×”表示不能实施的。

（4）制作卡片。把标有“〇”的手段用简洁准确的语言记录成卡片。

（5）卡片系统化。把上述目的卡与手段卡按彼此目的-手段的有机联系进行排列，把最终目标放于最左侧，把实现手段排在其后，若不止一个可平行排列，然后再将这些手段看作目的，进一步排列要达到该目的的手段，如此逐层由高到低进行排列。若在过程中发现未曾给出的新方法、新手段还应补充进去。要仔细推敲不要有遗漏，这是树图法中最重要的一个步骤。

（6）确认手段是否能达到目的，这一步是将上一步作出的树图从右向左倒推，逐级再确认该手段是否能实现目标。若是肯定则继续向左侧确认，若否定则需要补充新手段和方法，直至能达到第一步骤所确定的目的、目标。

（7）制订实施计划。即对每个手段的实施进行具体落实。完成树图以后，通常将树图与对策表结合，针对具体的目标和手段，形成解决问题的对策。

图 10－13 所示的是建立树图的过程和方法，图 10－14 是书籍装订厂降低布料断裂损失问题的树图。

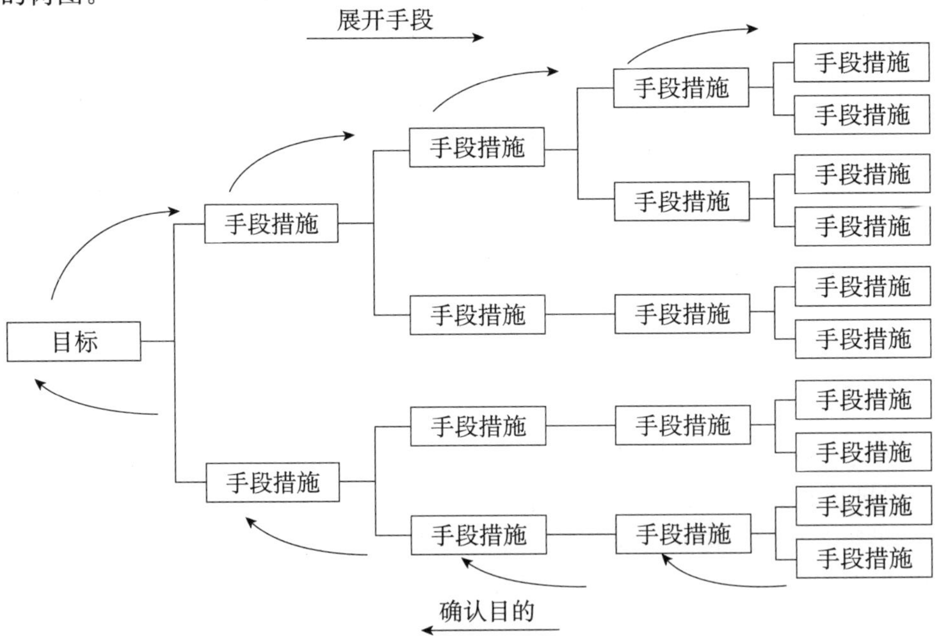

图 10－13　树图建立过程和方法示意图

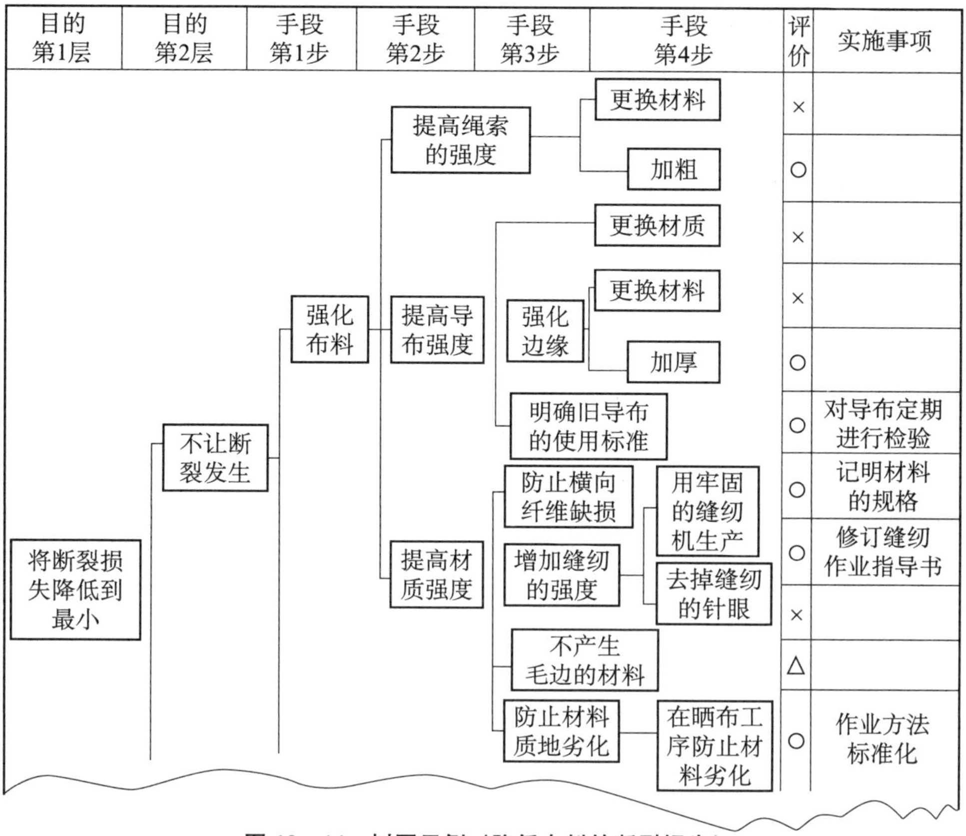

图 10-14　树图示例（降低布料的断裂损失）

四、矩阵图

矩阵图（matrix diagram）是以矩阵的形式展示相关事项中各个子要素之间的相互关系，寻求解决问题着眼点的图形。它由三个部分组成：对应事项、事项中的各个要素和对应要素交点处表示相关程度的符号构成。表示相关程度的符号有三种：◎表示强相关关系；○表示有关系（或弱相关关系）；△表示可能有关系。

根据图中事项（问题）和成对展示要素关系的情况，矩阵图大体上有五类：

（1）表示两个事项中两组要素之间关系的 L 型矩阵。

（2）表示三个事项中一组要素与另外组要素之间关系的 T 型矩阵，它由两个 L 型矩阵构成。

（3）表示三个事项中三组要素两两之间关系的 Y 型矩阵，它由三个 L 型矩阵构成。

（4）四个事项中甲级要素两两之间关系的 X 型矩阵，它由四个 L 型矩阵构成。

（5）表示三个事项、三组要素之间关系的 C 型矩阵，C 型矩阵的要素交点是三维空间点。

在五种矩阵图类型中，最常见的是 L 型矩阵和 T 型矩阵。

矩阵图法主要用于以下方面：

（1）产品的质量展开。

（2）分析产品产生质量问题的原因，找出这些原因间的关系。

（3）确定系统产品的研制和改进的着眼点。

（4）健全质量评价体系，使之更有效。

（5）从市场与产品的关联出发制定产品组合策略。

（6）探索现有材料、元器件、技术的新应用领域等。

矩阵图与树图有一定的联系，在L型矩阵图中，当某个事项只有一个要素时，则与树图表示的展开关系相似。此外，树图与矩阵图也可结合使用，若作矩阵图所需对应的事件是确定的，比如A、B两事项，那么就可分别将两事件用树图进行展开。不过，二者有着不同的应用领域，树图针对目的（或结果）能够展开为一元性手段（或原因）的场合，而矩阵则适用于目的（或结果）有两种以上的情况。

下面以T型矩阵图（两列纵栏、一行横栏）为例（见图10－15），说明矩阵图的应用步骤。

□□□不合格		○								○		
□ □不合格			◎	△					○	○		
×××不合格		△						◎			○	
×××不合格			◎	◎	○		◎	◎	◎		○	△
×××不合格					○	○				○		◎
现象 / 工序	原因	原因1	原因2	原因3	原因4	原因5	原因6	原因7	原因8	原因9	原因10	原因11
工序Ⅰ	要素 A_1		◎	◎						○		
	要素 A_2	◎	◎									◎
	要素 A_3		○	◎			◎			○		
	要素 A_4			○		◎				○	○	○
	要素 A_5	○	○	○	○	◎	◎				○	
工序Ⅱ	要素 B_1		◎					○				
	要素 B_2		◎	○		◎		○				
	要素 B_3		◎									
工序Ⅲ	要素 C_1	○						◎				
	要素 C_2	○							○			
	要素 C_3	○			◎			◎				
	要素 C_4				◎							○

图10－15　T型矩阵图示例

（1）制作图形。画出两列纵栏、一行横栏，分别设定一个事项（如图 10－15 中的“现象”“工序”“原因”）。

（2）分别整理各个事项的要素，并填入各栏内（如要素 A_1、要素 A_2……原因 1、原因 2……×××不合格……）。填写时可以按重要程度、发生的频率等顺序进行。

（3）分析各要素间的关联关系。分析两栏间的关系，根据相关程度使用相应的符号标记在交点处。

（4）确认关联关系。从各个事项要素的层面，确认要素间的关系和相应的符号。

（5）评价关系程度，寻找解决问题的着眼点。必要时还可以对各个交点处的相关程度评分，评价要素的重要程度和解决问题的优先顺序。

图 10－16 中所示的是分析铸件质量与设备、工艺相关关系的 Y 型矩阵图。

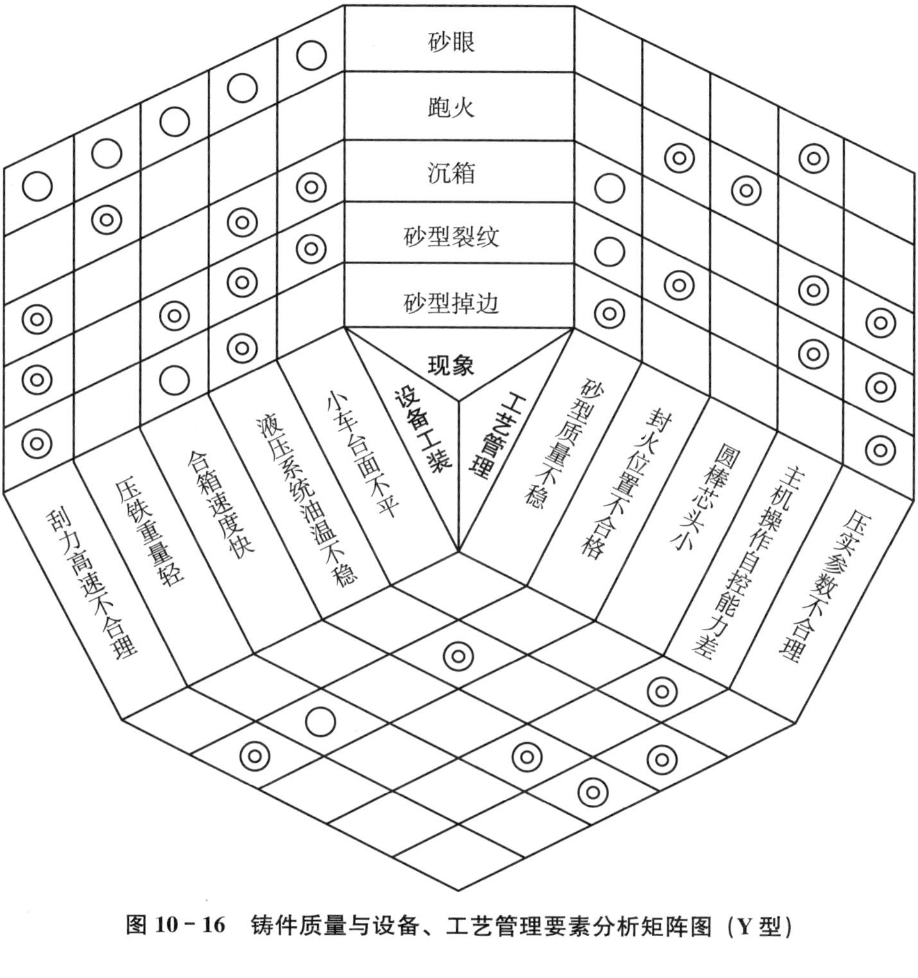

图 10－16　铸件质量与设备、工艺管理要素分析矩阵图（Y 型）

五、矩阵数据分析法

矩阵数据分析法（matrix-date analysis）是当前述矩阵图中的各个要素之间的关联程度能够定量表示时，即要素间的关联程度能在交叉点处用数据表示时，对这些数据进行计算和整理，以找出解决问题的途径或对问题的评价的方法。矩阵数据分析法主要是在多变量分析法中应用较广的“主成分分析法”。这一方法是新七种工具中唯一的定量分析方法。

矩阵数据分析法的主要用途在于：

（1）从市场调查所得到的数据中把握产品的质量特性。

（2）在新产品规划中，对产品感官特性进行分类、整理，使之体系化。

（3）在制造环节对各种因素盘根错节、互相影响的复杂工序进行分析。

（4）从大量的数据资料中分析产生不良品的原因等。

六、过程决策程序图

过程决策程序图（process decision program chart，PDPC）是针对那些可以预测事态发展结果的问题，确定能够取得期望结果的途径的方法。现实中，为实现目标而制订的计划很难保证会完全按照预期顺利进行，系统中也常常会出现一些意想不到的故障，有时甚至会酿成重大的事故。

PDPC 法是一种计划、预测和预防的方法，就是要事先就尽可能地考虑到各种可能出现的情况，提出相应的能够导致最佳结果的处置方案，并随着事态的发展不断进行修正和预测，引导事物指向所希望的方向。它的工具就是 PDPC 图。

PDPC 法的基本思路如图 10－17 所示：A_0是目前的状态，Z 是希望达到的目标，最初计划的手段是从 A_0到 A_1，A_2，…，A_p的方式。若预测在 A_3处可能会遇到困难，则要考虑从 A_2转到 B_1，用 B_1，B_2，…，B_q的途径来实现目标。若前两套方法都有可能不可行，再考虑通过 C_1，C_2，…，C_r及 C_1，C_2，C_3，D_1，D_2，…，D_s的途径来达到目标。同时，在计划实施到任何阶段都可随时根据变化的环境条件补充新的手段，提高 Z 成功的可能性。

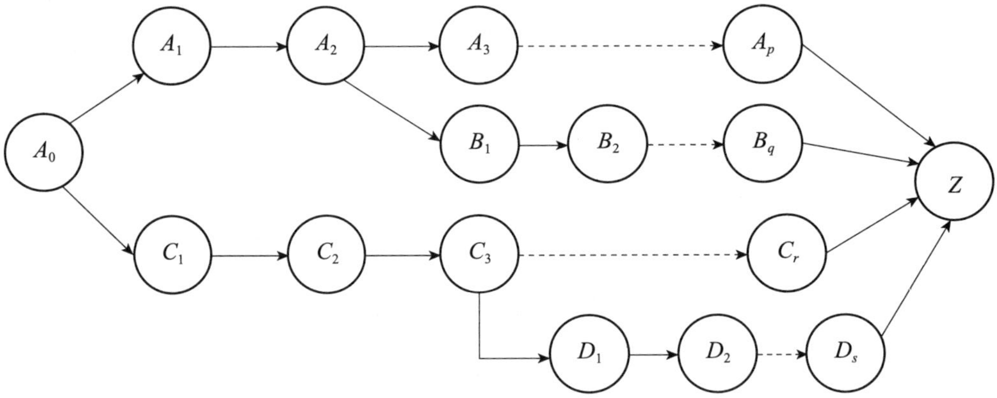

图 10－17　PDPC 法思路示意图

PDPC 法有两种基本形式：一是沿着初始状态 A_0至理想状态 Z 的方向，把可能的进展过程作图表示出来；二是反向的，即首先给出理想状态 Z，然后设法从 Z 追溯到初始状态 A_0。

该方法主要应用于战略计划活动、新产品的研制与开发、预测和预防系统中可能会出现的事故以及过程中可能存在的不良因素等。PDPC 法的有效性在很大程度上取决于人们的预测能力。

PDPC 法的一般实施步骤如下：

（1）集体讨论所要解决的问题，即确认 A_0 与 Z。初步提出一系列实施手段，据此展开讨论。

（2）对各子项进行讨论，预测实施结果，若预计可能行不通，则提出另外的方案。

（3）根据各事项的内容、紧迫性、工时、难易程度等确定实施程序，排列起来，用箭头指向目标状态。

（4）确定预测过程终了的日期。

（5）在实施过程中，根据新发现的情况和问题对 PDPC 图进行修正、补充，甚至推倒重来。

七、矢线图

矢线图（arrow diagram）是基于时间，拟订日程计划和实施进度管理的网络图。它是计划评审技术（PERT）与关键路径法（CPM）在质量管理中的应用。

矢线图把所有的作业（或工作）组织成为一个系统，便于从整体上计划与协调，既是一种有效的计划方法，又是一种组织和控制生产的手段。任何一项工程或计划都需要很多具体的作业来完成，而这些作业或作业之间的关系往往是错综复杂的，若要将它们按照其内在规律进行有序的组织和安排，使各项作业活动顺利进行，使计划如期完成，就需要矢线图这一工具。

矢线图主要以圆圈、箭线和虚箭线构成，如图 10－18 所示（以家庭装修作业为例）。

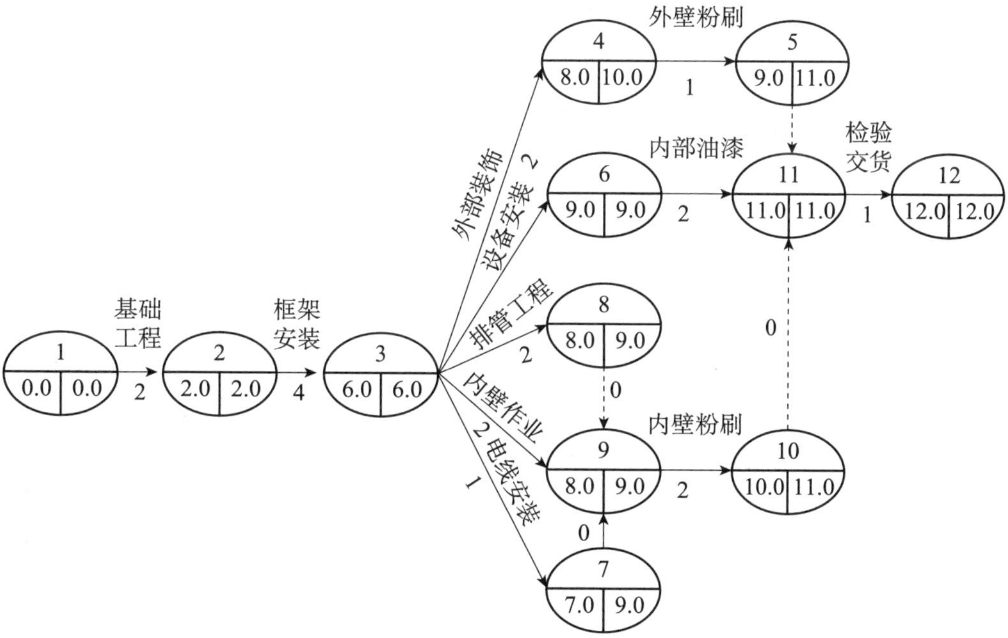

图 10－18　矢线图示例（家庭装修工程作业）

（1）圆圈表示结点，即两条或两条以上的箭线的结合点，它只是一个符号，表示其先行作业的终结和后续作业的开始；各个结点有唯一的、依次增加的结点编号；结点中通常标出两个时间值，分别表示结点的最早开始时间和最迟完成时间；它们也分别表明了后续作业的最早开始时间和先行作业的最迟完工时间。图 10－18 中第一个圆圈表示工程或计划的作业开始，而最后一个圆圈表示全部作业的完成，即工程的结束。

（2）箭线表示作业，它需要消耗资源和时间，箭线表示作业名称，线下的数字表示完成作业所需要的时间；箭头从作业起始指向作业结束，它的长短与时间不一定成比例，可长可短，但不能中断。

（3）虚箭线只表示作业间的相互关系，即作业时间为零的实际上并不存在的作业，用来消除含糊的现象。

为了便于分析计算，建立矢线图需要按特定的规则进行。其一般的步骤为：

（1）确定完成计划或工程所需的各项作业。

（2）分析各作业间的相互关系，比如，在作业 A 和作业 B 间，当作业 B 的开始必须以作业 A 的结束为前提时，作业 A 即为作业 B 的先行作业。若规定作业 A 一完成就开始作业 B 时，作业 B 就为作业 A 的后续作业。若二者能够分别进行或被规定分别进行时，则为并行作业。

（3）按其相互关系对结点进行编号，并用箭线连接各个结点，从起始结点指向终止结点。

（4）估计各项作业的完成时间，将之标于箭线上。常用的方法是三点估计法，即把作业时间分成三种情形：乐观时间 a，最可能时间 m 和保守时间 b，按 $T=(a+4m+b)/6$ 计算得出。

（5）通过计算和分析，掌握关键线路（没有富余时间的工序组成的线路），以便为其安排充分的资源，集中力量解决“瓶颈”问题。

八、解决问题的模式

质量管理的工具和方法，从根本上说是正确解决问题的方法。在解决问题时有一套系统的方法和工作程序，并将具体的质量管理工具和方法综合起来，对于提高管理的效率和有效性十分重要。

这些系统化的解决问题的方法有许多，其中包括 PDCA 循环、解决问题的模式、寻找根本原因的方法、以头脑风暴法为代表的创造性思维方法、过程改进方法、质量改进的一般模式、标杆管理法以及六西格玛实践中的综合性改进方法等。这些方法在实践中整合起来形成质量改进的一般程序，这些内容在质量改进这一章中已经详细展开说明。图 10－19 是对每个步骤或环节中所运用的工具和方法的汇总说明。左侧是一些综合性的管理方法和统计技术；右侧是质量管理的新老七种工具。在各种方法和技术的应用中，可以分为两大类：实心圆圈表示相应的工具和方法在这个环节经常应用并且有效；空心圆表示必要时可以辅助使用相应的工具和方法。

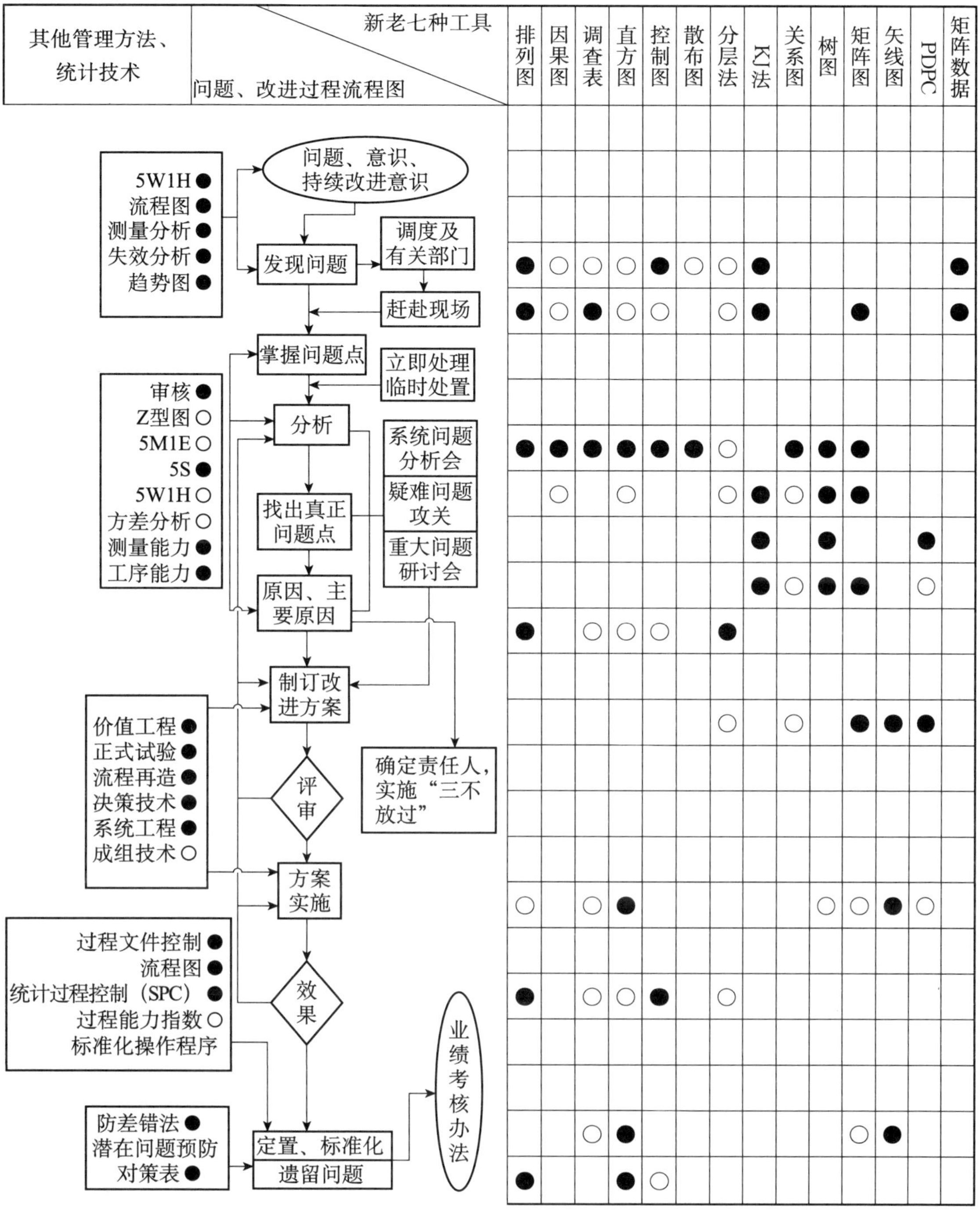

注：●特别有用

○可以利用

图 10－19　解决问题和持续改进矩阵流程图举例

本章小结

本章介绍了质量改进的常用工具和方法，说明了这些工具和方法的用途和基本应用过程。

复习思考题

1. 简述直方图的应用程序。
2. “老七种工具”是指哪些工具?

复习思考题答案请参考网络资源相关栏目。请在 40 分钟内完成网络资源“即时练习”中的本章练习。网络资源的“关键概念”提供了相关概念的检索。

第十一章　GB/T19000 族标准与卓越绩效评价准则

【学习导航】

请用 6 学时学习本章内容。

领会：

ISO9000 族国际标准的由来及主要作用；ISO9000 族标准所体现的管理透明性要求；戴明奖的由来、评价标准、效果；美国波多里奇国家质量奖由来、作用、七个条目之间的关系、基本内容；欧洲质量奖的基本概念、结构和内容；质量奖、TQM 与 ISO9000 之间的关系；GB/T19580－2004《卓越绩效评价准则》国家标准的由来。

掌握：

我国采用 ISO9000 族国际标准的情况；组织按照 GB/T19001 建立质量体系的过程。

识记：

GB/T19001《质量管理体系要求》的基本内容；《卓越绩效评价准则》的结构及基本内容。

【引例】

国际标准化组织 ISO 在 1987 年首次颁布了世界上第一套管理方面的国际标准——ISO9000 质量管理和质量保证系列标准，该系列标准的问世是近几十年来对全球企业影响最为深远的事件之一。与此同时，以国际上三大质量奖（日本戴明奖、美国波多里奇国家质量奖和欧洲质量奖）为代表的卓越绩效模式也掀起了一波管理热潮。我国把 ISO9000 族标准和卓越绩效模式转化为国家标准 GB/T19000 族标准与 GB/T19580《卓越绩效评价准则》。

第一节　GB/T19000 族标准

1987 年，国际标准化组织在总结世界各国质量管理实践的基础上，首次颁布了世界上第一套管理标准——ISO9000 系列国际标准，作为组织建立和健全质量管理体系的指导文件以及质量管理体系认证的依据。该标准在提高各国质量管理水平、推动各国质量认证活动的发展以及促进国际贸易等方面起到了积极作用。目前已有150多个国家和地区等同采用了这套标准，获得ISO9000质量管理体系认证的企业多达数十万家。连国际标准化组织自身都称这套标准是“一个意想不到的成功”。

一、ISO9000系列国际标准的由来

国际标准化组织ISO成立于1947年，是由各国标准化团体（ISO成员团体）组成的世界性联合组织，负责制订和发布非电工类的国际标准。

1979年，国际标准化组织（ISO）成立质量保证技术委员会（1987年更名为质量管理和质量保证技术委员会），简称ISO/TC176，负责研究和制定质量管理体系方面的国际标准。1987年3月，世界上第一套管理方面的国际标准，即ISO9000质量管理和质量保证系列标准正式颁布。ISO9000族标准是指由ISO/TC176制定的所有国际标准。

按照ISO的规定，国际标准平均五年修订一次。1990年，ISO/TC176决定对1987版的ISO9000系列标准进行修订，修订工作于1994年完成，同年7月正式颁布，统称为1994版ISO9000系列标准。由于当时ISO9000系列标准的数量由1987年的6项标准发展到1994年的16项标准，成为一个标准“家族”，因此，从1994年起，凡是由ISO/TC176制定的国际标准就统称为“ISO9000族标准”。ISO于2000年、2008年和2015年对ISO9000族标准进行了修订，2015版标准的修改较大，新增了对风险和机会的识别与应对，提出了对组织环境的理解要求以及一些新术语。

ISO9000族标准的主要作用如下：

首先，ISO9000族标准是关于质量管理体系的通用要求和指南，为各类组织实现有序、有效的质量管理提供了方法论的指导，能够指导组织在长时期内通过关注顾客以及其他相关方的需求和期望达到持续改进组织绩效的目的。

其次，在ISO9000族标准问世之前，存在着众多的国家的和区域性的质量体系标准。这些标准有着许多的共同点和历史渊源。但是，由于它们在术语和内容上不完全一致，因而难以在国际贸易中得到广泛应用，甚至在一定程度上形成了国际贸易的壁垒和障碍。ISO9000族标准为促进国际贸易的发展，降低供应链上的成本，为贸易中的供需双方建立信任、实施质量保证提供了通用的质量管理体系规范。

二、从ISO9000族国际标准到GB/T19000族国家标准

1987年，ISO正式颁布了ISO9000国际标准后，原国家标准局成立了“全国质量保证标准化特别工作组”，负责制定采用ISO9000国际标准的国家标准工作，于1988年12月10日正式颁布了我国的质量管理和质量保证系列标准——GB/T10300系列国家标准，并于1989年8月1日在全国实施。随后，我国开始等同采用ISO9000族国际标准为GB/T19000族国家标准，并随着国际标准的修订而修订。

GB/T19000族国家标准的核心标准如下：

（1）GB/T19000《质量管理体系基础和术语》。它阐述了质量管理体系的基本原理并定义了质量管理体系的术语。

（2）GB/T19001《质量管理体系要求》。它规定了质量管理体系的要求，用于证实组织具有提供满足顾客要求和使用法规要求的产品的能力，目的在于增进顾客满意。

（3）GB/T19004《质量管理体系业绩改进指南》。它对于组织建立兼具效果和效率的质量管理体系提供了指南，目的在于促进组织的绩效改进，实现顾客及其他相关方的满意。

三、GB/T19001《质量管理体系要求》的结构和基本内容

这里主要介绍最新颁布国家标准GB/T19001－2016《质量管理体系要求》。标准开始的总则首句指出："采用质量管理体系是组织的一项战略决策，能够帮助其提高整体绩效，为推动可持续发展奠定良好的基础。"组织实施质量管理体系带来的潜在益处包括：稳定提供满足顾客要求以及适用的法律法规要求的产品和服务的能力；促成增强顾客满意的机会；应对与组织环境和目标相关的风险和机遇；证实符合规定的质量管理体系要求的能力。

GB/T19001－2016《质量管理体系要求》共分十章，分别是范围、规范性引用文件、术语和定义、组织环境、领导力、策划、支持、运行、绩效评价、改进，是基于过程方法和PDCA方法建立和实施的质量管理体系，表11－1是标准章节标题和内容，图11－1是基于过程方法和PDCA的质量管理体系结构。

表11－1　GB/T19001－2016《质量管理体系要求》中章节标题

章标题	节内容
0. 引言	0.1 总则
	0.2 质量管理原则
	0.3 过程方法
	0.4 与其他管理体系标准的关系
1. 范围	
2. 规范性引用文件	
3. 术语和定义	
4. 组织环境	4.1 理解组织及其环境
	4.2 理解相关方的需求和期望
	4.3 确定质量管理体系的范围
	4.4 质量管理体系及其过程
5. 领导作用	5.1 领导作用和承诺
	5.2 方针
	5.3 组织的岗位、职责和权限
6. 策划	6.1 应对风险和机遇的措施
	6.2 质量目标及其实现的策划
	6.3 变更的策划
7. 支持	7.1 资源
	7.2 能力
	7.3 意识
	7.4 沟通
	7.5 成文信息
8. 运行	8.1 运行的策划和控制
	8.2 产品和服务的要求
	8.3 产品和服务的设计与开发
	8.4 外部提供的过程、产品和服务的控制
	8.5 生产和服务提供
	8.6 产品和服务的放行
	8.7 不合格输出的控制
9. 绩效评价	9.1 监督、测量、分析和评价
	9.2 内部审核
	9.3 管理评审
10. 改进	10.1 总则
	10.2 不合格和纠正措施
	10.3 持续改进

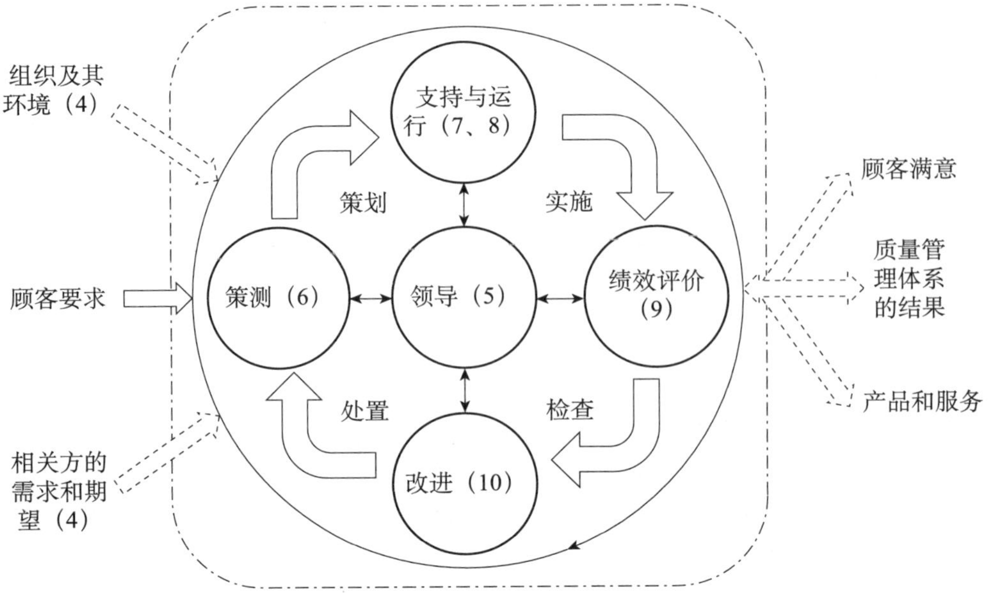

图 11-1 GB/T19001-2016 基于过程方法和 PDCA 的质量体系结构

注：括号中的数字表示该标准的相应章。

四、GB/T19001 质量体系的建立与实施

组织按照 GB/T19001 建立质量体系，一般分为三个阶段，即准备阶段、建立体系文件阶段和质量体系运行阶段。

（一）准备阶段的主要工作

（1）培训。

（2）组织做出贯标决策。

（3）制定质量方针，建立质量目标。

（4）建立贯标机构，任命管理者代表。

（5）质量管理体系的策划。

（6）调查、分析组织质量管理的状况，对照 GB/T19001 找出差距，明确贯标工作重点。

（7）分析本组织的管理过程、主要产品的生产流程、操作过程，对其中不合理的部分进行优化。

（8）制定贯标规划。

（9）做好建立体系文件的准备工作。

（二）建立体系文件阶段的主要工作

（1）培训。

（2）成立体系文件编写组，制订体系文件管理办法和文件编写计划。

（3）体系文件的编写、修改、定稿。

(4) 对全套体系文件进行评审。
(5) 相关领导审核，批准体系文件。
(6) 印制体系文件。
(7) 发放体系文件，收回失效文件。

(三) 质量体系运行阶段的主要工作

(1) 体系文件培训，为体系有效运行打下基础。
(2) 资源配置的检查与充实。
(3) 体系运行过程中的检查、督促和现场指导。
(4) 内审员培训，建立内部审核员队伍。
(5) 实施第一次内部质量体系审核。
(6) 实施第一次管理评审。
(7) 确定组织是否已经具备认证审核条件。

组织按照 GB/T19001 建立了质量管理体系，并通过了认证，并非表明组织达到了卓越水准的要求，而只是最基本的要求。组织只有不断改进体系，才能逐步走向成熟，走向卓越，GB/T19004《质量管理体系业绩改进指南》和 GB/T19580《卓越绩效评价准则》提供了持续改进和追求卓越的指南和途径。

第二节　日本、美国和欧洲质量奖

一、日本的戴明奖

1951 年，戴明在日本进行了为期两个月的统计质量管理讲座，后来日本科学技术联盟把讲义印刷版税支付给戴明，戴明没有接受这笔钱，并声称将之用于推进日本的质量管理活动。为了纪念戴明对日本的友谊和贡献，日本科学技术联盟提议设立了戴明奖，以促进日本质量管理的发展。戴明奖分为本奖和实施奖，本奖授予在质量管理方法、教育和实践方面有突出贡献的个人，实施奖授予质量管理活动突出，并取得优良业绩的企业。

戴明实施奖的评奖准则及其运营方式经历了大量的修订和改进。表 11－2 是截至 2006 年的评价标准，包括基本事项、特色活动和高层管理者的作用三个方面。总分为 205 分，143.5 分为合格。

戴明实施奖的效果表现在经营结果和管理水平两方面。在经营结果方面，表现为改进了质量，促进了新产品的开发，提高了生产率，增加了销售和利润；在管理水平方面，表现为改善了部门间的沟通，提高了工作质量，改进成为持续的活动，促进了经营计划的落实，促进了经营方针的沟通，改进了综合管理体制。

表 11-2 戴明实施奖审查要点

1. 基本事项（总分 100 分，合格 70 分）	分数
质量方针展开	20
新产品开发与业务改革	20
产品质量与业务管理改善	20
质量、数量、交货期、成本、安全、环境等体系的完备	10
质量信息收集、分析以及 IT 技术的运用	15
人才开发	15
2. 特色活动（总分 5 分，合格 3.5 分）	
愿景、战略、顾客价值创造、业绩大幅度提高、经营地位的确立	5
3. 高层作用与发挥（总分 100 分，合格 70 分）	
在对 TQM 的理解与热情方面发挥带头作用、愿景、战略方针、对环境变化的认识、组织力（核心技术、速度和活力的维持与强化）、人才培养、组织的社会责任等	100

二、美国波多里奇国家质量奖

20 世纪 80 年代，美国政府部门和工商界对于质量活动呈现出了与日俱增的兴趣，1983 年，在白宫召开的生产力会议上，美国政府呼吁全国公立和私营部门开展质量意识运动。许多人建议设立一个类似于日本戴明奖那样的美国国家质量奖以促进美国企业开展全面质量管理活动，提高美国的产品质量、生产率和市场竞争能力。1987 年，美国设立国家质量奖，由于美国前商务部部长马尔科姆·波多里奇对这一奖项的设立发挥了重要作用，所以又以其名字命名该奖。

设立美国国家质量奖有四个方面的目的：

（1）促进美国公司为荣誉而改进质量和生产率，同时增加利润、获得竞争优势。

（2）表彰那些改进了其产品和服务质量的公司的成就，并为其他公司提供榜样。

（3）建立指南和准则，以使企业、行业、政府及其他的组织可以用来评估各自的质量改进活动的成效。

（4）通过提供得奖组织是如何变革其文化并实现了卓越的详细信息，为其他的希望实现高质量的组织提供具体的指导。

实际上，美国国家标准技术研究院 1995 年发布的一份报告中指出，通过比较研究发现，获奖企业与一般企业在业绩上有显著差异，获奖企业增长了 362%，而一般企业增长了 148%。

评奖准则建立在一套相互关联的 11 条核心价值观之上，这些核心价值观分别是：具有远见的领导；顾客驱动；组织的和个人的学习；对雇员和合作伙伴的重视；敏捷性；注重未来；对创新的管理；基于事实的管理；公共责任与公民义务；注重结果与创造价值；系统的视野等。上述核心价值观体现在卓越绩效标准中的 7 个类目的要求中，这 7 个类目又分为 19 个条目和 33 个着重方面如表 11-3 所示。

表 11－3　　卓越绩效标准的结构

类目	条目	着重方面
1. 领导	1.1 高层领导	a. 愿景与价值观 b. 沟通与组织绩效
	1.2 治理与社会责任	a. 组织的治理 b. 守法和伦理行为 c. 对关键社会共同体的支持
2. 战略计划	2.1 战略制定	a. 战略制定过程 b. 战略目标
	2.2 战略展开	a. 行动计划的制订与展开 b. 绩效预测
3. 顾客和市场	3.1 对顾客和市场的了解	对顾客和市场的了解
	3.2 顾客关系与顾客满意	a. 顾客关系的建立 b. 顾客满意程度的确定
4. 测量、分析和知识管理	4.1 组织绩效的测量、分析与评审	a. 绩效测量 b. 绩效分析和评审
	4.2 信息与知识管理	a. 数据和信息的可用性 b. 组织的知识管理 c. 数据、信息和知识的质量
5. 人力资源	5.1 工作系统	a. 工作的组织与管理 b. 雇员绩效管理系统 c. 雇用与晋升
	5.2 雇员的学习与激励	a. 雇员的教育、培训和发展 b. 激励与职业发展
	5.3 雇员的利益与满意	a. 工作环境 b. 雇员支持与满意
6. 过程管理	6.1 价值创造过程	价值创造过程
	6.2 支持性过程与运营筹划	a. 支持性过程 b. 运营筹划
7. 经营结果	7.1 以顾客为中心方面的结果	以顾客为中心方面的结果
	7.2 产品和服务方面的结果	产品和服务方面的结果
	7.3 财务和市场方面的结果	财务和市场方面的结果
	7.4 人力资源方面的结果	人力资源方面的结果
	7.5 组织有效性方面的结果	组织有效性方面的结果
	7.6 治理和社会责任方面的结果	治理和社会责任方面的结果

上述七类要求的内在联系如图 11－2 所示。

(1) 领导、战略计划以及以顾客和市场为中心代表着领导的三要素。这几个方面放在一起旨在强调以顾客和战略为中心的领导的重要性。

(2) 对人力资源的关注、过程管理和经营结果代表着结果的三要素。组织产出经营结果的工作是由公司的雇员和供应商伙伴通过其关键过程来实现的。公司所有的行动都指向了经营结果，这里的经营结果是由顾客方面的绩效结果、财务的以及非财务的绩效结果所

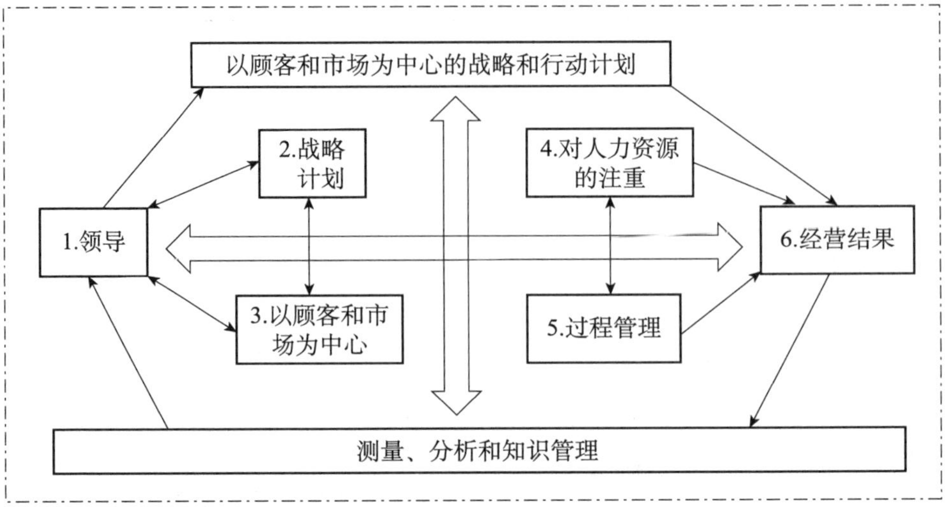

图 11-2 卓越绩效标准的模型

构成的一个综合体，还包括人力资源方面的结果和社会责任方面的结果。

（3）对于有效的管理和以事实为依据的企业业绩和竞争性改进体系而言，信息与分析起着至关重要的作用，它构成了绩效管理系统的基础。

三、欧洲质量奖

欧洲于 1992 年设立了欧洲质量奖（EQA），授予欧洲全面质量管理杰出和有良好业绩的企业。欧洲质量奖的卓越绩效模型基于如下 8 个方面的基本概念之上：

（1）结果导向——组织的卓越取决于是否能够均衡地满足包括雇员、顾客、供应商、社会及股东在内的所有利害共担者的需要。

（2）以顾客为中心——顾客是产品质量的最终裁判者，获得顾客忠诚和市场份额的最好选择便是明确地致力于当前及潜在的顾客需要。

（3）领导与坚定不移的宗旨——组织通过有效的领导而建立起使得组织及其成员实现卓越的明确而统一的宗旨和环境。

（4）基于过程和事实的管理——只有能够使用可靠的信息，考虑当前运作并进行有计划的改进，了解所有相关的活动并系统地进行管理和决策的情况下，组织完成任务才会更加有效。

（5）人员发展与参与——通过共享的价值观、诚信的文化和授权，鼓励全员参与，组织成员的潜力才能得到最大的发挥。

（6）持续学习、创新和改进——在一个持续学习、创新和改进的环境中，基于管理和共享知识，组织的效能才能实现最大化。

（7）伙伴关系的建立——当组织与合作伙伴形成以信任、共享知识和集成化为基础的互利关系时，组织的工作才能更有效。

（8）公共责任——组织的长期利益通过符合道德规范的途径和充分超越公众期望和法规要求而得到保证。

欧洲质量奖的结构和内容看起来一目了然（见图 11－3）。欧洲质量奖准则从 9 个方面描述了组织走向卓越的过程，这 9 个方面分为促成因素和结果两类指标。促成因素是实现结果的手段。结果反映了某一特定的经营业务或业务领域做得有多么好。图 11－3 中的箭头表示模型的动态特性。其中的创新和学习有助于改进促成因素，从而实现结果的改进。

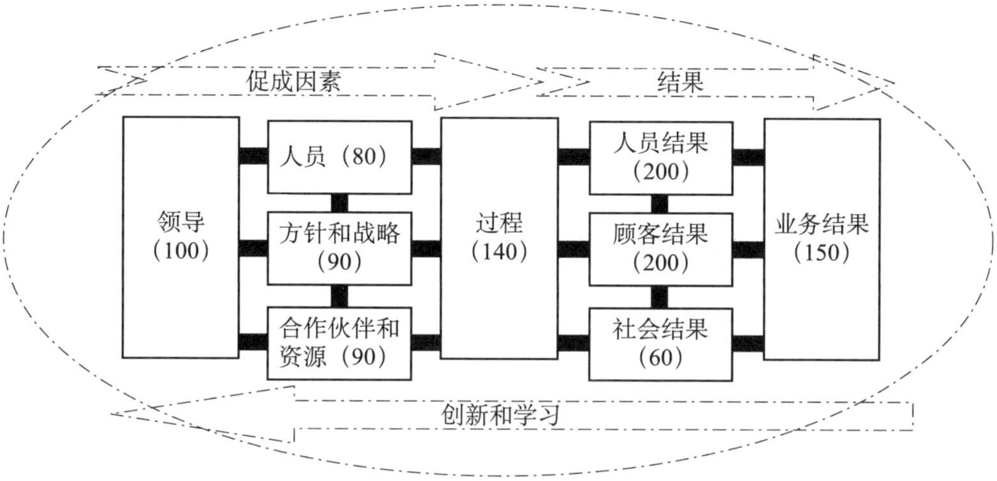

图 11－3 欧洲卓越绩效模型

注：括号中的数字表示该项目的分数，总分数共计 1 000 分。

四、“卓越绩效模式”小结

从三大质量奖的介绍可以看出，“质量”有着更为广泛的含义。这些奖项与其说是针对“质量”或“质量管理”的，倒不如说是针对“管理的质量”或“经营管理的质量”的更为贴切。正因为如此，这些奖项才被称为“卓越绩效模式”。

这些评价标准构成了企业经营管理的框架。卓越绩效模式为人们提供了一个沟通的平台，使得人们能够用同一种语言来讨论和沟通企业的经营管理问题；它是一个“指挥棒”，告诉人们满足了哪些方面的要求才算得上是真正的“卓越”；它是一个“诊疗仪”，有助于人们认清自身的强弱之所在；它是一个“标尺”，使得人们能够明确相对于他人的位置，明确改进效果的进展如何；当然，它还是一个“奖项”，激励人们为了荣誉和成就而付出非凡的努力。

尽管三大奖在具体的条款和运作方式上有所差异，但它们的基本理念和关注的要点却有着惊人的相似。这便是顾客导向，重视领导的作用，重视员工，主张系统和过程的方法，强调营造合作、创新、学习、持续改进的文化和氛围等。

五、质量奖、TQM、ISO9000 之间的关系

ISO9000 族标准旨在促进企业间及国际贸易活动。为此，ISO9000 族标准主要聚焦于供方组织中最直接地影响产品质量的那些职能，期望得到绝大多数供方组织的实施，是一

个符合性标准。

与此相对照，卓越绩效标准的目的则有两个方面：一是选拔代表质量管理最高成就的少数典范；二是为希望实现卓越绩效的组织提供准则和指南。卓越绩效标准是一个成熟度标准。

显然，卓越绩效标准相对于ISO9000族标准而言要求更高，有人提出了量化的总结说明：ISO9000认证的要求所覆盖的活动不足波多里奇国家质量奖的10%。

在上述诸概念中，TQM是一个最大的概念。通过设立国家质量奖来提升企业竞争力的做法为许多国家所采用，其中最具代表性的便是三大奖（日本的戴明奖、美国波多里奇国家质量奖和欧洲质量奖）。这些奖项均体现了全面质量管理的概念和原则。

第三节　卓越绩效评价准则

一、GB/T19580《卓越绩效评价准则》国家标准的由来

我国改革开放之初，国家、地区、行业等的各种评奖让企业不堪重负。企业好坏与否不是评出来的，而是由市场和顾客决定的，为此，国家明令禁止了各种奖项的评选。与此同时，国际上三大质量奖在本国和地区的企业追求卓越、提高竞争能力方面发挥了重要作用，世界许多国家都效仿了三大奖的做法，设立质量奖，鼓励本国企业追求卓越、提高竞争能力。

进入21世纪，中国质量协会率先在2001年启动了全国质量管理奖活动，吸引了全国众多优秀企业参与其中。2004年10月，国家技术监督检验检疫总局基于世界各国质量管理的实践和质量奖标准，主要参照了美国质量奖标准，制定并颁布了GB/T19580－2004《卓越绩效评价准则》国家标准。关于制定该标准的目的，国家技术监督检验检疫总局指出：是“为了引导组织追求卓越绩效，提高产品、服务和经营质量，增强竞争优势，促进经济持续快速健康发展。根据《中华人民共和国产品质量法》、国务院颁布的《质量振兴纲要》的有关规定，特制定《卓越绩效评价准则》”。该标准的制定和实施，可帮助组织提高其整体绩效和能力，为组织的所有者、顾客、员工、供方、合作伙伴和社会创造价值，有助于组织获得长期成功，并使各类组织易于在质量管理实践方面进行沟通和共享，成为一种理解、管理绩效并指导组织进行规划和获得学习机会的工具。2012年，我国正式设立中国质量奖，该奖每两年评选一次，首届中国质量奖于2013年12月在北京举行，中国航天科技集团公司和海尔集团公司首获中国质量奖，2015年，华为投资控股有限公司等9家企业和班组获第二届中国质量奖，2017年，珠海格力电器股份有限公司等9家企业和班组获得第三届中国质量奖。

从全面质量管理在我国的引入发展的历史来看，GB/T19580《卓越绩效评价准则》国家标准的发布、以及中国质量奖的设立是水到渠成的事情。

二、GB/T19580《卓越绩效评价准则》的结构

这里主要介绍国家标准 GB/T19580－2012《卓越绩效评价准则》。该标准共分为四章，分别是范围、规范性引用文件、术语和定义、评价要求，其中第四章是标准的主体内容。

关于范围，该标准指出：本标准适用于追求卓越绩效的各类组织，为组织追求卓越绩效提供了自我评价的准则，也可用于质量奖的评价。关于术语和定义，该标准归纳了主要的术语和定义，包括卓越绩效、使命、愿景、价值观、治理、标杆、关键过程等。

关于标准主题内容，第四章就评价条款和要求做了详细展开和说明，主要包括领导、战略、顾客、资源、过程管理、测量、分析与改进等六个过程指标和经营结果的结果性指标，表 11－4 是评价条款（指标）要求以及分值。

表 11－4　　GB/T19580《卓越绩效评价准则》评价条款与分值

1. 领导（110）	1.1 高层领导的作用（50）	5. 过程管理（100）	5.1 过程的识别与设计（50）
	1.2 组织治理（30）		5.2 过程的实施与改进（50）
	1.3 社会责任（30）	6. 测量、分析与改进（80）	6.1 测量与分析（40）
2. 战略（90）	2.1 战略制定（40）		6.2 改进与创新（40）
	2.2 战略部署（50）	7. 结果（400）	7.1 产品与服务的结果（80）
3. 顾客（90）	3.1 顾客和市场的了解（40）		7.2 顾客和市场的结果（80）
	3.2 顾客关系与顾客满意（50）		7.3 财务结果（80）
4. 资源（130）	4.1 人力资源（60）		7.4 资源结果（60）
	4.2 财务资源（15）		7.5 过程有效性结果（50）
	4.3 信息和知识资源（20）		7.6 领导方面的结果（50）
	4.4 技术资源（15）	总分：1 000	
	4.5 基础设施（10）		
	4.6 相关方关系（10）		

三、GB/T19580《卓越绩效评价准则》的基本内容

关于领导《卓越绩效评价标准》指出："本条款分为组织的领导和社会责任两部分，用于评价组织高层领导在价值观、发展方向、目标、对顾客及其他相关方的关注、激励员工、创新和学习等方面的作为，以及组织的治理和履行社会责任的情况。"

关于战略，《卓越绩效评价标准》指出："本条款分为战略制定和战略部署两部分，用于评价组织的战略目标和战略规划的制定、部署及其进展情况。"

关于顾客与市场，《卓越绩效评价标准》指出："本条款分为顾客和市场的了解、顾客关系与顾客满意两部分，用于评价组织确定顾客和市场的需求、期望和偏好，建立顾客关系的方法；确定影响赢得、保持顾客，并使顾客满意、忠诚的关键因素的方法。"

关于资源，《卓越绩效评价标准》指出："本条款分为人力资源、财务资源、基础设施、信息、技术和相关方关系等六个部分，用于评价组织高层领导为确保战略规划和目标

的实现、为价值创造过程和支持过程所配置的资源，包括人力资源及其他的财务、基础设施、相关方关系、技术、信息等。”

关于过程管理，《卓越绩效评价标准》指出：“本条款分为价值创造过程和支持过程，用于评价组织过程管理的主要方面。”

关于测量、分析与改进，《卓越绩效评价标准》指出：“本条款分为组织绩效的测量与分析、信息和知识管理、改进三个部分，用于评价组织选择、收集、分析和管理数据、信息和知识的方法，充分和灵活使用数据、信息和知识，改进组织绩效。”

关于经营结果，《卓越绩效评价标准》指出：“本条款分为顾客与市场的结果、财务结果、资源结果、过程有效性结果、组织治理和社会责任的结果五部分，用于评价组织在主要经营方面的绩效和改进，包括顾客满意程度、产品和服务的绩效、市场绩效、财务绩效、人力资源绩效、运行绩效，以及组织的治理和社会责任绩效。绩效水平应与竞争对手的水平或标杆相比较并进行评价。”

拓展区

阅读光盘“背景资料”中的“TQM的实施”和“GB/T19580－2012《卓越绩效评价准则》节选”，了解与本章内容相关的知识。

本章小结

本章主要围绕GB/T19000族标准与GB/T19580《卓越绩效评价准则》的内容以及在我国企业的实践和运用进行讨论，着重介绍了GB/T19000族标准，尤其展开介绍了GB/T19001标准的基本内容以及组织建立和实施GB/T19001的步骤和工作内容，介绍了国际上三大质量奖（日本戴明奖、美国波多里奇国家质量奖和欧洲质量奖）为代表的卓越绩效模式，说明了GB/T19580《卓越绩效评价准则》的基本内容。

复习思考题

1. 简述美国波多里奇国家质量奖的核心价值观七个条目之间的关系。
2. 简述戴明奖的结构和主要内容。
3. 简述欧洲质量奖的结构和主要内容。
4. GB/T19580《卓越绩效评价准则》有哪七个评价条款？

复习思考题答案请参考网络资源相关栏目。请在40分钟内完成网络资源“即时练习”中的本章练习。网络资源的“关键概念”提供了相关概念的检索。

第十二章　标准化、认证制度、质量监督

【学习导航】

请用 4 学时学习本章内容。

领会：

标准与标准化的历史；标准化的特点；标准化的意义和作用；标准的分类；我国的标准体系；国际标准体系；采用国际标准；标准的制定程序；企业的标准化的任务与要求；认证制度的由来；认可的含义；我国认证制度的总体架构；认证的各种分类；认证过程；认证模式；认证制度的作用；我国质量监督的形式；质量监督的任务和意义；质量监督的法规体系；《产品质量法》的主要要求；国家和政府质量监督工作的主要形式；其他质量监督。

识记：

标准的概念；标准化的概念；简化；统一化；通用化；组合化；系列化；认证制度的概念；认证的概念；质量监督的定义。

【引例】

中国质量协会简称“中国质协”，英文缩写 CAQ，1979 年 8 月 31 日成立，注册机关为国家民政部，业务主管部门为国务院国资委，是国务院国资委领导下和国家市场监督管理总局指导下的全国性质量组织。

中国质量协会的使命是引领质量事业，建设品质世界；愿景是成为国内最权威、国际有重大影响力的质量组织。核心价值观是责任、专业、创新、共赢。中国质协成立 30 多年来，卓有成效地开展量工作，树立了“因为专业不可替代，因为规范值得信赖”的中国质协的品牌形象。

中国质量协会的核心业务是会员发展与服务，质量研究，质量评价，质量培训，质量咨询，质量认证，质量资讯，质量激励、国际交流和质量推进活动。同时还负责全国质量奖评审、全国质量管理小组活动、全国用户满意工程、中国质量学术论坛、中国质量月活动等全国性质量活动的组织和指导工作。

在中国质量协会的倡导支持下，全国各地区、部门和行业组建了质量协会，形成全国质量协会系统。中国质量协会与美国质量学会（ASQ）、日本科技联盟（JUSE）、欧洲质

量组织（EOQ）和中国科学院、清华大学、中国人民大学等国内外知名质量组织和高等院校建立了十分密切的联系，在质量研究与推广等方面进行了广泛的合作。

为了保证组织质量管理活动的有效性，需要在国家和社会层面创造追求质量的社会文化、经济、法律等环境。标准化、质量认证和质量监督就是为此采取系统化、促进质量发展的重要举措。

第一节　标　准　化

标准与质量是两个密切联系的概念。围绕制定标准、发布标准和实施标准开展的标准化活动贯穿于质量管理的全过程。

一、标准及其特点

标准化活动自古有之。例如，秦始皇统一中国后的车同轨、书同文、统一度量衡等就是标准化活动。但标准化成为社会普遍实践活动并形成理论，应该说是工业革命以后的事情，也就是说，标准化和工业化是紧密联系在一起的。工业化的主要特征是大批量生产，大批量生产是通过标准化实现的。以泰罗的科学管理理论为代表的古典管理理论的核心就是标准化，它通过让工人掌握标准化的操作方法，使用标准化的工具、原材料、机器设备，并且使作业环境标准化，达到提高劳动生产率的目的。

所谓标准，就是为了在一定范围内获得最佳秩序，对活动及其结果规定共同的和重复使用的规则、导则或特性文件，该文件经协商一致制定并经一个公认的机构批准。标准是标准化活动的产物。

标准最基本的含义就是“规定”，是在一定的范围和时限里，对对象作出的“一致的”规定的文件。如产品标准是在特定的范围里对产品的质量特性和参数要求作出的规定。概念标准是在特定的范围内对名词概念的含义作出的规定。管理标准和工作标准则是对管理和工作的职权、任务、时间、质量、原则等方面的要求作出的规定。

标准有以下特点：

（1）标准的制定和贯彻以科学技术和实践经验的综合成果为基础，以促进最佳社会效益为目的。标准中所规定的技术要求、安全卫生要求等都是在总结先进经验和先进技术成果的基础上提出来的，是在分析和验证的基础上作出的规定。

（2）标准是“协商一致”的结果。标准规定的内容通过相关方充分协商，在解决分歧达成一致或基本同意后确定，标准的要求代表各方面的利益。

（3）标准通过特定的形式颁布。标准的制定有一套科学、完善的程序，在内容表述和格式等方面都有严格的要求，并通过有影响力的权威机构正式发布。为了便于管理和使用，一个典型的标准通常规定特定的代码、编号、批准发布年限或版本等，准确、严格地表明其各项属性。

二、标准化的含义和作用

标准化是指为了在一定范围内获得最佳秩序，对实际的或潜在的问题制定共同的和重复使用的规则的活动。这一系列活动包括制定、发布和实施标准。

（一）标准化的含义

标准化的含义表现在：

（1）标准化的对象是共同的和重复发生的活动及结果，是发生的事务或概念。在质量管理中，在一定范围内重复使用的概念、产品、过程和体系都可以作为标准化对象。

（2）标准化的内容是使对象达到标准化状态的全部活动及其过程，主要有制定标准、发布标准和实施标准。统一、简化、系列化、通用化、组合化等通常是标准化活动的实现方式。

（3）标准化的本质是统一。标准化就是在混乱中建立秩序，就是达到统一、一致的状态。

（4）标准化的目的是获得最佳秩序。通过在一定范围内建立最佳秩序，来获得最大的社会和经济效益。

（二）标准化的作用

标准化的作用表现在以下方面：

（1）在一定范围内获得最佳秩序，实现最大的社会效益和经济效益。在社会化大生产和分工日益复杂的今天，标准作为实现协调和统一的重要手段，极大地促进了生产、生活和贸易活动的有序化，从而获得了最大的效益。

（2）为科学管理奠定基础。首先，在组织内，标准为管理提供了目标和基础，技术标准和管理标准是计划、组织、控制和协调活动的依据。其次，在组织外，标准化使不同的组织和个人实现合作、沟通，是实现共同目标的前提和手段。

（3）推动质量改进循环，提升产品和服务质量。在 PDCA 循环中，标准化是处置阶段的核心内容和必要环节，没有标准化，就不能总结改进的成果，使质量活动在更高的水平上运行。

（4）保护消费者的利益。通过建立标准，可以保证产品和服务的基本适用性；消费者通过了解产品和服务满足的特定标准来作出理性判断的采购决策。标准化的产品和服务可以更便于发挥特定的功能，方便消费和处理。

（5）促进贸易的发展。标准提供了交流和沟通的依据，通过标准化，特别是广泛地采用国际标准，极大地促进了贸易的发展；通过国际贸易协议，制定与实施规范标准和技术法规，消除不必要的贸易技术壁垒，推动国际贸易的顺利展开。

（6）保证人类安全、健康和保护环境。近年来，世界各国通过在安全、健康和环境保护领域制定、发布和实施标准，推广安全、环境保护认证等活动，提供绿色、环保和可持续发展，改进和开发新产品，减少有害物质的排放，保护人类健康、安全，保护自然环境。

三、标准分类和工作标准体系

标准化工作的一个重要目标是建立标准体系，只有将一定范围内的标准，按照其内在的联系，形成科学的有机整体，才能充分发挥标准化的作用。

可以按照多种标志对标准进行分类。从纵向层次和应用范围看，有国际标准、国家标准、行业标准、企业标准等；从标准所规定的内容看，有技术标准、管理标准和工作标准；从标准化的领域看，有工业标准、农业标准、商业标准、建筑业标准、教育标准、卫生标准等；从标准推行的效力和要求的性质看，有强制性标准、推荐性标准；从时间维度上看，标准从制定、发布、修订和废止这个周期中又有不同时间的存在状态，每个维度的标准又会形成它的子系统。各个维度的标准以及各个维度内部的标准相互统一、协调、配套，形成具有一定集合程度和水平的整体结构。

我国的标准体系也称为标准化体制，在《中华人民共和国标准化法》中有明确规定，通常按照表 12－1 中所示的几个维度来加以区分。

表 12－1　　我国常用的标准分类

分类依据	种类	说明
要求的性质	强制性标准	强制性标准是指具有法律属性，在一定范围内通过法律、行政法规等强制手段强制执行的标准。 ◇强制性标准中有的是全文强制的，有的是部分条文强制的。强制规定的内容范围主要是涉及国家安全；人体健康、人身与财产安全；动植物安全和环境保护；产品技术衔接和配套；通用的试验、检验方法等方面的技术要求以及防止欺骗和保持消费者利益方面的要求。 ◇强制标准的要求必须执行。
	推荐性标准	推荐性标准是指生产、交换和使用等方面通过经济手段自愿采用的一类标准，也称为自愿性标准。它是强制性标准以外的标准。 ◇推荐性标准可以自愿采用，任何单位可以决定是否采用；违反这类标准不承担经济的、法律的责任。然而一旦声明接受采用，或纳入合同内容之中，则成为双方必须遵守的技术依据，必须执行并具有法律约束力。
标准的层次（标准分级）	国家标准	国家标准是指由国家的官方标准化机构或国家政府授权的有关机构批准、发布，在全国范围内统一和适用的标准。 ◇我国的国家标准由国务院标准化行政主管部门编制计划和组织草拟，并统一审批、编号和发布。 ◇我国的国家标准规定的是需要在全国范围内统一的、对国民经济和技术发展有重大意义的技术要求。 ◇我国的国家标准由国家标准代号（强制性标准的代号为 GB，推荐性标准的代号为 GB/T）、发布顺序号和发布年号组成，如 GB3935.1—1996《标准和有关领域的通用术语》。
	行业标准	行业标准是指全国性的在各行业内统一的标准。 ◇它是对没有国家标准，但又需要在全国某个行业范围内统一的技术要求。行业标准是对国家标准的补充，当相应的国家标准实施后自行废止。 ◇行业标准由国务院有关行政主管部门编制计划和组织草拟，并统一审批、编号和发布，并报国务院标准化行政主管部门备案。 ◇行业标准代号由国务院标准化行政主管部门规定，目前已有 58 个行业标准代号，如机械行业的“JB”。

续前表

分类依据	种类	说明
标准的层次（标准分级）	地方标准	地方标准是指在某个省、自治区、直辖市范围内需要统一的标准。 ◇它是对没有国家标准和行业标准，又需要在省、自治区、直辖市范围内需要统一工业产品的安全和卫生要求。 ◇地方标准由某个省、自治区、直辖市人民政府标准化行政主管部门编制计划和组织草拟，并统一审批、编号和发布，并向国家、行业两级标准化行政主管部门备案。
	企业标准	企业标准是指由企业制定的产品标准和为企业内需要协调统一的技术要求和工作要求所制定的管理要求、工作要求所制定的标准。 ◇企业生产的产品在没有相应的上级标准或上级标准不适用时制定企业产品标准，国家鼓励企业在不违反相应的强制标准的前提下，根据市场和顾客的要求，制定严于上级标准的企业标准，在企业范围内施行。 ◇企业标准由企业人代表或法人代表授权的主管领导批准、发布和授权的部门统一管理，企业产品标准应在规定发布后 30 日内向隶属的当地标准化行政主管部门和行政主管部门备案。
标准内容的性质	技术标准	技术标准是对标准化领域中需要协调统一的技术事项所制定的标准。它主要是产品和服务形成过程中必须满足的技术要求。如产品标准、工艺标准、检测试验标准、安全卫生环境保护标准等。
	管理标准	管理标准是对标准化领域中需要协调统一的管理事项所制定的标准。它主要规定管理过程中的各种职能关系，是组织和管理生产和经营活动的依据和手段。如管理基础标准、经济管理标准、技术管理标准、行政管理标准、生产作业管理标准等。
	工作标准	工作标准是对标准化领域中需要协调统一的工作事项所制定的标准。它是对工作范围、构成、升序、要求、效果和检验方法等所做的规定，通常包括工作范围和目的、工作组织和构成、工作程序和措施、工作监督和质量要求、工作效果与评价、协作关系等。

此外，根据标准规定的内容，还可以分为：基础标准、产品标准、方法标准、安全标准、卫生标准、环境保护标准、管理标准。

四、国际标准体系和采用国际标准

20 世纪 80 年代以来，随着经济和全球贸易的发展，国际性标准化活动十分活跃，在国际标准化组织和专业性国际组织的推动下形成了由国际标准、区域性标准或先进国家和地区标准组成的国际标准体系。

国际标准是指国际标准化组织（ISO）、国际电工委员会（IEC）和国际电信联盟（ITU）制定的标准以及国际标准化组织确认并公布的其他标准。国际标准由各个成员所承认，在世界范围内统一使用。目前，被国际标准化组织确认的其他国际组织，如世界卫生组织（WHO）、联合国教科文组织（UNESCO）、国际原子能机构（IAEA）、国际航空运输协会（IATA）等，在相应的领域制定和公布相应领域的国际标准。

区域性标准是指未经国际标准化组织确认并公布的其他国际组织的标准、发达国家标准、区域性组织的标准、国际上有影响的团体标准和企业标准构成的先进标准。如欧洲标准化委员会（CEN）标准、太平洋地区标准大会（PASC）标准、英国国家标准（BS）、日本工业标准（JIS）、美国仪器与药品管理局（FDA）标准等。

目前，国际标准逐渐成为世界各国进行贸易的基本准则和要求。世界贸易组织（WTO）为了促进贸易的顺利进行，在贸易技术壁垒协议（WTO/TBT）协议中对各成员政府在制定技术法规（类似于通常所称的强制性标准）、标准和合格评定程序等方面提出了处理原则和要求，使得各成员采用国际标准越来越普遍。

所谓“采用”国际标准，就是国家标准的制定以国际标准为依据，或者认可国际标准享有与国家标准等同的地位。采用国际标准和国外先进标准就是把相应标准的内容经过分析研究，不同程度地引入我国标准并贯彻执行。它包括两个方面：一是对国际标准文本的采用；二是将其内容付诸实施。

《中华人民共和国标准化法》中鼓励积极采用国际先进标准，将采用国际标准作为一项重要的技术经济政策，作为技术引进的一条重要途径。从采用国际标准的程度上看，目前有两个程度，即等同采用和修改采用。

等同采用是指国家标准与国际标准在技术内容和文本结构上相同，或者与国际标准在技术内容上相同，只存在少量编辑性修改。等同采用通常用符号“≡”表示，其程度代码是“idt”或“IDT”。如我国等同采用 ISO9001 标准时的表示方法是 GB/T19001－2000 idt ISO9001－2000。

修改采用是指国家标准与国际标准之间存在技术性差异，并需要清楚地标明这些差异并解释其原因，允许包含编辑性修改。修改采用不包括只保留国际标准中的少量或其中不重要的条款的情况。修改采用时，在文本结构上应当对应，只有在不影响国际标准与国家标准的比较时，才允许修改文本结构。修改采用通常用符号“＝”表示，其程度代码是“mod”或“MOD”。我国修改采用国际标准时的表示方法是 GB××××mod ISO××××。

在采用国际标准时遵循的基本原则有：

（1）符合我国法律法规，遵循国际惯例。

（2）技术先进、经济合理、安全可靠。

（3）尽可能等同采用国际标准、与相应国际标准同步制定，全国尽可能采用一个国际标准等。

五、标准化的形式

标准化的实现形式通常有简化、统一化、通用化、组合化、系列化。

（一）简化

简化是指在一定范围内缩减对象的类型数目，使之在既定时间内满足一般需要的标准化形式。也就是在不改变对象的性质、不降低对象功能的前提下减少对象的多样性、复杂性。简化的目的是通过削减数量，减少不必要的重复，提高工作效率，满足一般的需求。简化是对客观系统的构成（类型）进行有意识的自我控制和调节的标准化形式。

简化这种标准化形式随处可见。比如产品系列品种的减少，零部件的品种、规格的缩减，术语、符号的减少等。

简化一般是事后进行，即在事务多样性发展到一定规模之后才对事务的类型数目加以缩减。简要的基本要求是要“合理、适度”。

（1）简化必须保证在规定的时间内满足一般的需要，不能因简化而导致必需品的短缺。

（2）简化后的类型、产品系列总体功能最佳。

（二）统一化

统一化是把同类事务两种以上的表现形态归并为一种或限定在一个范围内的标准化形式。统一化的实质使对象的形式、功能及技术特性具有一致性，并把这种一致性通过标准确定下来。

统一与简化的不同之在于：

（1）简化肯定了某些个性可以同时并存，着眼于精练；统一着眼于取得一致，即从个性中提炼共性。

（2）简化的目的并不是简化为一种，而是保留若干合理的种类；统一的目的是消除由于不必要的多样化造成的混乱，为正常活动建立共同遵守的秩序。

统一化是一种古老的标准化形式。如人们熟知的度量衡统一、文字统一、货币统一等都是典型的事例。在统一化的过程中，可以在需要统一的对象中选择并确定一个来统一其余对象，即选择性统一；可以博采众长，融合成一种新的更好的“等效”的形式，替代原来的不同形式，即融合性统一；还可以用完全不同于统一对象的崭新的形式来统一，即创造性统一，产生质的飞越。

统一化有两种类型：一种是绝对统一，它不允许有灵活性，如各种编码、代号、标志、计量单位的统一；另一种是相对统一，它的出发点和总趋势是统一，但统一中还有一定的灵活性，可以根据情况区别对待，如产品质量指标有一定的公差范围。

统一的基本要求是“适时、适度”。所谓适时，即把握时机，过早统一有可能将不完善、不稳定、不成熟的类型以标准的形式固定下来，不利于技术的发展和更优异的类型出现；统一过晚，当低效能的类型已经大量出现并形成习惯时，统一的难度加大，并可能需要付出较大的经济和社会代价。所谓适度，就是在充分调查研究的基础上，综合考虑绝对统一和相对统一，把握灵活性程度。要求过高，会在执行中造成不必要的损失；要求过低，不利于生产和技术水平的提高。

（三）通用化

通用化是指在独立的系统中，选择和确定具有功能互换性和尺寸互换性的子系统或功能单元的标准化形式。通用化的目的是最大限度地扩大同一子系统（如产品的零部件）的使用范围，从而最大限度地减少在设计和生产过程中的重复劳动。

通用的对象可以是“物”，如产品零部件，也可以是“事”，如方法、规程、技术要求。通用的效果体现在简化管理程序、缩短产品设计和试制周期、扩大批量、提高专业化水平和维护性，最终实现活劳动和物化劳动的节约。

互换性是通用化的前提。对产品的通用化而言，要求有：一是尺寸的互换性，二是功能的一致性，三是使用的重复性，四是结构的先进性。

（四）组合化

组合化是按照标准化的原则，设计并形成一系列通用性很强且能多次重复应用的单元，根据需要拼合成不同用途的产品的一种标准化形式。

组合化是通用化的进一步发展，当通用件（部分）的通用性达到一定程度时，可以从具体产品（总体）中分化出来，变成独立的、标准的组合单元。组合化是组合与分解的统一，它将分立的基本单元组合为具有新功能的系统。组织化的效益取决于组合单元的统一化以及对这些单元的重复利用，因此，也可以说明组合化是多次重复利用统一化的单元构成产品（整体）的标准化形式。有效的组合取决于标准单元或通用单元的合理选择，还依赖于结构和功能上的可组合性以及组织单元重复利用带来的效益。

（五）系列化

系列化通常指产品系列化，它是对同类产品的结构形式和主要参数进行标准化的一种形式。它通过对同一类产品的发展规律、市场要求进行预测，在一定技术条件下将产品的主要参数、尺寸等做合理的安排和科学规划，协调系列产品和配套产品之间的关系。它是同一类产品结构优化、功能最佳化的过程。

系列化是标准化的高级形式。它是简化的延伸，但它不同于简化之处在于，简化是在品种盲目泛滥超过一般需要时才进行的，而系列化则是为防止品种泛滥而预先作出科学的安排，它不仅可以简化现存的不必要的多样化，而且能够有目的地规划未来的多样性，使同类产品的系统结构保持一个相对稳定的状态。

系列化已经成为一种经济合理的产品开发策略。在市场调查的基础上，选择适用的参数系列，精心设计不同规格、价格水平的产品，满足广泛的市场需要。产品系列化的工作包括制定产品参数系列标准、编制系列型谱和开发系列设计，它是一项专业性要求比较高的技术，其中优先系数在各行业的各类产品系列之间发挥着重要的协调统一的作用。

六、标准的制定程序

制定标准是标准化工作的关键环节，标准制定得是否合理、先进、可行，直接影响到实施标准所获得的社会和经济效益。在明确标准制定的要求、对象和内容的情况下，科学的标准制定程序是标准制定水平和效率的基本保证。ISO 和 IEC 发布的《ISO/IEC 导则第 1 部分：技术工作程序》（1995 年）为制定标准提供了指导，我国的 GB/T16733 - 1997《国家标准制定程序的阶段划分及代码》中也作出了说明。

一个完整的标准制定程序主要包括以下几个阶段：

（1）预备，即在充分研究和论证的基础上，提出新的标准制定工作项目建议。

（2）立项，即对新工作项目建议的必要性和可行性进行充分分析、论证、审查和协调，提出新的工作项目。

（3）起草，即按照编写标准的基本规定编制标准草案、编写编制说明和有关附件。

（4）征求意见，即向有关单位发送标准草案征求意见稿，广泛征求意见，修改草案，形成标准草案送审稿。

（5）审查，即以会议或函件的形式对标准草案稿进行审查，修改标准草案，形成标准草案报批稿。

（6）批准，即对标准草案报批稿进行审查、批准和编号，提出标准出版稿。

（7）出版，即提供标准的出版物。

（8）复审，即定期对标准进行审查，确定其适用性，提出修订、废止的必要性。

（9）废止，即根据复审的结果，通过一定的形式宣布标准废止。

第二节　认 证 制 度

认证制度伴随着市场经济出现，并处于不断发展和完善中，成为国际通行的规范和促进社会经济发展的重要手段，对促进国际贸易起着日益重要的作用。

一、认证制度的由来

1903 年，英国创立了世界上第一个认证标志，即使用 BS 字母组成的“风筝标志”，标志在钢轨上，表明钢轨符合质量标准。该标志以英国国家标准为检验依据，具有公正性和科学性。此后，许多国家纷纷效仿，建立起以本国标准为依据的认证制度。

第二次世界大战以后，世界经济格局发生了较大的变化，国际贸易迅速增长，在这种情况下，国家认证制度的局限性暴露出来。一些国家的政府为了推动本国产品的出口，开始谋求双边以至多边的认证制度。如以区域性标准为依据的认证制度首先在欧盟出现，这种区域性认证制度的建立，克服了欧盟各成员之间标准不统一和管理技术上的差异，简化了贸易手续，保护了各成员的利益。但是这对非欧盟国家或组织却形成了非关税贸易壁垒。

受关贸总协定的影响，1971 年国际标准化组织成立认证委员会，并于 1985 年改名为合格评定委员会（CASCO），开始从技术角度协调各成员认证制度的内容，促进各成员认证机构和检验结果的相互认可，以消除各成员由于标准、检验、认证过程中存在的差异所带来的贸易困难，并进一步制定出国际性的认证制度。1993 年结束的“乌拉圭回合”谈判，将质量认证扩展为“合格评定程序”。1976 年，IEC 成立认证管理委员会（CMC）。CMC 成立以后，完成了国际电工委员会电子元器件国际标准认证制度的基本章程和程序规则的制定和颁布工作。

总之，认证制度经历了从国家认证向区域和国际认证制度转变的过程。我国于 1983 年 4 月正式加入 IEC 的认证管理委员会，现在已经成为检查协调委员会的成员。

二、认证制度、认证和认可的含义

（一）认证制度的含义

认证制度又称合格评定程序，是指任何直接或间接确定技术法规或标准中相关要求被满足的程序。它是为进行认证工作而建立的一套程序和管理制度，其中包括认证和认可两类活动，如表 12－2 所示。

表 12-2　　合格评定的主要活动

合格评定	认证	产品认证
		管理体系认证/注册
	认可	实验室认可
		认证机构认可
		审核机构认可
		审核员和审核机构认可

（二）认证的含义

所谓认证，是指认证机构证明产品、管理体系符合相关技术法规或者标准的合格评定活动。它包含以下几种含义：

（1）认证是由认证机构进行的一种合格评定活动。这里认证机构是指具有可靠地执行认证制度的必要能力，并在认证过程中能够客观、公正、独立地从事认证活动的机构。即认证机构是独立于制造厂、销售商和使用者（消费者）的、具有独立的法人资格的第三方机构，故称认证为第三方认证。

（2）认证的对象是产品和管理体系。产品可分过服务、软件、硬件和流程性材料。管理体系可分为质量管理体、环境管理体系、健康安全管理体系等。相应地有按照产品标准和技术规范实施的产品认证，按照管理体系标准进行的管理体系认证。

（3）认证的依据是相关技术法规或者标准。这里技术法规是指规定执行的产品特性或相关工艺和生产方法，包括适用的管理规定在内的文件，在我国通常是指强制性标准和技术规范。这里的标准是指公认机构批准的、规定非强制执行的、通用或重复使用的产品或相关工艺生产方法的规则、指南或特性的文件，在我国是指非强制性标准。

（4）认证的内容是证明产品、管理体系符合技术规范要求或标准。即通过审核，确认产品或管理体系符合标准、技术规范的要求，通过认证证书或认证标志给予证明并公示。相应地有按照质量标准进行质量认证，按照环境标准进行的环境主证，按照安全卫生标准进行的安全、卫生认证。

（三）认可的含义

认可是指由认可机构对认证机构、检查机构、实验室以及从事审核、评审等认证活动人员的能力和职业资格予以承认的合格评定活动。它包含以下三层意思：

（1）认可是由认可机构进行的一种合格评定活动。在我国，认可机构由国务院认证认可监督管理部门确定，包括三个机构：中国认证机构国家认可委员会（CNAB）、中国认证人员与培训机构国家认可委员会（CNAT）、中国实验室国家认可委员会（CNAL）。

（2）认可的对象是认证机构、检查机构、实验室以及从事审核、评审等认证活动人员。目前，经我国认可机构认可的认证机构有 100 多家，包括产品认证和体系认证。认可的实验室已过千家。认可的注册审核员培训机构有 20 多家，注册认可的审核员有近 3 万人。

（3）认可的内容是对上述机构以及从事认证活动的人员和执业资格予以承认。

三、我国认证制度的总体架构

我国的认证制度起步于 1981 年，即我国加入国际标准化组织两年之后。西方认证制度主要由民间机构负责，在我国，由国务院主管部门直接负责，实行统一的认证认可监督管理。同时，我国的认证制度也注意与国际惯例接轨，保证我国在国际市场贸易中与别国的平等地位。

2003 年 8 月，我国制定并通过了《中华人民共和国认证认可条例》，规定国家对认证认可工作实行在国务院认证认可监督管理部门统一管理、监督和协调下，各有关方面共同实施的工作机制，形成了我国认证制度的总体架构，它包括以下四个层次：

第一个层次是授权机构或管理机构。国务院认证认可监督管理部门为授权机构，其职能是授权认可机构负责对认证机构的认可，并批准认可的结果，同时管理认证的国际合作和交流。

第二个层次是认可机构。认可机构的职能是制定认可准则并依此开展对认证机构、检查机构、实验室和审核人员的资格认可。认可机构由利益相关方的代表和专家组成。

第三个层次是从事认证活动的机构和人员，包括认证机构、检查机构、实验室以及从事审核、评审等认证活动人员。从事认证活动的机构是独立的、具有法人地位的实体，并在获取认证资格后从事认证活动。

第四个层次是企业。企业在自愿申请以后，按认证的程序文件接受认证机构的检验、评审以及事后监督。

四、认证的分类

认证按照不同标志分成不同的种类，如表 12－3 所示。

表 12－3　　常见的认证分类

分类标志	具体类型	
认证对象和适用的标准	产品认证	产品质量认证
		产品安全认证
	管理体系认证	质量管理体系认证
		环境管理体系认证
		健康安全管理体系认证
认证的性质	强制性认证	
	自愿性认证	
认证的性质	国家认证	
	区域认证	
	国际认证	
认证标志	合格标志认证	
	安全标志认证	

（一）产品认证和管理体系认证

按认证对象，认证可分为产品认证和管理体系认证。

产品质量认证是指依据产品标准和相应的技术规范，经认证机构确认并通过颁发认证证书和认证标志证明某一产品符合相应的标准和技术规范的活动。

管理体系认证是指依据要求的通用标准，经过认证机构对组织的管理体系进行审核，证明组织的管理体系符合相应要求，授予合格证书并予以注册的全部活动。

需要明确的是，在进行产品质量认证的同时，往往要进行企业质量管理体系的检查和评定，这意味着产品认证包括了质量管理体系的认证。实践证明，仅仅依靠对最终产品的抽样检验来进行产品认证是不可靠的，它也只能证明一个产品批的质量，不能证明持续批的质量。认证最重要的目的是保证达到用户手中的产品的质量是可靠的，这就需要解决产品持续符合标准要求，通过检查、评定企业的质量管理体系，来证明企业具备持续稳定地生产符合标准要求和产品的能力，是一种较经济、简单的方法。

（二）自愿性认证和强制性认证

按认证性质，认证可分为有自愿性认证和强制性认证。

自愿性认证是企业自愿申请接受认证，它适用于一般性产品和管理体系。

强制性认证是必须接受国家指定机构的认证，它适用于有关人身安全、健康和具有重大经济价值、关系国计民生的产品的认证（如产品安全认证）。要求进行强制性认证的产品未经认证不许销售，否则依法惩处。

为适应我国加入 WTO 的要求，2001 年 11 月，原国家质量监督检验检疫总局制定并发布了《强制性产品认证管理规定》，于 2002 年 5 月 1 日起实施。规定列出了需要认证的产品目录，认证的模式或类型组合，认证的组织、实施与监督管理等。该认证名称为“中国强制认证”（China Compulsory Certification，CCC），通常简称为“3C”标志。

（三）国家认证、区域认证和国际认证

按认证范围，认证可分为国家认证、区域认证和国际认证。

国家认证是以本国批准颁布的技术标准为基础的认证。

区域认证是以一个地区的参加方共同制定的标准为依据的认证，例如欧洲标准化委员会认证委员会有自己的标准和认证标志。

国际认证是以国际标准（ISO 或 IEC 标准）为基础的认证。

（四）合格标志认证和安全标志认证

按认证标志，认证可分为合格标志认证和安全标志认证。

合格认证是以技术标准、技术规范为基础的自愿性认证，认证合格后，发给“合格认证标志”。

安全认证标志是以安全标准为基础的强制性认证，认证合格后发给“安全认证标志”。

五、认证的过程与模式

认证制度自产生以来，本身也经历了多次演变。在 ISO 和 IEC 公布的指南中，推荐有典型的认证实施过程和认证制度模式，各国的认证制度和认证模式通常是在此基础上建立的。

认证过程包括：寻求认证的组织、向认证机构提出认证申请、认证机构受理申请、认证机构指定审核人员实施认证审核或审查、认证评价与批准、认证机构实施认证后监督和检查等。表 12-4 是中国强制产品认证和质量管理体系认证的过程举例。

表 12-4 **认证过程的举例**

中国强制性产品认证（3C）	质量管理体系认证（ISO9000）
（1）认证申请与受理	（1）认证申请与受理
（2）型式试验	（2）审核的启动
（3）工厂审查	（3）文件评审
（4）抽样检测	（4）现场审核的准备
（5）论证结果评价与批准	（5）现场审核的实施
（6）获得认证后的监督	（6）审核报告的编制、批准和分发
	（7）纠正措施的验证
	（8）颁发认证证书
	（9）监督审核与复评

通过认证的产品或管理体系，通常以认证证书和认证标志来确认和证明。认证证书和认证标志是具有法律效力的文件，其制定、颁发、使用和管理有严格的规定。产品认证证书通常由国家认证认可监督管理部门统一制定和管理。管理体系认证证书和标志一般由认证机构颁发和监督使用。

产品认证证书是认证机构证明产品质量符合要求的标准和技术规范的具有法律效力的文件。产品质量认证标志是认证机构为了证明某个产品符合认证标准和技术要求而设计、发布的一种专用质量标志。我国已颁布的产品质量认证标志可分为三类，即方圆标志及其变形、PRC 标志和“3C”标志。

申请质量管理体系认证的企业经过审核和评定，若批准通过认证，则认证机构向获准企业颁发体系认证证书，向获准企业颁发带有该认证机构专有标志的认证标志。

根据不同的认证对象和认证要求，世界各国现行的认证制度主要有八种模式或类型。为了提供更完善的信任，认证的类型总是在原有类型的基础上逐渐趋于完善的。当然，由于每一种类型认证的对象各有侧重，因此它们适用于不同的认证要求，提供的信任程度也各不相同。

（1）型式试验。它又称典型检验，即按照规定的试验方法对产品的样品进行试验，以证明样品符合技术标准，而无任何监督措施。这是一种最简单和最有限的产品认证形式。认证机构只能证明样品符合技术标准，不能证明以后生产的同样的产品是否继续符合技术标准。因此认证机构只能向申请企业颁发合格证书，不准企业使用认证标志，主要是证明产品设计符合技术标准规范的全部要求，此种认证一般又称型式认可。

（2）型式试验加市场抽样检验。这是一种带有监督措施的型式试验。其监督办法是从市场上购买样品或从批发商、零售商的仓库中随机抽样进行监督检验，以证明认证产品的质量持续符合标准或技术规范的要求。显然，这种类型能向购买方提供更多的质量信息，并能取得购买方较高的信任。

（3）型式试验加工厂抽样检验。这种认证制度和第二种相类似，只是监督的方式有所不同，不是从市场上抽样，而是从生产厂发货前的产品中随机抽样进行检验。

（4）型式试验加认证后监督（市场和工厂抽样检验）。这种认证制度是上述第二种和第三种认证制度的综合，监督检验所用的样品来源，既从市场上购买，又从工厂随机抽取。

（5）型式试验加工厂质量管理体系评定加认证后监督（质量管理体系复查、市场和工厂抽样检验）。这种认证制度的显著特点是，在批准认证资格的条件中增加了对产品生产厂家质量管理体系的检查和评定，在批准认证后的监督措施中也增加了对生产厂家质量管理体系的复审。这种制度比前四种更完善，能够向购买方提供更详尽的信息，便于取得购买方更大的信任。

（6）工厂质量管理体系评定。这种认证制度是对生产厂按所要求的技术标准生产产品的质量保证能力进行检验、评定，因此也被称为质量保证能力的认证。这种类型认证的对象不是产品，而是质量管理体系、质量保证能力，因而按这种认证审核批准的企业不能在产品上使用认证标志。

（7）批检。这是指根据规定的抽样方案，对一批产品进行抽样检验，并据此作出该批产品是否符合标准或技术规范的判断。对于这种类型的认证，只是对认证合格的这批产品办理认证证书，但不授予认证标志。

（8）百分之百检验。这是指经认可的独立检验机构对每一件产品依据标准进行检验。这种类型的认证使认证人员担负的责任较大，对被认证的每件产品都要承担风险，而且所需要的费用是很高的。因此，除非由政府专门规定，一般不采用这种类型的质量认证制度。

表12－5中将八种认证制度进行了对比，就提供产品质量信任程度而言，第五种类型的认证制度是一种最完善的产品质量认证制度，因此是各国最常采用的一种产品质量认证制度；第六种类型的认证制度就是我们通常所说的质量管理体系认证制度。

表12－5　认证模式的构成要素

认证模式	型式试验	质量管理体系评审	认证后监督		
			工厂抽查	市场调查	质量管理体系复审
（1）	▲				
（2）	▲			▲	
（3）	▲		▲		
（4）	▲		▲	▲	
（5）	▲		▲	▲	▲
（6）		▲			▲
（7）	▲				
（8）	▲		▲		

六、认证制度的作用

认证制度的具体作用体现在以下方面。

（一）帮助消费者选购商品，维护消费者利益

普通消费者一般总是凭借自己的经验和有限的知识去选购商品的。在现代科学技术突飞猛进的今天，由于商品种类越来越多，结构越来越复杂，这使消费者缺乏必要的选购知识和检测手段，处于茫然被动的地位，有时甚至受骗上当。实行认证制度之后，凡是认证合格的

产品均标有“认证标志”，这就向消费者表明，该商品是经过认证机构鉴定过的、符合国家规定的技术标准和合格产品，消费者可以放心地购买，这就有效地维护了消费者的利益。

（二）推动先进标准的贯彻执行，实现扶优限劣

技术标准和技术规范是认证制度的基础，标准水平越高，被认证的产品的质量水平就越高。我国认证制度的基本政策之一是：凡申请认证的产品必须采用具有国际水平的标准或国外先进标准，这就能推动国家标准的贯彻执行，实现扶优限劣，促进技术进步。

（三）促进企业建立健全质量管理体系，提高质量管理水平

质量管理体系是全面质量管理的基础，只有建立和健全质量管理体系，才能保证企业持续稳定地生产出合格的产品。

一个科学的认证制度，应对企业质量管理体系的有效性作出审查和评价。只有当质量管理体系符合认证机构规定的要求时，才能取得产品认证的资格，这是批准认证的基本条件之一。

另外，产品取得认证证书和认证标志之后，要想经得起认证后的监督检验，使产品长期稳定地保持认证合格时的质量，甚至还有所提高，必须有一个有效运行的质量管理体系。

认证机构组织专家对申请认证的企业的质量管理体系进行审核和评价，实质上是帮助企业建立和健全质量管理体系的过程，是促进企业提高质量管理水平的重要手段。

（四）促进国家计量水平的提高

凡是申请认证的产品，都必须由国家认可的检验机构对其进行型式试验。为了使本机构成为一个具有公正性、科学性和权威性的检验机构，真正发挥第三方的作用，就会促使检验机构不断采用和开发最先进的计量器具、测试设备。

（五）减少社会的重复检验和试验，节约大量的试验费用

在社会化大生产的今天，每个企业既是生产者，又是消费者和顾客。当它作为消费者和顾客在购买大量的原材料、零部件和元器件时，往往需要进行质量检验，以保证本企业的产品质量。如果产品经过认证，取得认证标志后，企业有贸易往来的国家信任这种认证，那么就可以将购买到的带有认证标志的元器件、零部件和产品不经检验而直接使用。这样就可以减少大量重复检验和试验的工作量，为企业和国家节约支出。

（六）提高产品在国际市场上的竞争能力

取得认证标志的产品不仅在本国受到欢迎，而且在国外也享有很高的声誉。国家间签订了双边认证合作协议，相互承认对方出口产品的检测数据和结论，特别是通过国际认证的产品，经认证后将得到各成员方的普遍承认，出口时可以享受一定的优惠待遇，甚至可以在国际市场上适当地提高销售价格。

（七）增加企业信誉和经济利益

无论是生产企业还是贸易企业、服务企业，由于带有认证标志的产品是经第三方检验机构严格检验和使用过的，而且还要接受日常的监督检验，因此消费者对这种产品比较信赖，愿意购买。企业建立质量管理体系并通过认证以后，会在更高程度上给消费者提供长期信任，创造和保持更多的顾客，这样就能够提高产品的市场占有率，为销售者带来了较大的经济利益。

（八）实现国家对产品质量的宏观管理

为了在我国有计划、有步骤地实行认证制度，对有关国计民生的产品、关系人身安全和健康的产品实行强制性认证，详细规划其适合的认证标准水平、标准的制定期和实施期以及结束期，并编制实施认证的产品的目录。

（九）降低承担产品责任的风险

按照《中华人民共和国产品质量法》的规定，产品存在不合理的风险，致使消费者和用户遭受人身损害或财产损失的，生产者要承担产品侵权损害赔偿的责任。企业通过质量管理体系认证，可以提高企业的质量管理水平，建立健全质量管理制度，降低产品出现缺陷以致承担产品侵权赔偿责任的风险。

第三节　质 量 监 督

一、质量监督的含义

质量监督是指为了确保符合规定的质量要求，由国家和政府以及顾客或第三方对企业产品或质量体系等的状况进行持续的监督和验证，并对完成的活动或达到的结果的记录进行分析的宏观管理方式。

我们可以从以下几个方面理解质量监督的含义：

（1）质量监督是一种质量分析和评价活动，监督的对象是程序、方法、条件、产品、过程、服务和有关质量文件、记录。

（2）监督的范围包括了从生产、流通到运输、储存和销售的整个环节。

（3）质量监督的依据是国家和政府制定的质量法规和产品技术标准。

（4）质量监督可以是国家的行政监督、法规监督、舆论的和消费者的监督等多种手段和形式。就我国目前的实际而言，质量监督的形式包括：政府的质量主管部门依据国家的行政法律法规以及政府批准发布的标准等进行的行政执法性质的政府监督；有关行业主管部门为加强行业质量工作进行的行业管理性质的行业监督；保护消费者权益的社会团体、新闻媒体等对产品质量进行的社会监督和舆论监督；用户为保证所购买商品符合合同约定而进行的质量验收性监督及企业为提高自身产品质量而进行的自我监督等。

二、质量监督的任务和意义

质量监督的任务是：根据国家的质量法规和产品技术标准，对生产、流通、运输、储存领域的产品进行有效的监督管理和检验，实现对产品质量的宏观控制，保护消费者、生产者和国家利益不受损害。

质量监督的意义体现在以下方面：

（1）有利于保护消费者和生产者的合法权益。

（2）有利于贯彻产品技术标准和有关质量法规。

（3）有利于发展对外贸易，开拓国际市场，保护国家的经济利益。

（4）有利于技术进步，提高企业素质和质量管理水平。

三、政府和国家的质量监督

在市场经济条件下，特别是在我国加入 WTO 以后，国家和政府实施质量监督必须依法进行。根据国际惯例，结合我国的具体情况，制定质量监督法律、法规和技术标准，是政府和国家正确实施质量监督的依据。

（一）质量监督的法规体系

经过 20 多年的发展，我国已经制定了一大批产品质量监督法律法规，主要由有关产品质量的法律体系、法规体系及一系列规章组成。

产品质量的法律是指由全国人民代表大会或者全国人民代表大会常务委员会审议通过的具有法律效力的有关产品质量的规范，也是调整产品质量的最高法律规范。

产品质量法规是指由国务院、地方人民代表大会发布的暂时行使法律效力的有关产品质量的法规。

产品质量的规章是指由国务院职能部门或者地方政府发布的用于贯彻实施前两类法律法规的具有法律效力的具体部门规章或者地方规章。

有关产品质量的法律法规体系为政府依法行政、企业合法生产和保护消费者权益方面提供法律依据和行为规范。

目前，我国有关产品质量的基本法律有 1993 年第七届全国人民代表大会常务委员会审议通过的《中华人民共和国产品质量法》（以下简称《产品质量法》），2000 年第九届全国人民代表大会常务委员会对其进行了修订。《产品质量法》是我国质量法制建设的里程碑式的重要法律。

有关产品质量的专门性法律和法规有《中华人民共和国标准化法》《中华人民共和国计量法》《中华人民共和国食品卫生法》《中华人民共和国药品管理法》《中华人民共和国进出口商品检验法》《中华人民共和国产品质量认证条例》《中华人民共和国工业产品生产许可证试行条例》等一系列专门性的法律法规。

另外，还有《中华人民共和国民法通则》《中华人民共和国消费者权益保护法》《中华人民共和国商标法》《中华人民共和国广告法》《中华人民共和国反不正当竞争法》等有关产品质量的综合性法律法规。

（二）《产品质量法》的主要要求

《产品质量法》是新中国成立以来制定的第一部全面、系统规范产品质量的权利、义务和责任的基本法律，是调整产品质量监督管理和产品质量责任的基本法律。《产品质量法》对生产者法定的产品质量责任和义务、销售者法定的产品质量义务、产品质量侵权赔偿责任、产品质量行政责任和刑事责任分别作出了系统详尽的法律规定。

（1）生产者质量义务主要有四项内容：保证产品质量符合内在要求；保证产品标识标注完全符合法律要求；保证产品包装符合法律规定；不得生产假冒伪劣产品。

（2）销售者质量义务主要有四项内容：严格执行进货验收制度；保持产品的原有质

量；保证所售产品标识符合法律规定；不得销售假冒伪劣产品。

（3）产品质量法对产品存在可能危及人体健康和人身、财产安全的不合理的危险，造成用户、消费者人身伤害、财产损失的，缺陷产品的生产者、销售者应当承担的法律后果作出了法律规定，同时规定了承担产品侵权赔偿责任的三个条件：产品存在缺陷、造成了人身伤害或者财产损失、产品缺陷与损害事实之间存在必然的因果关系。

（4）产品质量法对罚则也作出了规定，当行为人违反有关产品质量的法律、法规及规章中关于行为人应当履行的产品质量义务的规定时，应承担法律后果。通过明确产品质量的行政责任、民事责任和刑事责任的法律后果，构成产品质量责任的整体。

其他法律法规的内容要求这里就不展开说明了。

四、国家和政府质量监督工作的主要形式和内容

目前，我国的质量监督主要有八种形式，其中有的是抽查型质量监督，有的是评价型质量监督，有的是仲裁型质量监督，有的在全国集中统一实施，有的分散实施。下面就八种形式做简要说明。

（一）产品质量监督检查

产品质量监督检查是当前政府质量监督部门进行质量监督的主要手段，形式主要有产品质量日常监督检查、产品质量定期检验、产品监督抽查等。

《产品质量法》规定，我国政府部门对产品质量实行以抽查为主要方式的监督检查制度，对可能危及人体健康和人身、财产安全的产品，影响国计民生的重要工业产品以及消费者、有关组织反映有质量问题的产品进行抽查。

（二）工业产品生产许可证管理

工业产品生产许可证制度指国家质量监督主管部门根据国家有关法律法规的规定，对生产国家进行工业产品许可证管理的产品的企业进行生产条件审查和产品质量检验，确认其具备持续生产合格产品的能力，颁发全国工业产品生产许可证证书，允许其生产经营的一种资格认可制度。工业产品生产许可证制度具有明显的强制性和核准性。

工业产品生产许可证管理的产品主要是可能危及人体健康和人身、财产安全的工业产品，对在中华人民共和国境内生产、销售属于工业产品生产许可证管理范围的产品的企业和单位实行生产许可证制度，是加强质量管理、保证产品质量的一个重要措施，是国家对产品质量实施监督的重要形式。

（三）质量安全市场准入制度

市场准入是加强产品质量事前保证的重要措施，目前我国已经开展食品质量安全市场准入制度。食品质量安全市场准入主要包括三项具体制度：第一，对食品加工企业实行生产许可证管理。第二，对食品出厂进行强制检验。第三，实施食品质量安全市场准入标志管理。获得食品质量安全生产许可证的企业，其生产加工的食品出厂检验合格的，在出厂销售前必须在最小销售单元的食品包装上标注食品质量安全生产许可证编号，并加印或者加贴食品质量安全市场准入标志。食品质量安全市场准入标志表明食品符合质量安全基本要求，以“质量安全”的英文名称 quality safety 的缩写“QS”表示。

（四）产品质量国家免检制度

国务院于 1999 年颁发了《国务院关于进一步加强产品质量工作若干问题的决定》，对产品质量长期稳定、市场占有率高、企业标准达到或严于国家有关标准的，以及国家或省、自治区、直辖市质量技术监督部门连续三次以上抽查合格的产品，可确定为免检产品。

目前，我国实施国家一级的产品质量免检。获得产品质量国家免检资格的产品使用免检标志，在一定时间内免于各地区、各部门各种形式的检查。免检产品一旦出现质量问题，可取消其免检资格，并依法从严处罚。

（五）产品检验机构日常监督管理

产品质量检验机构是指承担产品质量监督检验、仲裁检验等公证检验工作的技术机构。按照《中华人民共和国标准化法》的规定，我国产品质量检验机构分为依法设置的产品质量检验机构和依法授权的产品质量检验机构。前者如县级以上质量技术监督部门依据有关法律法规规定设置的产品质量监督检验机构，后者如质量技术监督部门依法授权有关行业、企业主管部门设置的检验机构以及授权有关科研院所、大专院校设置的检验机构等。

《产品质量法》规定，产品质量监督抽查的检验工作必须由具备相应的检测条件和检测能力的检测机构承担，承担任务的检测机构须经省级以上人民政府产品质量监督部门或者其授权的部门考核合格后，才能承担产品质量监督抽查的检测任务。

（六）产品质量申诉处理

申诉是指公民对有关自身或他人的权益问题向有关国家机关申诉理由，请求处理的行为。《产品质量法》规定，消费者有权就产品质量问题向产品的生产者、销售者查询，向产品质量监督部门、工商行政管理部门及有关部门申诉，接受申诉的部门应当负责处理。消费者的产品质量申诉是申诉人把有关产品质量问题向有关行政机关反映，由行政机关负责处理。

（七）产品质量仲裁检验和产品质量鉴定

随着科学技术的飞速发展，产品的多样化和复杂化带来了产品质量问题的复杂化。产品质量纠纷的当事人、普通消费者或者用户一方受其专业知识限制，很难对产品质量作出科学准确的判断，而另一方是生产者或者销售者，受其利害关系人地位的限制，很难自己出具令人信服的产品质量证明。

产品质量检验机构不仅具有质量检验的专门业务能力，而且不是利害关系人，是与争议双方没有利害关系的第三方，因而有条件作出比较科学、准确、公正的产品质量检验结论。仲裁机构或者人民法院在审理产品质量纠纷案件的过程中，需要对有争议的产品质量进行检验，可以委托依法设置或者依法授权的产品质量检验机构进行仲裁检验或者质量鉴定，其结果供仲裁机构或者人民法院作为裁决产品质量纠纷的技术依据。

（八）产品质量“三包”规定

对有瑕疵的产品，《产品质量法》规定，销售者应当负责修理、更换、退货，给购买产品的消费者造成损失的，销售者应当赔偿损失，即我们平常所说的产品质量“三包”规定。销售者依照“三包”规定负责修理、更换、退货、赔偿损失后，属于生产者的责任或者属于向销售者提供产品的其他销售者的责任的，销售者有权向生产者、供货者追偿。

五、其他质量监督

质量监督还包括行业监督、用户和消费者监督、社会团体和新闻媒体舆论的社会监督。

《产品质量法》规定，消费者有权就产品质量问题向产品生产者、销售者查询。规定销售者应当建立并执行进货检查验收制度，验明产品合格证明和其他标识。这条法律规定分别从消费者和销售者两个角度对产品质量进行了把关，是对国家和政府产品质量进行监督的有益补充。

《产品质量法》和《消费者权益保护法》均规定，保护消费者权益的社会组织可以就消费者反映的产品质量问题建议有关部门负责处理，支持消费者对因产品质量问题造成的损害向人民法院起诉。这些消费者权益保护组织可以有效集中社会力量督促生产者和销售者对产品质量实施有效的保障手段，充分发挥对产品质量的社会监督作用。

现在，新闻媒体对产品质量的舆论监督力度不断加大，对生产经营企业的威慑性影响越来越大，通过对存在质量问题的产品及其企业进行电视、网络、报纸等多种形式的曝光，给不法生产经营企业形成了强大的社会舆论压力，成为一种行之有效的质量监督形式。

拓展区

阅读网络资源“背景资料”中的“中国质量协会简介”和“合格评定程序的定义、分类及其内涵”，了解与本章内容相关的知识。

本章小结

本章简要介绍了标准化、质量认证和质量监督的相关概念、基本活动及其实施要求。

复习思考题

1. 什么是标准？标准化有哪些作用？
2. 标准化有哪些形式？
3. 简述中国认证制度的总体框架。
4. 简述质量监督的意义。

复习思考题答案请参考网络资源相关栏目。请在40分钟内完成网络资源“即时练习”中的本章练习。网络资源中的“关键概念”提供了相关概念的检索。

参考文献

1. 焦叔斌，陈运涛．质量管理学．武汉：武汉大学出版社，2014.

2. 约瑟夫·M. 朱兰，约瑟夫·A. 德弗欧．朱兰质量手册．6 版．焦叔斌，等，译．北京：中国人民大学出版社，2003.

3. 约瑟夫·M. 朱兰．朱兰论质量策划：产品与服务质量策划的新步骤．杨文士，等，译．北京：清华大学出版社，1999.

4. 美国质量学会．注册质量经理手册．中国质量协会，译．北京：机械工业出版社，2004.

5. 洛丝特．全面质量管理．李晓光，陈运涛，等，译．北京：中国人民大学出版社，1999.

6. 北京中企联企业管理顾问有限责任公司．质量总监．北京：机械工业出版社，2006.

7. 福里斯特·W. 布雷弗格三世．六西格玛管理．陈运涛，译．北京：中国人民大学出版社，2004.

8. 中国质量管理协会．全面质量管理基础知识．北京：中国经济出版社，2001.

9. 克劳斯比．零缺陷的质量管理．陈怡芬，译．北京：生活·读书·新知三联书店，1997.

10. 国家质量监督检验检疫总局质量管理司．质量专业基础理论与实务．北京：中国人事出版社，2002.

11. 中国国家标准化管理委员会．中华人民共和国国家标准卓越绩效评价准则．北京：中国标准出版社，2012.

12. 中国国家标准化管理委员会．中华人民共和国国家标准卓越绩效评价准则实施指南．北京：中国标准出版社，2012.

13. 中国国家标准化管理委员会．中华人民共和国国家质量管理体系基础和术语．北京：中国标准出版社，2016.

14. 中国国家标准化管理委员会．中华人民共和国国家标准质量管理体系要求．北京：中国标准出版社，2016.

15. 中国国家标准化管理委员会．顾客满意测评模型和方法指南．中华人民共和国国家标准．北京：中国标准出版社，2009.

相关网站：

国家市场监督管理总局：http：//www. samr. saic. gov. cn.

中国质量协会：http：//www. cap. org. cn.

中国标准研究院顾客满意度测评中心：http：//www. ccsi. org. cn.

亚马逊中国：https：//www. amazon. cn.

京东：https：//www. jd. com/.

阿里巴巴集团：http：//www. alibabagroup. com/cn/global/home.

海尔集团：http：//www. haier. net/cn/.

新编 21 世纪远程教育精品教材

公共基础课系列

书名	作者
应用写作（第五版）（“十一五”国家级规划教材）	孙秀秋
计算机应用基础	李　刚
马克思主义哲学原理（第二版）	霍福广
“毛泽东思想和中国特色社会主义理论体系概论”教学专题研究	王向明
全国高校网络教育大学英语词汇必备手册	王建华
全国高校网络教育大学英语学习与考试辅导	王建华
高等数学“学习包”（第二版）	张家琦　曹承宾
北京地区成人本科学士学位英语统一考试历年试题解析	常红梅
北京地区成人本科学士学位英语统一考试辅导（第三版）	常红梅
大学语文（第二版）	黄　鹤
大学英语学习与考试辅导	常红梅
数据库基础教程	苏　俊
毛泽东思想概论	江长仁

经济与管理系列

书名	作者
西方经济学（第三版）（微观经济学部分）	刘凤良
西方经济学（第三版）（宏观经济学部分）	刘凤良
消费心理与行为学	赵　冰
管理学原理	孙　喜
互联网金融的法律与政策	邢会强
经济法概论（第三版）	宋立成
国际金融（第二版）	刘　震
税务管理	王秀芝
邮政储汇实务	周艳海
中国税制（第三版）	杨　虹
投资银行学教程（第二版）	胡海峰 等
金融学概论（第三版）	宋　玮
国际贸易实务（第二版）	王晓明
财政管理	王秀芝
保险学	戴稳胜
证券投资学（第三版）	赵锡军　李向科
统计学教程（第三版）	金勇进
财政学（第二版）	安秀梅
中国政治制度史	侯　力
经济学原理	韦曙林
商务英语	王学文
国际贸易理论与政策（第二版）	王亚星
国际投资	胡曙光

续前表

书名	作者
人力资源开发与管理（第五版）	姚裕群
项目管理（第三版）（“十一五”国家级规划教材）	李　涛
物流管理（第四版）（“十一五”国家级规划教材）	刘　刚
组织行为学（第二版）	徐建平
公共政策原理	谢　明
公共政策案例分析	谢　明
公共管理伦理学	李传军
公共政策导论（第二版）	谢　明
公共经济学导论	代　鹏
公共关系学（第二版）	李兴国
领导力	祁凡骅
企业战略管理	邹昭晞
管理学原理	安　维
公务员管理	王甫银
秘书工作实务（第二版）	张大成
人员选拔与聘用管理	苏　进　刘建华
绩效管理（第二版）	徐　斌
质量管理学（第二版）	李晓光
营销渠道决策与管理	吕一林
高级会计学（第三版）	张志凤　谢瑞峰
公司财务管理（第二版）	肖　万
财务管理学（第四版）	孙茂竹　范　歆
基础会计学（第三版）	徐　泓
管理会计（第二版）	孙茂竹
审计学（第三版）	杨闻萍
财务会计学（第三版）	郭建华
成本会计	曹　伟
纳税筹划教程	张中秀
会计制度设计（第二版）	阎至刚
计算机会计理论与实务（第二版）	蔡立新
税务筹划教程	张中秀
国际税收（第二版）	杨志清

法学系列

书名	作者
刑事诉讼法（第三版）	王新清　李　蓉
民事诉讼法（第二版）	汤维建 等
行政法与行政诉讼法（第四版）	胡锦光　罗　杰
宪法学（第三版）	胡锦光　任端平
劳动法和社会保障法（第三版）	黎建飞
保险法（第三版）	贾林青
刑法学（第二版）	黄京平
中国法制史（第二版）	赵晓耕

续前表

书名	作者
企业和公司法学（第二版）	王欣新
税法（第三版）	朱大旗
海商法（第三版）	贾林青
刑法学	徐松林
继承法（第二版）	孙若军
破产法学（第二版）	王欣新
经济法（第三版）	吴宏伟
国际法（第二版）	白桂梅　朱利江
法理学（第二版）	张曙光
法律文书写作（第二版）	陈卫东　刘计划
民法学（第三版）	龙翼飞

汉语言文学系列

书名	作者
中国古代文学史（一）（先秦至魏晋南北朝）（第二版）	叶君远
中国古代文学史（二）（隋唐五代宋辽金）（第二版）	冷成金
中国古代文学史（三）（元明清及近代）（第二版）	张国风
现代汉语（第二版）	吴永焕
外国文学作品导读（第二版）	刘洪涛
中国民间文学概论（第二版）	黄　涛
美学概论（第二版）	牛宏宝
文学概论（第二版）	许　鹏
中国古代文学作品选读（一）	诸葛忆兵
中国古代文学作品选读（二）	王　燕
中国文学理论史简编	成复旺
中国现当代文学作品导读	姚　丹
影视文学教程	邹　红
电视剧批评与欣赏	刘晔原
中国现当代文学（第二版）	刘　勇
语言学概论	岑运强
西方文论概要	杨慧林
新时期文学思潮	张永清
古代汉语（第二版）	殷国光
文艺心理学	金元浦

新闻与传播系列

书名	作者
新闻理论教程	陈力丹　张建中
中国新闻传播史	赵云泽　孙　萍
外国新闻传播史	陈力丹　钱　婕
新媒体实务	黄　河
广告学概论	王　菲
新闻采访与写作	张　征

图书在版编目（CIP）数据

质量管理学/李晓光编著．—2版．—北京：中国人民大学出版社，2019.2
新编21世纪远程教育精品教材．经济与管理系列
ISBN 978-7-300-26735-7

Ⅰ.①质…　Ⅱ.①李…　Ⅲ.①质量管理学-远程教育-教材　Ⅳ.①F273.2

中国版本图书馆CIP数据核字（2019）第028567号

新编21世纪远程教育精品教材·经济与管理系列
质量管理学（第二版）
李晓光　编著
Zhiliang Guanlixue

出版发行	中国人民大学出版社		
社　　址	北京中关村大街31号	**邮政编码**	100080
电　　话	010－62511242（总编室）		010－62511770（质管部）
	010－82501766（邮购部）		010－62514148（门市部）
	010－62515195（发行公司）		010－62515275（盗版举报）
网　　址	http://www.crup.com.cn		
	http://www.ttrnet.com（人大教研网）		
经　　销	新华书店		
印　　刷	山东百润本色印刷有限公司	**版　　次**	2006年8月第1版
规　　格	185 mm×260 mm　16开本		2019年2月第2版
印　　张	13.5	**印　　次**	2019年2月第1次印刷
字　　数	313 000	**定　　价**	32.00元